城市轨道交通职业教育系列教材——城市轨道交通车辆

车辆空调装置检修与维护
（第二版）

主　编　曾青中　邓景山

主　审　吴海超

西南交通大学出版社
·成　都·

内容简介

根据国家职业教育的要求和铁道机车车辆、铁道车辆及城市轨道交通车辆等专业人才培养的需要，本书从高等职业教育的角度介绍了空调与制冷的基本概念及工作原理，侧重介绍了车辆空调与制冷装置的结构与原理、安装与调试、维护与保养、检修及故障分析。全书共分 9 章，分别介绍了空气调节与制冷基本原理、制冷压缩机的结构和工作原理、制冷换热器及其他辅助设备、制冷自动化元件及阀件、铁路客车及城市轨道交通车辆空调与制冷装置、空气通风预热和加湿系统、空调与制冷装置的安装调试及操作、故障分析与检修、性能测试等内容。

本书为高等职业学校铁道机车车辆、铁道车辆及城市轨道交通车辆等专业教材，也可供从事铁路交通运输及城市轨道交通运输的管理人员、工程技术人员及大专院校和中等职业学校铁道机车车辆、铁道车辆及城市轨道交通车辆等专业师生学习参考。

图书在版编目（CIP）数据

车辆空调装置检修与维护 / 曾青中，邓景山主编.
—2 版. —成都：西南交通大学出版社，2016.1（2022.1 重印）
城市轨道交通职业教育系列教材. 城市轨道交通车辆
ISBN 978-7-5643-4548-8

Ⅰ. ①车… Ⅱ. ①曾… ②邓… Ⅲ. ①铁路车辆－空气调节设备－检修－高等职业教育－教材 Ⅳ. ①U270.38

中国版本图书馆 CIP 数据核字（2016）第 027157 号

城市轨道交通职业教育系列教材——城市轨道交通车辆

车辆空调装置检修与维护
（第二版）
主编　曾青中　邓景山

责 任 编 辑	王　旻
封 面 设 计	何东琳设计工作室
出 版 发 行	西南交通大学出版社 （四川省成都市金牛区二环路北一段 111 号 　西南交通大学创新大厦 21 楼）
发 行 部 电 话	028-87600564　028-87600533
邮 政 编 码	610031
网　　　　址	http://www.xnjdcbs.com
印　　　　刷	成都中永印务有限责任公司
成 品 尺 寸	185 mm × 260 mm
印　　　　张	14
字　　　　数	367 千
版　　　　次	2016 年 1 月第 2 版
印　　　　次	2022 年 1 月第 7 次
书　　　　号	ISBN 978-7-5643-4548-8
定　　　　价	35.00 元

课件咨询电话：028-81435775
图书如有印装质量问题　本社负责退换
版权所有　盗版必究　举报电话：028-87600562

第二版前言

近年来，随着国民经济的快速发展和人民生活水平的不断提高，我国轨道交通迅速发展，特别是高铁地铁、轻轨和有轨电车等轨道交通线路增长迅猛，并逐步形成各自的运营体系。

车辆空调装置的构造与原理及其检修与维护是铁道车辆专业、城市轨道交通车辆技术专业和铁道机车车辆制造与维护专业的核心教学内容，也是铁道机车专业的选修内容。

本教材第二版仍然保持原版本的结构和深度，并根据我国轨道交通的实际，强调车辆空调装置的基本知识和基本原理，以及最新技术应用和发展趋势。本次修订对全书进行了内容梳理和文字订正，力求使其言字简明，图文并茂，重点突出。

本书共分9章，由广州铁路职业技术学院曾青中、广州地下铁道总公司邓景山主编，南京铁道职业技术学院吴海超主审。参加本书编写的有：广州铁路职业技术学院曾青中（绪论、第一第三、四节），曹越（第一章第一、二节），袁泉（第二章），浙江师范大学交通学院王晓燕（第三、四章），广州地下铁道总公司邓景山（第五章），太原铁路机械学校原贻玲（第六、七、八章），郑州铁路职业技术学院韩增盛（第八、九章）。由于时间和水平有限，书中仍有不妥之处，敬请同行和读者指正。

编　者

2016年1月

第一版前言

随着我国经济的快速发展，人们生活质量的逐步提高，出门旅行的人数越来越多，人们对旅行所乘坐交通工具的舒适性要求也越来越高。为了满足广大旅客的需要，无论是长途旅客列车，还是近程的交通车辆，都把车辆客室内的空气调节作为提高旅客舒适度、改善乘车环境的主要手段。从技术角度来看，车辆的空气调节是车辆的一项极其关键的技术之一，是现代轨道交通车辆先进技术的重要体现。

车辆客室内的空气调节依靠车辆空调与制冷装置来完成。车辆空调与制冷装置是一个多专业的综合性产品，涉及工程热力学、传热学、流体力学等学科，牵涉机械、电气及控制、材料等领域，技术先进、复杂。车辆空调与制冷装置的正确安装、使用、维护和管理是车辆运用与检修人员的一项基本的、重要的工作。铁路客车与城轨车辆的空调与制冷装置有其相似之处，但因其运用环境的不同，结构性能、参数等方面又体现出各自的特点，又因其技术和管理的理念不同，安装、使用、维护和管理方面有着较大的差别。

本书以空调与制冷基本原理为基础，取材于目前国内运营的先进的铁路客车、地铁和轻轨等轨道交通车辆，主要介绍了具有代表性的空调与制冷装置的结构、原理，体现了当今轨道交通车辆空调与制冷的技术水平。本书结合铁路客车和城轨车辆空调与制冷装置的运用，介绍了车辆空调与制冷装置的检查、维修和安装等实际操作方法和故障处理手段，符合现代职业教育理念，对现场作业也具有一定的指导作用。

在本书的编写过程中，充分结合了职业类学校学生的学习特点和职业岗位的实际需要，既简化了空调与制冷理论知识，避免了大量的理论推导和计算，又突出了必要的专业知识和日常检查、维修、安装等基本技能。

全书层次分明，内容简洁。为满足教学的需要，每章都配有小结和适量的思考练习题。

本书共 9 章，由广州铁路职业技术学院曾青中、广州地下铁道总公司邓景山主编，南京铁道职业技术学院吴海超主审。参加本书编写工作的有：广州铁路职业技术学院曾青中（绪论、第一章第三、四节），曹越（第一章第一、二节），袁泉（第二章），浙江师范大学交通学院王晓燕（第三、四章），广州地下铁道总公司邓景山（第五章），太原铁路机械学校原贻玲（第六、七、八章），郑州铁路职业技术学院韩增盛（第八、九章）。由于时间仓促及作者水平所限，书中可能有一些不妥之处，敬请同行、读者指正。

编　者
2013 年 1 月

目　录

绪　论 ··· 1
   第一节　客车空调与制冷装置的作用、分类和组成 ··· 1
   第二节　我国铁路客车空调与制冷装置的发展 ·· 2
   第三节　城轨车辆与铁路客车的空调与制冷装置比较 ····································· 3
   本章小结 ··· 6
   思考与练习 ·· 6

第一章　空气调节与制冷原理基础知识 ··· 7
   第一节　常用名词及概念 ··· 7
   第二节　蒸气压缩式制冷原理 ··· 17
   第三节　制　冷　剂 ··· 20
   第四节　润　滑　油 ··· 33
   本章小结 ·· 35
   思考与练习 ··· 36

第二章　制冷压缩机 ··· 37
   第一节　活塞式制冷压缩机 ··· 37
   第二节　涡旋式制冷压缩机 ··· 47
   第三节　螺杆式制冷压缩机 ··· 51
   本章小结 ·· 57
   思考与练习 ··· 58

第三章　制冷换热器及其他辅助设备 ··· 59
   第一节　换热器的工作原理 ··· 59
   第二节　冷　凝　器 ··· 61
   第三节　蒸　发　器 ··· 64
   第四节　其他辅助设备 ··· 65
   本章小结 ·· 69
   思考与练习 ··· 69

第四章　制冷自动化元件及阀件 ··· 70
   第一节　节流机构 ·· 70
   第二节　温度控制器 ·· 72
   第三节　压力保护器 ·· 74
   第四节　电　磁　阀 ··· 78
   第五节　其他制冷阀件 ··· 79
   本章小结 ·· 82
   思考与练习 ··· 82

第五章 铁路及城轨车辆空调制冷装置 ································· 84
第一节 铁路客车空调制冷装置 ································· 84
第二节 城轨车辆空调与制冷装置 ································· 93
本章小结 ································· 105
思考与练习 ································· 106

第六章 通风系统、空气加热和加湿系统 ································· 107
第一节 通风系统概述 ································· 107
第二节 机械强迫式通风系统 ································· 109
第三节 空气加热装置 ································· 113
第四节 热泵与加湿器 ································· 116
本章小结 ································· 119
思考与练习 ································· 119

第七章 空调与制冷装置的安装调试及操作 ································· 120
第一节 制冷装置的安装和接管 ································· 120
第二节 制冷装置的检漏和充注制冷剂 ································· 127
第三节 制冷系统的试运转及调试 ································· 136
第四节 制冷系统的保养与维护 ································· 140
第五节 车辆空调机组的操作 ································· 150
第六节 通风系统的安装、调试及使用 ································· 152
本章小结 ································· 153
思考与练习 ································· 153

第八章 空调与制冷装置的故障分析与检修 ································· 155
第一节 制冷系统的启动故障 ································· 157
第二节 制冷系统的运转故障 ································· 160
第三节 车辆空调与制冷系统的正常工况和故障分析 ································· 163
第四节 全封闭活塞式制冷压缩机常见故障检查 ································· 173
第五节 旋转式制冷压缩机常见故障 ································· 175
第六节 螺杆式制冷压缩机常见故障 ································· 181
第七节 通风机的常见故障 ································· 184
本章小结 ································· 186
思考与练习 ································· 186

第九章 空气调节装置的性能测试 ································· 187
第一节 常用的测试仪表 ································· 187
第二节 客车空调与制冷装置的性能试验 ································· 207
第三节 城轨车辆空调装置的性能试验 ································· 213
本章小结 ································· 215
思考与练习 ································· 216

参考文献 ································· 217

绪　　论

第一节　客车空调与制冷装置的作用、分类和组成

一、客车空调与制冷装置的作用和分类

空调与制冷装置被广泛应用于我国的工农业生产和人们的日常生活中，对我国国民经济发展和人民物质文化生活水平提高具有重要意义。目前，它已被大量应用在轨道交通车辆上，车辆客室内的空气调节已经成为车辆舒适乘坐环境的标志。新型的铁路机车车辆和几乎所有的城市轨道交通车辆（简称"城轨车辆"）普遍使用了空调与制冷装置。

客车空调与制冷装置的作用是将一定量的车外新鲜空气和车内再循环空气混合，经过滤、冷却或加热、减湿或加湿等处理后，以一定的流速送入车内，并将车内一定量的污浊空气排出车外，从而控制客室内温度、湿度、风速、清洁度及噪声，并使之达到规定标准，以提高车内的舒适性，改善乘车环境。

客车空调与制冷装置按制冷压缩机的工作方式分为：活塞式、螺杆式和离心式；按安装方式分为：分装式和单元式；按客车空调供电方式分为：本车供电和集中式供电；还可以按使用制冷剂或其他特殊结构进行分类。

二、客车空调与制冷装置的组成

客车空调与制冷装置一般具备通风、制冷、加热、加湿等功能，典型客车空调与制冷装置由通风系统、空气冷却系统、空气加热系统、空气加湿系统以及自动控制系统等5大部分组成。

通风系统的作用是将车外新鲜空气吸入并与车内再循环空气混合，在滤清灰尘和杂质后，再压送分配到车内，同时排出车内多余的污浊空气，以保证车内空气的洁净度以及合理的流动速度和气流组织。通风系统一般由通风机组、空气过滤器、新风口、送风道、回风口、回风道以及排废气口等组成。

空气冷却系统（也称制冷系统）的作用是对车内的空气进行降温、减湿处理，使车内空气的温度与相对湿度保持在规定的范围内。冷却系统工作时，蒸发器将要送入车内的空气冷却，由于蒸发器表面的温度低于空气的露点温度，空气中的部分水蒸气就会凝结成水滴，形成我们通常所说的"空调水"。因此，空气在通过蒸发器冷却的同时也得到了减湿处理。为保证制冷系统安全、有效地工作，制冷系统除压缩机、蒸发器、冷凝器、节流装置4大件外，还配有贮液器、干燥过滤器、气液分离器等辅助设备。

空气加热系统的作用是在低温时对进入车内的空气进行预热和对车内的空气进行加热,以保证车内空气的温度在规定的范围内。在空气温度较低时,通风系统向车内送风过程中,由预热器对空气进行加热,然后再送入车内,而车内地面式加热器对车内空气加热,以补偿车体和门窗的热损失。空气加热系统通常包括空气预热器和地面空气加热器两部分。

空气加湿系统的作用是在车内空气相对湿度较低时,对空气进行加湿处理,以保证车内空气的相对湿度在规定的范围内。目前,我国在一般车辆的空调与制冷装置中不设加湿系统,仅在某些高级公务车及特殊要求的车辆上才设此系统。加湿最简单的方法是采用电极加湿器。

自动控制系统的作用是控制各功能系统按给定的方案协调、有序地工作,以使车内的空气参数控制在规定的范围内,并同时对空调与制冷装置起自动保护作用。电气控制系统一般由各设备的控制电器、保护元件以及相关仪表和电路等组成。

第二节 我国铁路客车空调与制冷装置的发展

早在20世纪30年代,铁路空调客车开始在一些工业发达国家出现,至50年代已经较大范围地采用,60年代得到迅速发展,与此同时,空调与制冷装置的形式和用电方式也在不断更新。我国铁路从50年代开始生产空调客车,但发展速度较慢。1958年,四方机车车辆厂设计了我国第一列铁路空调客车。1966—1968年,四方机车车辆工厂又设计制造了中越联运18型空调软卧和硬卧客车。1976年以后,为了满足旅游事业不断发展的需求,四方机车车辆工厂为"广九"铁路通车生产了"广九"空调客车。1980—1981年,四方、长春、浦镇车辆工厂又分别试制了25.5 m干线空调客车。为了探求适应我国铁路客车空调与制冷装置的新形式,从1980年开始,长春客车厂引进和试制单元式空调机组,并把它确定为我国铁路客车空调与制冷装置的主导型,此后生产的铁路客车空调与制冷装置均采用了这种形式。随着我国经济的快速发展和市场的迫切需求,我国铁路空调客车发展迅速,1989年我国利用日元贷款生产了168辆25.5 m新型集中供电空调客车(即25A型空调列车),被视为我国铁路空调客车发展史上的一个里程碑。它由长春客车厂、唐山机车车辆厂、浦镇车辆厂联合设计制造,在生产过程中大量使用新材料、新技术、新工艺和新结构。在运用过程中,采用全列集中供电,并于1990年9月投入运行。继25A型空调客车之后,我国又生产了25G型集中供电空调客车,在保证质量和性能的前提下,主要以降低材料成本为目的。1994年前后,我国又研制了广深准高速铁路25Z型全列空调客车,这是一种高档、舒适、快捷的新型铁路空调客车。随着我国铁路跨越式发展,铁路列车全面大提速,空调客车占全国铁路客车保有量数的比例越来越大,从而把我国铁路空调客车的发展推进到一个新的历史时期。

我国铁路客车空调与制冷装置的发展和面临的问题:

从客车空调供电方式来看,客车空调经历了由本车供电向集中供电的转变。所谓本车供电指的是空调客车装置的用电由单车柴油发电机组供电。这种供电方式的特点是:电压制为110 V,空调与制冷装置的使用不受整车电压的影响,列车编组较为灵活,但车内用电器的互换性较差,维修量大。而集中式供电是指全列车空调与制冷装置的用电由地面电站通过接触电网集中供电或由列车中编挂的发电车集中供电。这种供电方式的特点是:具有良好的机动性和适应性,不受机车牵引动力的限制;电压制为380/220 V,车内设备可直接使用民用设备,便于维护和使用;

但柴油机使用的柴油消耗量大，运行成本较高，如呼和浩特铁路局包头到北京的K263/264次列车往返两趟需要消耗柴油5 t左右。另外柴油机的磨损较大，寿命较短，检修频繁。特别是整车用电对发电车的依赖性大，一旦发电车出现故障从列车中摘解后，将会对全列车的用电造成影响。尽管有以上的不足之处，但由于它无可比拟的优越性，列车集中供电仍然是铁路客车用电制的发展方向。

从空调机组安装来看，客车空调系统经历了由分装式空调机组向单元式空调机组的过渡。所谓分装式空调机组就是将制冷压缩机、冷凝器、冷凝风机、贮液器集中装在一个箱体中，并悬挂在车体底架下，而将蒸发器、通风机、膨胀阀、空气预热器等安装在车顶内部，用铜管将各设备连接起来，组成一个封闭的循环系统。送风道布置在车内顶棚中央，其上均匀地布置送风口。电器控制柜安装在乘务员室内。分装式空调机组多采用开启式压缩机或半封闭式压缩机。这种安装形式的特点是：车体重心降低，提高了列车运行的平稳性；但由于体积大，拆装和检修不方便，而且制冷管路长，接头多，容易漏泄，有色金属铜的使用量较大。单元式空调机组是把压缩机、冷凝器、节流装置、蒸发器、通风机、冷凝风机以及空气预热器等部件放置在一个箱体内，组成一个完整的单元，吊装在车体顶部。根据车型的不同，每辆车上使用一个或两个单元式空调机组。送风道布置在车顶棚的中央或两侧，电器控制柜安装在乘务员室内。单元式空调机组多采用全封闭式压缩机。这种安装形式结构紧凑，制冷量大，管路短不易泄漏，检修起来方便，不占用车下空间。所以，我国1981年以后生产的空调客车均采用此种形式。目前，单元式空调机组的主要形式是KLD29和KLD40型，它们的制冷量在设计条件下分别为29 kW和40 kW，基本上能够满足我国空调客车的舒适性要求。但由于单元式空调机组吊装在车顶，致使车体钢结构的整体承载能力下降，提高了车辆的重心，降低了列车运行的平稳性。

从使用制冷剂的种类来看，目前铁路客车空调较普遍采用R22，这是一种氟利昂系列的制冷剂，这类化合物的化学稳定性好，便于制造，成本低廉，具有理想的温度-压力性能。在氟利昂系列制冷剂中，不含氢的氟利昂称为氯氟化碳，是有公害物质，属于近期限制和禁止使用的范畴（如R12）；含氢的氟利昂称为氢氯氟化碳，是低公害物质，属于过渡性使用的范畴（如R22）。国内地铁车辆已经开始采用非共沸混合制冷剂、共沸混合制冷剂等来替代氟利昂制冷剂。

从压缩机种类来看，客车空调系统使用的压缩机是全封闭式压缩机，这种压缩机结构紧凑，密封性好，体积小，质量轻，电机能被制冷剂很好的冷却。但这种压缩机的缺点是不易拆卸，检修困难。全封闭式压缩机属于活塞式压缩机，尽管发展较早，技术较为成熟，但由于活塞式压缩机必须设吸、排气阀片，易损件较多，维修量大，而且输气量受活塞体积的限制，活塞往复运动产生的惯性力和振动比较大。旋转式压缩机具有结构简单、体积小、质量轻、容积效率高、运行平稳、噪声和振动小、可靠性高等优点，我国的铁路客车空调与制冷装置正向这方面发展。

第三节　城轨车辆与铁路客车的空调与制冷装置比较

近些年城市轨道交通迅速发展，车辆空调是改善车内乘车环境、满足乘客高舒适度要求、提高城轨车辆档次的重要手段。我国早期的地铁、轻轨车辆并无空调装置，只设通风系统，上海、广州等进口地铁车辆的空调系统属原装的，在运用中出现了不少问题，其根本原因在于这些空调系统不符合我国国情。在西欧、北欧国家，夏季气温普遍偏低，客流少，乘坐率低；而我国人口众多、气温较高,这就是我国国情。目前我们有符合此实际而更易于实现的空调与制冷技术,就是借鉴我国现有的铁路客车空调技术。我国铁路客车空调装置已完全实现国产化,城市轨道车辆的空调装置国产化已在进行中。

城轨车辆空调与制冷装置和铁路客车在结构、原理等方面相似,但运营条件有所不同,其性能、参数也有所不同,控制系统也存在一定差异。

一、城轨车辆与铁路客车的空调与制冷装置使用环境比较

1. 轨道状况

铁路线路复杂,轨道状况不一,车辆振动较大,需要空调系统的耐振性好。城轨线路的轨道状况相对统一、稳定,车辆振动较小,空调系统较易满足要求。

2. 速　　度

铁路客车速度高,车辆倾摆较大,需要空调机耐倾摆性好。城轨车辆速度较低,最高速度≤120 km/h,车辆倾摆较小,空调系统较易满足要求。

3. 气候环境

铁路客车运行线路贯穿我国南北东西,不同地带的气候环境差异较大,空调系统必须满足不同的气候条件。城轨车辆运营区域较小,其空调系统只要针对特定气候环境设计,即可满足要求。

4. 可靠性

铁路客车运行区间较长,进站段检修周期长,因此空调系统应具有较高的可靠性,以减少检修的次数。城轨车辆运行进站段周期较短,可以适当更换车辆,空调系统的可靠性不如铁路客车要求高。

5. 可用空间

铁路客车体积较大,可提供给空调系统较多的安装空间,空调系统易于布置。城轨车辆体积较小,而且客车本身需要携带动力、信号、控制系统等部件,能提供的空间有限,空调系统较难排布。

6. 线路环境

铁路客车主要运行于旷野中,只在城市部分区域穿行,所以给城市环境带来的影响相对较小。城轨车辆主要在城市里穿梭,给城市环境带来的影响较大。而且车辆本身使用了较多的电气、电子设备,增大了对周围环境的电磁干扰。

二、城轨车辆空调系统的特征

1. 空调机组

城轨车辆空调系统一般应达到小型轻量化、耐振性、阻燃性、水密性、可维护性(免维护性)、耐蚀性、电源协调使用等要求。

（1）小型轻量化

小型轻量化是城轨车辆空调系统的显著特点。由于城轨车辆一般比铁路车辆小，高度低，运载量大，而空调机通常置于车顶部，这样空调机体积重量就受到一定限制。近年来，国产地铁空调采用一系列新技术来缩小空调与制冷装置的体积。如：采用卧式涡旋式压缩机，换热器采用内螺纹管，以增强换热效果，减少换热器体积；采用带亲水膜轻质铝翅片，降低换热器质量，引进高效进口风机等，在保证流量、噪声等要求下，降低了体积及重量。

（2）可靠性高

首先，抗振性能好。车辆在运行中会产生振动，因此车辆空调系统要具备足够的耐振性能。我国铁路标准 TB/T 1804—2009《铁道客车空调机组》对车辆空调设备提出了相应的抗振要求及试验标准，这个标准对城轨车辆空调系统应该是适用的。

其次，耐腐蚀性好。现在城市的污染程度较大，尤其是沿海城市的盐雾影响，对空调机组的暴露部件（如电机、换热器壳体等）的耐腐蚀性要求较高，须采用一系列的保护措施，如采用防护等级较高的电机，并在电机外部配合处增加电机防护技术措施，在换热器上采用耐酸、碱、盐雾腐蚀的覆膜铝翅片，并采用不锈钢板材制造空调机壳体，防止腐蚀，延长空调机组的使用寿命。

（3）免维护程度高

安装于车辆上的空调机并不能像地面制冷机组那样，可以给检修、维护人员一个易于检视的环境和空间。根据铁路客车空调的使用经验，在条件允许的情况下空调系统尽量使用单元式、全封闭式制冷循环系统，并提高免维护的元件使用率。

2. 空调控制器

空调控制器控制空调机正常运行，是空调机组的重要组成部分。它在车辆上的使用关键是可靠性、可触及性、自动化程度及电磁兼容性。

（1）可靠性

目前，车辆空调控制器的关键元件采用的是质量较好的进口元件或合资工厂生产的元件，降低了元件的故障率。电路设计经过大量的实际运行验证，可靠性较高。

（2）可触及性

由于空调控制器元件动作较频繁，并有较多的空调机组保护元件，其维护量较大。在空调机组检修中，还要观察控制器整体的动作情况，以便判明故障原因。因此空调控制器要尽可能布置在检修人员易于触及、易于观察的地方，否则，就会给空调机组的维护、检修带来麻烦。

（3）自动化程度

城轨车辆与铁路客车运行及人员配置情况不同。在城轨车辆运行中不配制车辆设备巡检员，这就要求城轨车辆空调系统自动化程度高，能够在出现问题时自动处理，如对非故障问题有自我保护及自我恢复能力，对故障能够自我诊断及自动存储，以便车辆进站后，能够及时修复。

上海明珠线司机室空调、大连有轨电车空调系统、北京地铁空调系统、国产化地铁空调系统等都采用了微处理器控制。该控制系统能够对偶发性非故障现象进行自我判断，对于实际故障能够诊断记录，可通过手提电脑进行手动调试。该控制器还可以进行通讯，实现上位机的集中控制功能。

（4）电磁兼容性

车辆的自动化程度越高，车辆设备及信号控制系统电磁环境越复杂。因此空调自动控制器要在预期的电磁环境中能正常工作,且无性能降低或故障。

3. 通风系统

经空调机组处理后的空气通过通风系统送入车内,并保持车内送风均匀,它是车辆空气调节的重要组成部分。目前,我国铁路客车普遍采用静压风道,该风道能够降低噪音,使送风均匀。

目前地铁车辆一般设置废排口,尤其在车辆乘客多的情况下,通过车门开闭不能完全置换车内空气,有必要设置废排口。这样的好处:① 直接将拥挤人群下部散发的热量通过废排口排出,减少上涌热气流对空调系统送出的有效空气的干扰;② 冬季有利于热气流下沉;③ 使乘客感受更多的清新空气。

本章小结

本章需掌握的内容有以下几个方面:
- 空气制冷技术的作用、分类和组成;
- 空调制冷装置在铁路客车和城市轨道交通车辆上的运用和发展情况;
- 铁路客车和城市轨道交通车辆空调与制冷装置使用条件和性能对比。

思考与练习

1. 空气调节的现实意义是什么?
2. 客车空调与制冷装置的作用是什么?
3. 空调与制冷装置如何分类?
4. 空调与制冷装置由哪些部分组成?
5. 我国客车空调与制冷装置的发展状况如何?
6. 城轨车辆和铁路客车空调与制冷装置的使用和性能有何不同?

第一章 空气调节与制冷原理基础知识

第一节 常用名词及概念

一、空气的组成及其主要状态参数

在热工学中,我们把含有水蒸气的空气叫作湿空气。在大气中永远包含一定量的水蒸气,所以绝对干的空气在自然界中是不存在的。而在一般空调研究中,把干空气作为一个整体,对它的组成成分不作详细讨论,因此,我们就可认为:

$$湿空气 = 干空气 + 水蒸气$$

空调就是空气调节,也就是将外界空气(湿空气)经过一定的处理并用一定的方式送入室内,使室内空气的温度、相对湿度、气流速度和洁净度等控制在一定范围内。湿空气是空气调节的对象,湿空气的状态通常用压力、温度、相对湿度、含湿量及焓等参数来度量和描述,这些参数称为湿空气的状态参数。因此,首先要对湿空气的状态参数,如压力、温度、湿度和焓等有所了解。

1. 压力

地球表面的大气层对单位地球表面所形成的压力称为大气压力。空气对容器壁面的实际压力称为绝对压力。在空调系统中,空气的压力是用仪表测出的,仪表上指示的压力称为工作压力,它是以当地大气压作为参考点,所测得的工作压力就不是绝对压力,而是绝对压力与当时当地大气压的差值,也称为表压力。压力的单位用帕(Pa)或千帕(kPa)表示。

工作压力与绝对压力的关系为:

$$绝对压力 = 当地压力 + 工作压力$$

只有绝对压力才是湿空气的状态参数。凡未指明是工作压力的,均应理解为绝对压力。由上所述的湿空气是由干空气和水蒸气所组成的混合气体,所以湿空气的压力即为干空气分压力 p_g 与水蒸气的分压力 p_s 之和,即:

$$p = p_g + p_s \tag{1.1}$$

在空调工程中所处理的湿空气就是大气,所谓湿空气的总压力 p 就是当地的大气压 p_b,即:

$$p_b = p_g + p_s \tag{1.2}$$

为了对湿空气的压力,特别是对其中水蒸气的分压力有进一步的认识,必须了解饱和空气和未饱和空气的概念。

饱和空气:在一定的温度条件下,空气中水蒸气分子的含量越多,水蒸气的分压力就越大。如果空气中水蒸气的含量超过某一含量时,空气中就有水析出。这说明在一定温度条件下,湿空气中容纳的水蒸气的数量是有一个最大限度的。也就是说,湿空气中水蒸气分压力有一个最大值,这个最大值就称为该温度下的饱和水蒸气分压力 p_{sb}。在大气中,如从水蒸发为汽的数量与空气中水蒸气凝结为水的数量相等,此时大气中所含的水蒸气数量达到最大限度,即水蒸气处于饱和状态。这种湿空气就是干空气和饱和水蒸气的混合物,称为饱和空气。

未饱和空气:若湿空气中水蒸气的分压力低于其相同温度下饱和空气的水蒸气分压力,这时的水蒸气就处于过热状态,这种湿空气就是干空气和过热水蒸气的混合物,称为未饱和空气。由此可见,在一定温度条件下,湿空气中水蒸气分压力的大小,是衡量水蒸气含量即空气干燥或潮湿的指标。温度相同的情况下,水蒸气分压力越高,说明空气中水蒸气的含量就越多;水蒸气含量相同的情况下,温度越高,水蒸气的分压力就越大。

2. 温　度

空气的温度是表示空气冷热程度的物理量,它是分子动能的宏观结果。温度的高低用"温标"来衡量,目前常用的温标有绝对温标、摄氏温标和华氏温标。

绝对温标也称热力学温标或开尔文温标,简称开氏温标,符号为 T,单位为 K。这种温标以气体分子热运动的平均动能(分子的移动动能,转动动能和振动动能)趋于零的温度为起点,定为 0 K,即绝对零度。3 种温标的换算关系为:

$$T = t + 273.15 \approx t + 273 \quad (\text{K}) \tag{1.3}$$

$$t = 5/9(t_F - 32) \quad (℃) \tag{1.4}$$

式中　T——绝对温度,K;

　　　t——摄氏温度,℃;

　　　t_F——华氏温度,℉。

温度是空气调节中的一个重要参数。当空气受热后,其内部分子动能增大,空气则表现为温度升高。湿空气是干空气和水蒸气的混合物,所以湿空气的温度就是干空气的温度,也是水蒸气的温度,即:

$$T = T_g = T_q \tag{1.5}$$

3. 湿　度

湿度是表示空气中所含水蒸气量多少的物理量。根据用途,湿度可用以下几种方法表示。

(1) 绝对湿度

每立方米湿空气中所含有的水蒸气质量,称为湿空气的绝对湿度,用 ρ_v 表示。

绝对湿度只能说明湿空气在某一温度下所含水蒸气的质量,不能直接反映湿空气的干、湿程度。水蒸气的饱和程度与温度有关,温度低,水蒸气易达到饱和点;温度高,则饱和点也高。因此,同一绝对湿度的空气在不同的温度下其吸收水分的能力是不同的,故在空气调节中常采用相对湿度和含湿量来表示湿空气的湿度。

（2）相对湿度

相对湿度是空气中水蒸气分压力与同温度下饱和水蒸气分压力之比，用符号 φ 表示，即：

$$\varphi = \frac{\rho_v}{\rho_{v\max}} = \frac{\rho_v}{\rho_v''} \tag{1.6}$$

式中　ρ_v——湿空气的绝对湿度；

　　　ρ_v''——干饱和蒸汽的密度。

从式（1.6）可看出，相对湿度反映了湿空气中所含水蒸气的量接近饱和的程度，相对湿度越小，说明空气越干燥，吸湿能力越强；反之，相对湿度越大，说明空气越潮湿，空气的吸湿能力越弱。当相对湿度为 100% 时，指的是饱和湿空气；反之，相对湿度值为 0 时，指的是干空气。故相对湿度亦可称为饱和度。

（3）含湿量

在空调工程中，调节湿空气中水蒸气的含量是经常要遇到的问题。但用什么样的数值来表达水蒸气的含量最为方便呢？若以单位体积即绝对湿度来表示，由于空气温度的变化，其体积也随之而变化，虽然其中水蒸气的绝对含量不变，但单位体积即每立方米体积内含有的水蒸气量相应地发生了变化，绝对湿度的数值也就不同了；若用单位质量即 1 kg 湿空气中所带有水蒸气量来表示，虽然没有随着空气温度变化的问题，但湿空气在其状态变化过程中，由于水分的蒸发或水蒸气的凝结，不仅水蒸气的含量发生了变化，而且因为 $m = m_a + m_q$，湿空气以体积或质量作为标准，都会给计算带来麻烦。但可以看到，无论湿空气的状态如何变化，其中干空气的质量总是不变的。为了计算方便，就采用 1 kg 干空气作为计算的标准。

随 1 kg 干空气同时存在的水蒸气质量（g），称为湿空气的含量，用符号 d 来表示，即：

$$d = \frac{m_v}{m_a} \quad (\text{g/kg，干空气}) \tag{1.7}$$

式中　m_v——水蒸气质量；

　　　m_a——干空气质量。

要注意：这里是以 1 kg 干空气作为标准，而非为 1 kg 的湿空气，湿空气的质量应是（$1+d/1000$）kg。

相对湿度和含湿量都是表示空气湿度的参数，但意义却不相同。相对湿度能表示空气接近饱和的程度，却不能表示水蒸气的含量多少；而含湿量能表示水蒸气的含量多少，却不能表示空气接近饱和的程度。

4. 焓

在空调工程中，湿空气的状态经常发生变化，也经常需要确定此状态变化过程中的热交换量。例如，对空气进行加热和冷却时，常需要确定空气吸收或放出多少热量。湿空气的焓是以 1 kg 干空气作为计算基础的。含有 1 kg 干空气的湿空气即（$1+d/1000$）kg 湿空气的焓 h，是 1 kg 干空气的焓 h_a 和 d（g）水蒸气的焓 h_q 的总和，即：

$$h = h_a + 0.001d \times h_q \tag{1.8}$$

从热工学的基础知道，在压力不变的情况下，焓差值等于热交换量。而空调工程中对空气加热或冷却都是在定压条件下进行的，故空气定压过程中热量的变化量等于空气状态变化前后的焓差，即：

$$q = h_2 - h_1 \tag{1.9}$$

二、湿空气的焓湿图

空气的主要状态参数包括 t、d、B、φ、h、p（B 为大气压力）。在空调工程中，为了避免烦琐的公式计算，在设计和运行时需要有一个线算图，它既能联系以上 6 个参数，又能表达空气状态的各种变化过程，这就是本节要介绍的焓湿图。

线算图有各种形式，我国现在使用的是以焓和含湿量为纵横坐标的焓湿图，也叫 h-d 图，如图 1.1 所示。为了更好地掌握和运用它，下面先介绍该图的绘制过程。

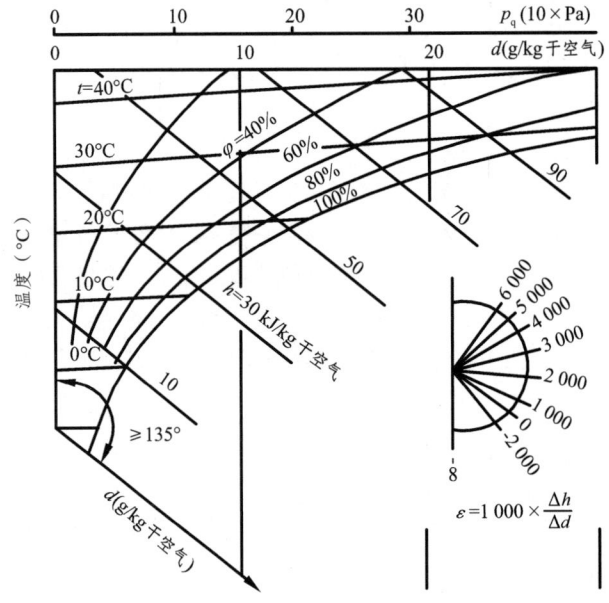

图 1.1　湿空气的 h-d 图

一般平面图形只能有两个独立的坐标。而湿空气的状态取决于 t、d、B 3 个基本参数，因而应该有 3 个独立的坐标。然而可以选定大气压力 B 为已知（在空气调节中，空气的变化过程可以认为是在一定大气压力下进行的），这样，只剩下 t、d 两个坐标参数，就可以进行图形绘制了。但是，因焓 h 与温度有关，为了便于使用，用焓 h 代替温度 t。因此，选定焓 h 为纵坐标，以含湿量 d 为横坐标建立坐标系。为使图面展开，线条清晰，两坐标轴之间的夹角由常用的 90°扩展为大于或等于 135°。为了避免图面过长，又常取一水平线画在图的上方代替实际的 d 轴。

1. 等焓线和等含湿量线

确定坐标比例尺之后，就可以在图上绘出一系列与纵坐标平行的等 d 线及与横坐标平行的等 h 线。$t=0$ 和 $d=0$ 的干空气状态点为坐标原点。

2. 等温线

等温线是根据公式

$$h = 1.005t + d \times (2\ 501 + 1.86t) \tag{1.10}$$

制作而成的。由此可见，当温度等于常数时，公式为直线方程，h、d 相对应，因此，只需已知两个点即可绘出等温线。若温度常数值分别为 –5、0、10、20 ℃⋯时，则得到一系列对应的等温线。

显然，等温线为一组不平行的直线。公式中 $1.005t$ 为截距，$(2\,500+1.84t)$ 为斜率，由于 t 值不同，因而每一等温线的斜率是不相同的。但是，由于 $1.84t$ 远小于 $2\,500$，温度对斜率的影响不明显，因此，等温线又近似平行直线。

3. 等相对湿度线

根据公式

$$d = 0.622\frac{\varphi p_{s}}{p - \varphi p_{s}} \tag{1.11}$$

可以绘出等相对湿度线。在一定的大气压力 p 下，当相对湿度 φ 为常数时，含湿量 d 就取决于 p_s，而 p_s 又是温度 t 的单值函数，其值可从水蒸气性质表中查出。因此，给定不同的温度 t，可求得对应的 d 值，根据 t、d 值，就可以在 h-d 图中找出若干点，连接各点即成等 φ 线。等 φ 线是一组发散形曲线。$\varphi = 0\%$ 的等 φ 线即是纵轴线，$\varphi = 100\%$ 的是饱和湿度线。公式表明，等 φ 线为曲线，因此，对应点取得越多，曲线就越准确。

以 $\varphi = 100\%$ 线为界（见图 1.2），曲线以下为过饱和区，由于过饱和状态是不稳定的，通常有凝结现象，所以又称为"有雾区"；曲线以上为湿空气区，又称为"未饱和区"。在湿空气区，水蒸气处于过热状态。

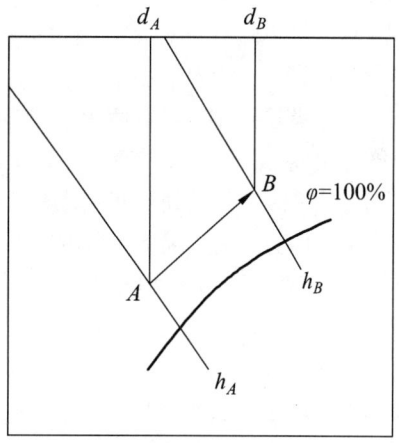

图 1.2 空气状态在 h-d 图上的表示

4. 水蒸气分压力线

公式（1.11）可变换为：

$$p_{s} = \frac{pd}{(0.622 + d)\varphi} \tag{1.12}$$

当大气压力 p 为定值时，式（1.12）为 $p_s = f(d)$ 的函数形式，水蒸气分压力 p_s 仅取决于含湿量 d。因此，可在 d 轴的上方设一水平线，标上 d 值所对应的 p_s 值即可。

5. 热湿比线

在空调过程中，被处理的空气常常由一个状态变为另一个状态。在整个过程中，如果空气的热湿变化是同时进行的，那么，在 h-d 图上由状态 A 到状态 B 的直线连线就代表空气状态变化过程线，如图 1.2 所示。为了说明空气状态变化的方向和特征，常用状态变化前后焓差和含湿量差的比值来表示，称为热湿比 ε，即：

$$\varepsilon = \frac{h_B - h_A}{d_B - d_A} = \frac{\Delta h}{\Delta d} \tag{1.13}$$

将式（1.13）的分子、分母同乘以总空气量 G，将得到：

$$\varepsilon = \frac{\Delta h}{\Delta d} = \frac{G \cdot \Delta h}{G \cdot \Delta d} = Q/W \tag{1.14}$$

由式（1.14）可见，总空气量 G 在处理过程中所得到的（或失去）的热量 Q 和湿量 W 的比值，与相应 1 kg 空气的比值 $\Delta h/\Delta d$ 是完全一致的。式（1.13）、（1.14）中，Δd 和 W 是以 kg 来度量的，若改用 g 为单位，则有：

$$\varepsilon = (\Delta h/\Delta d)/1\,000 = (Q/W)/1\,000 \tag{1.15}$$

由式（1.13）、（1.14）可见，ε 就是直线 AB 的斜率，它反映了过程线的倾斜角度，故又称"角系数"。斜率与起始位置无关，因此，起始状态不同的空气只要斜率相同，其变化过程线必定互相平行。根据这一特征，就可以在 h-d 图上以任意一点为中心作一系列不同的 ε 标尺线。实际应用时只需把等值的 ε 标尺线平移到空气状态点，就可以绘出该空气状态的变化过程了。

三、空气的干、湿球温度和露点温度

1. 干、湿球温度

在空调运行中，经常使用干、湿温度计来测量空气的温度。干、湿球温度计是由两支相同的温度计组成。其中一支的感温包裹上脱脂棉纱布，纱布的下端浸入盛有蒸馏水的玻璃小杯中，在毛细作用下纱布经常处于润湿状态，将此温度计称为空气的湿球温度计。使用时，在热湿交换达到平衡，即稳定的情况下，所测得的读数称为空气的湿球温度。另一支未包纱布的温度计相应地称为干球温度计，它所测得的温度称为空气的干球温度，也就是实际的空气温度。以后分别用 t 和 t_s 表示空气的干球温度和湿球温度。

湿球温度计的读数，实际上反映了湿纱布上水的温度。但是，值得注意的是，并不是任一读数都可以认为是湿球温度，只有在热湿交换达到平衡，即稳定条件下的读数才称之为湿球温度。下面用传热传湿原理分析空气流经湿球表面时所发生的热湿交换过程。

当空气的相对湿度 $\varphi < 100\%$ 时，纱布上的水必然产生蒸发现象。若水温高于空气的温度，蒸发所需要的汽化热必然首先取自水分本身，因此，纱布上的水温下降。湿球温度计上的读数开始高于干球温度上的读数，随后下降。无论原来水温多高，经过一段时间后，水温终将降至空气干球温度以下。这时，也就出现了空气向水面的传热，此热量随着空气与水之间温差的加大而增加。当水温降到某一数值时，空气向水面的温差传热恰好补偿水分蒸发所吸收的汽化热，此时，水温不再下降。如果湿球纱布上最初水温低于湿球温度，则空气向水面的温差传热一方面供给水蒸发所需的汽化热，另一方面供水温的升高。随着水温的升高，传热量减少，最终仍将达到温差传热与蒸发需热相等，水温稳定并等于空气湿球温度。在空气相对湿度不变的情况下，湿纱布上水分蒸发可以认为是稳定的，从而蒸发所需的热量也是一定的。

当空气相对湿度较低时，湿球纱布上的水分蒸发快，蒸发需要的热量多，水温下降得也愈多，因而干、湿球温差大。反之，如空气相对湿度大，则干、湿球温差小。当 $\varphi = 100\%$ 时，湿纱布上的水分不再蒸发，干、湿球温度也就相等了。由此可见，在一定的空气状态下，干、湿球温度的差值反映了空气相对湿度的大小。

根据传湿原理，可知水分蒸发时，在湿球纱布表面上首先形成一层温度等于水温的饱和空气边界层。如果该饱和空气边界层的水汽分压力大于周围空气的水汽压力，饱和空气边界的水汽分子就要向空气扩散，而水中的分子也不断脱离水面进入饱和边界层，即水不断向空气蒸发。这一过程即为空气与水之间的湿交换过程。

另外，应该指出的是，由于水与空气之间的传热过程及水的蒸发过程都与湿球周围的空气流速有关。因此，在相同的空气污染条件下，空气流经湿球表面的流速不同时，所测得的湿球温度也会产生差异。当空气不流动或流速很小，热湿交换不充分时，出现的误差较大。空气的流速较大，传热与蒸发进行得越充分，湿球温度越准确。实验证明，当空气流速≥2.5～4 m/s 时，空气流速对热、湿交换过程的影响已不显著，湿球温度趋于稳定。因此，要准确地反映空气的相对湿度，应使湿球周围的空气流速保持在 2.5 m/s 以上。

2. 湿球温度在 h-d 图上的表示

由前述可知，当空气流经湿球时，由于空气与水之间存在热湿交换现象，而在湿球周围形成一层与水温相等的薄饱和空气层。该饱和空气状态为 B，原空气状态为 A。空气由状态 A 变为 B 的过程中，传给水的热量又由水以潜热的形式带了回来，因而空气焓值基本不变，$A→B$ 可近似认为是等焓过程。在 h-d 图上由点 A 作等焓线与 $\varphi=100\%$ 饱和线交得 B 点，该点的温度即是湿球温度 t_s。

但是严格地说，空气的焓值并非不变，而是略有增加。这是因为水蒸到空气中去的过程中，除带进汽化热外，还带进了水本身的汽化热，此时空气增加的焓为：

$$\Delta h = h_s - h_A = \Delta d \cdot c \cdot t_s \quad (\text{kJ/kg}) \tag{1.16}$$

式中 Δd ——每千克干空气增加的含湿量，kg/kg。

$$\Delta d = d_s - d_A \quad (\text{kJ/kg}) \tag{1.17}$$

因而 A 状态的空气达到饱和时，其状态变化过程的热湿比为：

$$\varepsilon = \frac{\Delta h}{\Delta d} = \frac{\Delta d \cdot c \cdot t_s}{\Delta d} = c \cdot t_s = 4.19 t_s \tag{1.18}$$

式中 c ——水的质量热容，$c=4.19$ kJ/(kg·K)。

即状态 A 的空气沿热湿比 $\varepsilon=4.19t_s$ 过程线达到饱和状态 s，实际湿球温度是 t_s 而不是 t_B。因而 $\varepsilon=4.19t_s$ 线又称为空气的等湿球温度线。但在空气调节中一般 $t_s \le 30℃$，$\varepsilon=4.19t_s$ 等湿球温度线和 $\varepsilon=0$ 的等焓线非常接近，而且当 $t_s=0℃$ 时，两线完全重合。因此，以等焓线代替湿球温度线在工程上是允许的。

3. 露点温度

前已叙及，空气的饱和含湿量随着空气温度的下降而减少。现把不饱和状态的空气 A 沿等含湿量线冷却。随着空气温度的下降，对应的含湿量减少，而实际含湿量并未变化，因此空气相对湿度增大。当温度下降至 t_l 时相对湿度达到 100%，这时空气本身的含湿量也已饱和，如再继续冷却，则会有凝结水产生。由此可见，t_l 为空气结露与否的零界温度。空气沿等含湿线冷却，最终达到饱和时所对应的温度为露点温度，而饱和点 C 称为露点。显然，空气的露点只取决于空气的含湿量，当含湿量不变时，露点温度亦为定值。

由于含湿量和水蒸气分压力呈对应关系，因此，露点温度也可以理解为饱和水蒸气分压力所对应的温度。

在空气调节中，常用等湿冷却将空气温度降到露点温度，再进一步冷却使水蒸气凝结，从而达到干燥空气的目的。

四、空气焓湿图在空气调节技术中的应用

1. 空气状态变化过程在 h-d 图上的表示

由前述可知，h-d 图不仅能确定空气的状态参数，而且还能显示空气的变化过程，其变化过程的方向和特征可用热湿比 ε 来表示。图 1.3 所示为空气状态变化的几种典型过程，现分述如下。

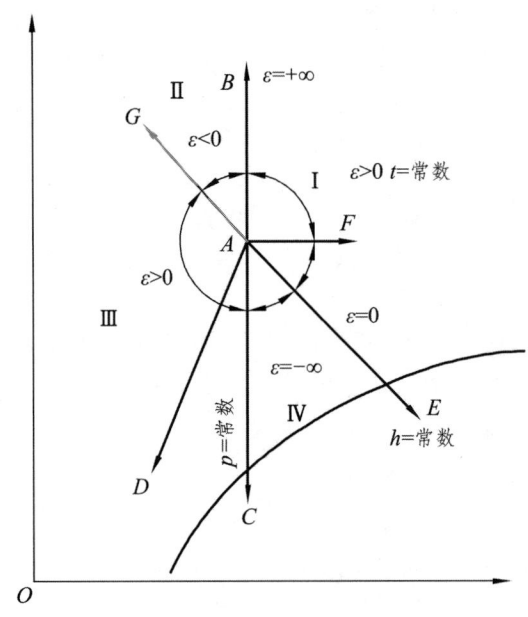

图 1.3　几种典型的空气状态变化过程

（1）等湿（干式）加热过程

空气调节过程中常用电加热器来处理空气。当空气通过加热器时获得了能量，提高了温度，但含湿量并没有变化。因此，空气状态变化是等湿升温过程，如图 1.3 中过程线 $A \to B$。在状态变化过程中 $d_A = d_B$，$h_B > h_A$，故其热湿比 ε 为：

$$\varepsilon = \Delta h/\Delta d = (h_B - h_A)/(d_B - d_A) = (h_B - h_A)/0 = +\infty \tag{1.19}$$

（2）等湿（干式）冷却过程

如果用表面式冷却器处理空气，其表面温度比空气露点温度高，则空气将在含湿量不变的情况下冷却，其焓值必相应减少。因此，空气状态为等湿降温过程，如图 1.3 中 $A \to C$。由于 $d_A = d_C$，$h_C < h_A$，故热湿比 ε 为：

$$\varepsilon = (h_C - h_A)/(d_C - d_A) = (h_C - h_A)/0 = -\infty \tag{1.20}$$

（3）减湿冷却过程

如果用表面式冷却器处理空气，当冷却器的表面温度低于空气的露点温度时，空气中的水蒸气将凝结为水，从而使空气减湿（或谓干燥），空气的变化过程为减湿冷却过程或冷却干燥过程，此过程线如图 1.3 中 $A \to D$，因为空气焓值及含湿量均减少，故热湿比 ε 为：

$$\varepsilon = (h_D - h_A)/(d_D - d_A) = (-\Delta h/-\Delta d) > 0 \tag{1.21}$$

如果用水温低于空气露点温度的水处理空气，也能实现此过程。

（4）等焓减湿过程

用固体吸湿剂（例如硅胶）处理空气时，水蒸气被吸附，空气的含湿量降低，空气失去潜热而得到水蒸气凝结时放出的汽化潜热使温度增高，但焓值基本没变，只是略微减少了凝结水带走的液体，空气近似按等焓减湿升温过程变化，如图 1.3 中 $A \to G$ 所示。其 ε 值为：

$$\varepsilon = (h_G - h_A)/(d_G - d_A) = 0/(d_G - d_A) = 0 \tag{1.22}$$

（5）等焓加湿过程

用喷水室循环水处理空气时，水吸收空气的热量而蒸发为水蒸气，进入到空气中使空气含湿量增加，潜热量也增加。由于空气失掉显热，得到潜热，因而空气焓值基本不变，所以，称此过程为等焓加湿过程。由于此过程和外界没有热量交换，故又称为绝热加湿过程，如图 1.3 中 $A \to E$。此时，循环水将稳定在空气的湿球温度上。由于状态前后空气的焓值相等，因而 ε 为：

$$\varepsilon = (h_E - h_A)/(d_E - d_A) = 0/\Delta d = 0 \tag{1.23}$$

此过程和湿球温度计表面空气的状态变化过程相似，严格地讲，空气的焓值也是略有增加的，其增加值为蒸发到空气中的水的液体热。但因这部分热量很少，因而近似认为绝热加湿过程是一等焓过程。

（6）等温加湿过程

如图 1.3 中 $A \to F$ 过程。这也是一个典型的状态变化过程，是通过向空气喷蒸汽而实现的。空气中增加水蒸气后，其焓和含湿值都将增加，焓的增加值为加入蒸汽的全热量，即：

$$\Delta h = \Delta d \cdot h_q \quad (\text{kg/kg}) \tag{1.24}$$

式中　Δd——每 kg 干空气增加的含湿量，kg/kg；

　　　h_q——水蒸气的焓，其值由 $h_q = 2\,500 + 1.84 t_q$ 计算。

此过程的 ε 值为：

$$\varepsilon = \Delta h/\Delta d = (\Delta d \cdot h_q)/\Delta d = h_q = 2\,500 + 1.84 t_q \tag{1.25}$$

如果蒸汽的温度为 100 ℃ 左右，则 $\varepsilon \approx 2\,690$，该过程线与等温线近似平行，故为等温加湿过程。

以上介绍了空气调节中常用的 6 种典型空气状态变化过程。从图 1.3 可看出代表 4 种过程的 $\varepsilon = \pm\infty$ 和 $\varepsilon = 0$ 的两条线将 $h\text{-}d$ 图平面分成了 4 个象限，每个象限内的空气状态变化过程都有各自的特征，详见表 1.1。

表 1.1　空气状态变化的 4 个象限及特征表

象限	热湿比	状态变化的特征
Ⅰ	$\varepsilon > 0$	增焓加湿升温（等湿降温）
Ⅱ	$\varepsilon < 0$	增焓减湿升温
Ⅲ	$\varepsilon > 0$	减焓减湿降温（等湿升温）
Ⅳ	$\varepsilon < 0$	减焓加湿降温

2. 两种不同状态空气混合过程的计算

在空气调节系统的计算过程中，经常遇到不同状态的空气相混合的情况，为此，必须研究空气的混合规律。

假设质量流量为 G_A (kg/s)、状态为 A (h_A、d_A) 的空气和质量流量为 G_B (kg/s)、状态为 B (h_B、d_B) 的两种空气相混合，混合后空气质量流量为 $G_C=G_A+G_B$ (kg/s)，状态为 C (h_C、d_C)。在混合过程中，如果与外界没有热、湿交换，根据平衡和湿平衡原理，可以列出下列方程式：

$$G_A \cdot h_A + G_B \cdot h_B = G_C \cdot h_C \tag{1.26}$$

$$G_A \cdot d_A + G_B \cdot d_B = G_C \cdot d_C \tag{1.27}$$

将 $G_C=G_A+G_B$ 代入式（1.26）和式（1.27）中，即：

$$G_A \cdot h_A + G_B \cdot h_B = (G_A+G_B) \cdot h_C \tag{1.28}$$

$$G_A \cdot d_A + G_B \cdot d_B = (G_A+G_B) \cdot d_C \tag{1.29}$$

用 G_B 除以式（1.28）和式（1.29），并经整理后可得：

$$G_A/G_B = (h_B-h_C)/(h_C-h_A)$$

$$G_A/G_B = (d_B-d_C)/(d_C-d_A)$$

综合两式可得：

$$G_A/G_B = (h_B-h_C)/(h_C-h_A) = (d_B-d_C)/(d_C-d_A) \tag{1.30}$$

$$(h_B-h_C)/(d_B-d_C) = (h_C-h_A)/(d_C-d_A) \tag{1.31}$$

由前述可知，在 $h\text{-}d$ 图上 $(h_B-h_C)/(d_B-d_C)$ 是直线 $\overline{BC}$ 的斜率，而 $(h_C-h_A)/(d_C-d_A)$ 是直线 $\overline{CA}$ 的斜率，两条直线的斜率相同。因此，直线 $\overline{BC}$ 和 $\overline{CA}$ 平行，但又有 C 为公共点，因而 A、B、C 3 点必然在一直线上，如图 1.4 所示。

下面进一步分析混合点 C 在 AB 线上的位置。根据三角形相似原理及式（1.18），从图 1.4 可得到下式：

$$\frac{\overline{CB}}{\overline{CA}} = \frac{d_B-d_C}{d_C-d_A} = \frac{h_B-h_C}{h_C-h_A} = \frac{G_A}{G_B} \tag{1.32}$$

式（1.32）表明混合点 C 将线段 $\overline{AB}$ 分成两段，两段长度之比和参与混合的两种空气的质量成反比，混合点靠近质量大的空气状态一端。

以上即为"混合规律"。利用混合规律可以很快地求出混合空气状态点，即只要已知参与混合的两种空气状态及质量，就可按质量反比分割其连线，分割点即为混合状态点，状态参数可查图求出，也可以根据已知条件列出相应的比例式来解出。

如果混合点 C 出现在"有雾区"，这种空气状态只能是暂时的，多余的水蒸气立即凝结为水从空气中分离出来，空气仍恢复到饱和状态。空气的变化过程为 $C \rightarrow D$，如图 1.5 所示。因为空气在变化过程中，凝结水带走了水的显热（即液体热），因此，空气的焓值略有降低（$h_D<h_C$）。h_D 与 h_C 间存在下列关系：

$$h_D = h_C - 4.19\Delta t_D \tag{1.33}$$

式中，h_D、h_C、t_D 是 3 个相互关联的未知数。要确定 h 值，必须通过试选法，从 C 点引出很多过程线，分别与 $\varphi=100\%$ 的饱和线交于不同的 D 点，从其中找出一组 h_D、h_C、t_D 值正好符合公式（1.33）的恒等关系，则该 h_D 即为真正的饱和空气焓，D 点就是所求的混合空气状态点。

实际上，由于水带走的显热很少，因此，空气变化的过程线也可近似看做等焓过程。

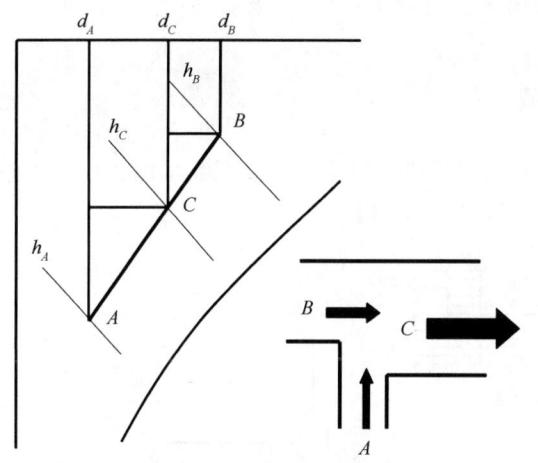

图 1.4 两种状态的空气混合过程

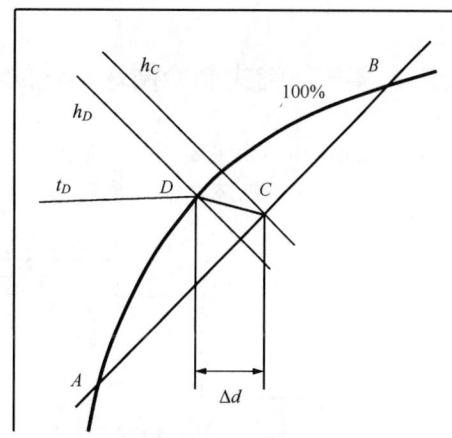

图 1.5 过饱和区空气状态变化过程图

第二节 蒸气压缩式制冷原理

用一定的方法使物体或空间的温度低于周围环境介质的温度，并且使其维持在某一范围内，这个过程称作制冷。制冷的方式大致有 5 种：蒸气压缩式制冷；半导体制冷；吸收式制冷；蒸气喷射式制冷；涡流管制冷。一般车辆空调与制冷装置都采用蒸气压缩式制冷，这主要从其使用的方便性、安全性、经济性及维修性等方面考虑。

一、蒸气压缩式制冷的基本原理

在一定的压力下，液体温度达到沸点（即饱和温度）就会沸腾。在制冷技术中，常把这个饱和温度称为蒸发温度。沸腾的液体如果继续吸热，它就会因吸收了汽化潜热而相变成饱和蒸气。在同一压力下，不同的液体蒸发温度不同，所吸收的汽化潜热也不同。例如，在一个大气压下，水的蒸发温度为 100°C，汽化潜热为 2 258 kJ/kg；而 R12（氟利昂-12）的蒸发温度为 −29.8°C，汽化潜热为 165.3 kJ/kg。

例如，若将一个盛满低温 R12 液体的容器敞开口，放在密闭的被冷却空间内，由于被冷却空间内空气的温度高于 R12 的沸点，所以 R12 液体将吸热而汽化，使被冷却空间内空气温度逐渐下降，这个降温过程直到容器内的 R12 液体汽化完为止。为了将汽化的 R12 蒸气回收使用，需将它再冷却成液体，如用环境介质（如大气或水）来冷凝，蒸气的冷凝温度就要比环境介质的温度稍高一些。我们知道压力较高的蒸气其冷凝温度也较高，因此，只要将 R12 蒸气用压缩机压缩到所需的冷凝温度相对应的饱和压力，就能用环境介质来冷凝它，使在被冷却空间吸热汽化的 R12 蒸气重新冷凝成液体。由于冷凝后制冷剂液体的温度还高于被冷却空间空气的温度，因此，必须让冷凝后的制冷剂液体降压降温，使其温度低于被冷却空间的温度，这样降压降温后的制冷剂液体就可以在被冷却空间内重新吸热汽化。制冷剂在一个封闭的系统中，只消耗压缩机的功就能反复地实现制冷剂由液体变为蒸气,再由蒸气变为液体的相态变化,并通过这种相态变化将低温处的热量转移到高温处去,这就是蒸气压缩式制冷的基本工作原理。

二、蒸气压缩式制冷循环系统的组成

蒸气压缩制冷机组主要是由压缩机、冷凝器、膨胀阀和蒸发器 4 个部件组成的,并用管道连接,形成一个封闭的循环系统,如图 1.6 所示。其工作过程如下:

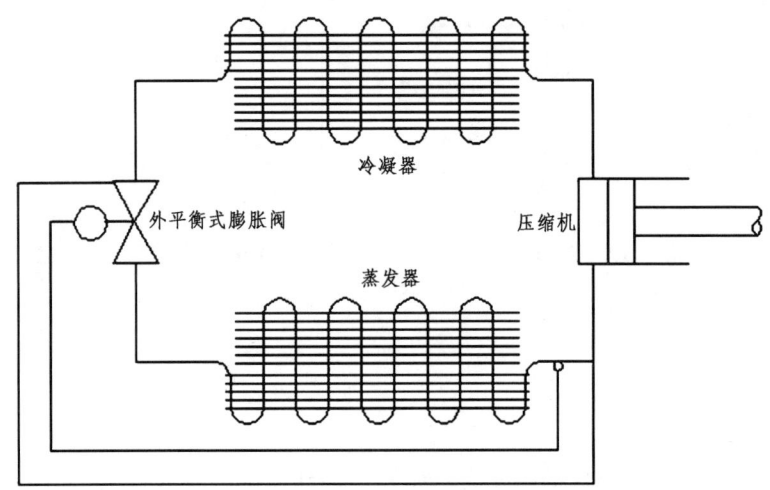

图 1.6　制冷循环系统原理图

① 制冷剂液体在蒸发器中吸收被冷却物体(如室内的空气)的热量,而汽化成低压低温的蒸气后被压缩机吸入。

② 压缩机消耗一定的机械功将制冷蒸气压缩成压力、温度都较高的蒸气并将其输入冷凝器。

③ 高温、高压的制冷剂蒸气在冷凝器内被环境空气(或水)冷却,制冷剂蒸气放出热量后被冷凝成液体,此时的制冷剂液体还处于高温、高压状态。

④ 高温、高压的制冷剂液体经过膨胀阀节流降压、降温后进入蒸发器。此时的制冷剂液体已变为低温、低压状态。在蒸发器中,低温、低压的制冷剂又吸收被冷却物体的热量蒸发成相对的低温、低压的制冷剂蒸气,再被压缩机吸入,如此周而复始地循环。

三、蒸气压缩式制冷原理的理论循环与实际循环

1. 蒸气压缩式制冷原理的理论循环

在图 1.6 中表示的是单级压缩的工作过程。单级压缩机主要由压缩机、冷凝器、蒸发器、膨胀机 4 大部件所组成。单级压缩是指从蒸发器出来的低压蒸气,经压缩机一次压缩到冷凝压力而言。

实际采用的蒸气压缩式制冷循环,与蒸气压缩式制冷的理想循环相比,其两个传热过程均为定压过程,并且具有传热温差。

(1)用膨胀阀代替膨胀机

在理想制冷循环中,膨胀功是由膨胀机完成的。膨胀机要能将冷凝后的制冷剂从高压液态变

为低压液态，还要无能量损失，实际上这样的膨胀机是无法制造出来的，所以采用了膨胀阀代替膨胀机。

采用膨胀阀后，液态的制冷剂的膨胀过程就成为节流过程。它不仅有摩擦损失和涡流损失，而且这部分机械损失又转变为热量，加热制冷剂，将一部分液态制冷剂汽化。因此，制冷循环的制冷系数有所降低，其降低的程度称为节流损失。节流损失大小除随冷凝温度与蒸发温度之差（$T_K - T_0$）的增加而加大以外，还与制冷剂的物理性质有关。

（2）干压缩代替湿压缩

理想制冷循环，采用的是湿压缩。湿压缩存在缺点，压缩机吸入湿蒸气，低温蒸气与高温气缸壁发生强烈热交换，迅速蒸发而占据气缸的有效空间，减少了制冷剂被压缩机吸入量，从而显著降低了制冷量。过多的液体进入压缩机气缸后，不能立即全部汽化，不仅破坏润滑，而且还会造成液击，损坏压缩机。因此，蒸气压缩制冷装置在实际运行中严禁发生湿压缩现象，要求进入压缩机的制冷剂为干饱和蒸汽或过热蒸气，这种压缩过程称为干压缩。干压缩是蒸气制冷压缩机正常工作的一个重要标志。

采用干压缩后，对于大多数制冷剂的制冷系数有所降低，其降低程度称为过热损失。

（3）传热过程为定压过程，并且具有传热温差

理想制冷循环中，制冷剂与被冷却物和冷却剂之间必须在无温差的情况下相互传热，即两个定温过程是逆卡诺循环中的重要条件。这就要求蒸发器和冷凝器应具有无限大的传热面积，但这在实际中是不可能的。因此，实际热交换过程总是存在有一定的温差。

（4）改善蒸气压缩制冷循环的措施

蒸气压缩制冷循环存在节流损失和过热损失，因此，采取措施减少损失，提高制冷系数，对节省能量消耗非常重要。

① 使制冷剂过冷。在冷凝压力下，将在节流阀前的制冷剂进行再冷却，使其温度低于冷凝压力下的饱和温度，称为过冷，也就是高压液体制冷剂在冷却器中的过冷冷却过程。

② 使气体过热。在氟利昂制冷机上，为了避免液滴进入气缸发生液击和影响吸气效率，采用过热循环。

③ 回热循环。为了使液态制冷剂的温度在膨胀阀前降得更低（即增大过冷度），以便进一步减少节流损失，同时又能保证压缩机吸入具有一定过热度的蒸气，还不发生有害的过热，可以采用蒸气回热循环。

回热过程是等压过程，在无热量损失的情况下，液态制冷剂放出的热量等于它蒸发气体吸收的热量。

2. 蒸气压缩式制冷原理的实际循环

前面讨论了蒸气压缩式制冷的理论循环，但是，实际循环又与理论循环有不少差别，因为理论循环是建立在忽略了以下3个条件的情况下讨论的。

① 制冷剂在压缩机工作过程中，气体内部以及气体与气缸壁之间的摩擦和气体与外部的热交换。

② 制冷剂流经压缩机进气阀、排气阀的气流损失。

③ 制冷剂通过管道、冷凝器、蒸发器等设备时，制冷剂与管壁或器壁之间的摩擦以及与外部的热交换。

因此，实际制冷循环压缩过程并非绝热过程，制冷剂在蒸发器和冷凝器中压力也并非固定不

变。所以，实际循环的效率还要更低一些。

由于蒸气压缩制冷的实际循环比较复杂，难以细致计算，所以，一般均以理论循环作为计算基础，再在其上进行必要的修正，用以保证实际循环中其他因素对它的影响。

四、制冷剂液体过冷和吸气过热对制冷循环的影响

1. 制冷剂液体过冷的影响

在理论循环中认为从冷凝器中流出和进入节流装置的制冷剂都是饱和液体状态，而在实际制冷装置中，制冷剂在冷凝器中冷凝成液体后还在继续向外放热而变成过冷液体（未饱和液体）后才流出，特别在车辆制冷装置中，冷凝器采用风冷，液体的冷凝温度总是高于环境气温，从冷凝器出来的制冷剂液体在储液器和管路中流动还要不断向外界放热而继续过冷。因此，冷凝器流至节流装置前总有一定的过冷度。饱和温度与过冷液体的温度的差值称为过冷度。过冷度越大，节流损失就越小，单位质量制冷量就越大，因此，制冷剂液体的过冷循环将提高制冷系数。

2. 吸气过热度的影响

在理论循环中，我们假定由蒸发器流出和被压缩机吸入的制冷剂都是饱和蒸汽，从蒸发器出口至压缩机吸入口之间的管路不存在热交换。实际上，制冷剂的蒸气温度总是低于被冷却介质的温度，从蒸发器流出的饱和制冷剂，在通过吸气管流进压缩机时，还将从冷却介质处或外界吸收部分热量而变成过热蒸气，因此，压缩机实际吸入的是过热蒸气。如果制冷装置所采用的压缩机要求低温制冷剂蒸气冷却电机（如全封闭式和半封闭式压缩机），制冷剂蒸气在到达压缩机吸气腔时的过热度就会更大。

若吸入蒸气的过热热量全部来自被制冷的室外，则会增加冷凝器的热负荷。这种过热度越大，制冷系数和单位容积制冷量降低越多，所以称为有害过热。

为了减少管路的有害过热，吸气管路都必须用隔热材料包扎起来。

若吸入蒸气的过热热量全部来自被制冷的室内，则制冷剂的单位质量制冷量就应该由蒸气制冷部分和过热阶段所吸收的热量两部分组成。这时制冷剂的制冷系数比理论循环提高了，所以这种过热对制冷循环是有益的。

实际上，为了保证制冷装置的压缩机运转安全，总是使压缩机吸气有一定的过热度。若没有吸气的过热度，压缩机吸入的蒸气就难免带入未蒸发完的少量液滴，液滴在气缸中受热产生急剧的汽化，不仅会降低压缩机的实际吸气量，而且液体多时，甚至可能引起液击事故，所以压缩机吸气要有一定的过热度。

第三节 制 冷 剂

空调及其他制冷系统都是由压缩机、冷凝器、蒸发器和节流装置几大基本部件组成，形成一个制冷系统。然而，制冷系统里必须还要充注一定量的专用的工作介质，才能正常工作，这种工作介质就是制冷剂，也称冷工质。

一、制冷剂的作用

蒸气压缩式制冷循环中的制冷剂在低温、低压下汽化，从被冷却物体中吸收热量；然后制冷剂又在高温、高压下凝结，把热量释放到环境介质（如空气、冷却水等）中去。制冷剂在制冷系统中如此反复循环，通过自身热力状态的变化与外界进行能量交换，从而把被冷却物体的热量释放到环境介质中，实现被冷却物体的冷却。制冷系统中充注的制冷剂不同，其制冷效率也有很大的区别，因此制冷剂在制冷系统中起着极其重要的作用。

二、制冷系统对制冷剂的要求

使用制冷剂应安全、可靠、易得、价廉，且应满足下列要求：

① 临界温度较高，在常温或制冷温度下能够液化。一般来说，制冷循环越接近临界温度，节流损失越大，制冷系数就越小。

② 在蒸发器和冷凝器内制冷剂的压力适中。要求在蒸发器内制冷剂的压力最好和大气压力相近并稍高于大气压力，因为当蒸发器中制冷剂的压力低于大气压力时，外部的空气可能从不严密处漏入制冷系统中。这样漏入的空气不但会降低制冷装置的制冷能力，而且由于空气中有水蒸气，会对设备和管路产生腐蚀，同时在低温部分的节流孔口处还可能发生"冰塞"现象。

在蒸发器和冷凝器内制冷剂的压力不宜过高，这样可以减少制冷装置承受的压力，也可减少制冷剂向外渗透的可能性。如果压力过高，不仅制冷剂有向外渗漏的可能，而且还会增加循环中功的消耗。冷凝温度是根据冷却介质的温度和冷凝器的构造来确定的。

③ 单位容积制冷量大。对于一台压缩机而言，在一定的工况下，如果所用制冷剂的单位容积制冷量大，则其制冷量也就大；当要求产生同样的制冷量时，制冷剂的单位容积制冷量大，其制冷剂的循环量就少，这样，压缩机和系统的尺寸就可以大大减小。对于大、中型的往复式压缩机，制冷剂的单位容积制冷量越大越好。但是对于离心式压缩机和小型往复式压缩机则恰恰相反，否则由于制冷剂的单位容积制冷量太大而导致压缩机尺寸太小，给制造带来一定的困难。但是随着机械加工工艺的提高，这个问题逐步会得到解决。

应该说明，同一种制冷剂在不同的蒸发温度和冷凝温度（或节流前的温度）下，其单位容积制冷量是不相同的；而且，不同的制冷剂即使在相同的温度条件下，单位容积制冷量也各不相同。

④ 凝固温度低，以避免制冷剂在蒸发温度下凝固。

⑤ 黏度和密度小，以保证制冷剂在系统中的流动阻力损失小。

⑥ 导热系数高，可以提高各个换热器制冷剂的换热系数。

⑦ 满足与润滑油的溶解性要求。制冷剂与润滑油是否溶解的性质各有利弊。制冷剂溶解于润滑油，优点是润滑油能与制冷剂一起渗透到压缩机的各个部件，为机件润滑创造良好的条件，蒸发器和冷凝器的传热面上不会形成阻碍传热的润滑油层。缺点是从压缩机中带出的油量越多，在蒸发器中产生的泡沫就越多，影响传热，并会引起蒸发温度升高；使润滑油的黏度降低。制冷剂不溶于或微溶于润滑油，优点是，从压缩机带出的油量少，在蒸发器中蒸发温度比较稳定。缺点是，在蒸发器和冷凝器的传热面上形成很难清除的油层，影响传热。

⑧ 等熵指数（以前称为绝热指数）小，可使压缩过程耗功减小，压缩终了时气体的温度不致过高。

⑨ 液体比热容小，可使节流过程损失减小。

⑩ 不燃烧，不爆炸，无毒，对金属不起腐蚀作用，与润滑油不起化学作用，高温下不分解，对人体无毒害。

⑪ 价格便宜，便于获得。

除上述共同要求外，不同形式的蒸气压缩式制冷装置对制冷剂还有一些特殊要求。活塞式制冷装置要求制冷剂的汽化潜热和单位容积制冷量要大，以利缩小压缩机的尺寸和减小制冷剂的循环量；离心式制冷装置要求制冷剂的分子量要大，以便提高级的压缩比，在一定的冷凝压力和蒸发压力范围内，使级数减少；封闭式压缩机中，制冷剂与电极线相接触，不能使用像氨一类会与铜起化学作用的制冷剂；石油、化学等工业用的制冷装置，其制冷剂使用量很大，从经济角度出发，常采用碳氢化合物为制冷剂。

实际上，不同的制冷装置和不同的工作温度可选用不同的制冷剂。

三、制冷剂的分类、表示方法及物理化学性质

1. 制冷剂的分类

可以当做制冷剂的物质有几十种，但目前工业上常用的不过十余种。按照它们的组成主要有：无机化合物制冷剂、氟利昂制冷剂、碳氢化合物制冷剂、混合制冷剂。按照它们在标准大气压力条件下沸腾温度的高低，一般可将其分为三大类：高温制冷剂、中温制冷剂和低温制冷剂。

2. 制冷剂表示方法

为了统一称谓和方便书写，国际上统一规定用字母"R"和其后的数字或字母作为制冷剂的符号，字母"R"表示制冷剂，其后的数字和字母编写规则如下：

（1）无机化合物

无机化合物的简写符号规定为R7XX，XX是指该无机物分子量的整数部分。例如：

	NH_3	H_2O	CO_2	SO_2	N_2O
分子量的整数部分	17	18	44	64	44
符号表示	R717	R718	R744	R764	R744a

上例中，因为 CO_2 和 N_2O 分子量的整数部分相同，为区别起见，规定用 R744 表示 CO_2，R744a 表示 N_2O。

（2）氟利昂和烷烃类

烷烃化合物的分子通式为 C_mH_{2m+2}，氟利昂的分子通式为 $C_mH_nF_xCl_yBr_{z(n+x+y+z=2m+2)}$，它们的简写符号规定为 $R_{(m-1)(n+1)(x)}B_{(z)}$，每个括号是一个数字，该数字数值为零时省去写，同分异构体则在其最后加小写英文字母以示区别。

（3）非共沸混合制冷剂

非共沸混合制冷剂的简写符号为R4X，X代表一组数字，这组数字为该制冷剂命名的先后顺序号，从00开始。构成非共沸混合制冷剂的纯物质种类相同，但成分不同，则分别在最后加上大写英文字母以示区别。例如，最早命名的非共沸混合制冷剂写作R400，以后命名的按先后次序分别用R401、R402、…、R407A、R407B、R407C等表示。

（4）共沸混合制冷剂

共沸混合制冷剂的简写符号为 R5X，X 代表一组数字，从 00 开始，也是该制冷剂命名的先后顺序号。例如，最早命名的共沸制冷剂写作 R500，以后命名的按先后次序分别用 R501、R502、…、R507 等表示。

此外，还有环烷烃、链烯烃，以及它们的卤代物。其简写符合规定：环烷烃及环烷烃的卤代物用字母"RC"开头，链烯烃及链烯烃的卤代物用字母"R1"开头，其后的数字排写规则与氟利昂及烷烃类符号表示中的数字排写规则相同。

在大气臭氧层问题出来以后，为了能较简单地定性判别制冷剂对大气臭氧层的破坏能力，氯氟烃类物质代号中的 R 可表示为 CFC，氢氯氟烃类物质代号中的 R 可表示为 HCFC，氢氟烃类物质代号中的 R 可表示为 HFC，碳氢化合物代号中的 R 可表示为 HC 等，数字编号不变。例如，R12 可表示为 CFC12，R134a 可表示为 HFC134a。

3. 制冷剂的物理化学性质

在使用制冷剂时，除了要了解其热力性质外，还要清楚其物理化学性质，例如，毒性、燃烧性、爆炸性、与金属材料的相容性、与润滑油的作用、与大气环境的"友好性"等。有时这些因素可能是考虑使用制冷剂的主要因素。

4. 安全性

安全性对操作人员是非常重要的，尤其是在制冷机长期连续运转的情况下。制冷剂的毒性、燃烧性和爆炸性，都是评价制冷剂安全程度的性质，规定了最低安全程度的标准，如 ANSI/ASHRAEl5—1992 等。

（1）毒　性

毒性通常是根据对动物的试验和对人的影响的资料来确定的。美国工业与环境卫生专家大会用 TLVs（Threshold Limit Values）指标作为毒性标准，美国杜邦公司用 AEL（Allow-able Exposure Limit）指标作为毒性标准，它们都反映了人们在较长时间内接触制冷剂而不至于产生不良反应。值得指出的是，虽然一些氟利昂制冷剂的毒性指标较低，但它们在高温或火焰作用下，会分解出剧毒的光气，这一点在使用时要特别注意。此外，除氧以外的所有制冷剂，几乎都可以引起人或动物窒息，在进行有关操作时要保持比较好的通风条件。

（2）燃烧性和爆炸性

各种制冷剂的燃烧性和爆炸性差别很大。易燃的制冷剂在空气中的含量达到一定范围时，遇明火就会产生爆炸。因此，应尽量避免使用易燃和易爆炸的制冷剂。如果必须使用，必须要有防火、防爆安全措施。一些易燃制冷剂的爆炸特性见表 1.2。

表 1.2　一些制冷剂与低温工质易燃、易爆特性

工质代号	爆炸极限	工质代号	爆炸极限	工质代号	爆炸极限	工质代号	爆炸极限
R12	不燃烧	R123	不燃烧	R143a	6~（未知）	R702	4~75
R22	不燃烧	R124	不燃烧	R152a	3.9~16.9	R704	不燃烧
R23	不燃烧	R125	不燃烧	R290	2.3~7.3	R717	16~25
R32	14~31	R134a	不燃烧	R502	不燃烧	R718	不燃烧
R50	4.8~16.3	R142b	6.7~14.9	R600a	1.8~8.4	R728	不燃烧

表 1.2 中，爆炸极限表示在空气中发生燃烧或爆炸的容积百分比的范围。这一范围的下限值越小，表示越易燃；下限值相同，则范围越宽越易燃。

（3）安全分类

以前对制冷剂的安全性分别以毒性和可燃性作出规定。国际标准 ISO5149—1993 和美国标准 ANSI/ASHRAE34—1992，对制冷剂的安全分类作了较大的调整，将毒性与可燃性合在一起，规定了 6 个安全等级，表 1.3 给出了这 6 个等级的划分定义，表 1.4 给出了一些制冷剂的安全分类。

表 1.3　ANSI/ASHRAE34—1992 以毒性和可燃性为界限的安全分类

条　件	可燃性	TLVs 值确定或一定的系数，工质体积分数 $\geqslant 4\times 10^{-4}$	TLVs 值确定或一定的系数，工质体积分数 $<4\times 10^{-4}$
无火焰传播	不燃	A1	B1
工质 LFL>0.1 kg/m³ 燃烧热<19 000 kJ/kg	低度可燃性	A2	B2
工质 LFL≤0.1 kg/m³ 燃烧热≥19 000 kJ/kg	高度可燃性	A3	B3
毒性程度		低毒性	高毒性

注：LFL 指燃烧下限，在指定的实验条件下，能够在工质和空气组成的均匀混合物中传播火焰的工质最小含量；A 为低毒性，B 为高毒性，其后的数字表示可燃性，数字越大燃烧的可能性越大。

表 1.4　一些制冷剂与低温工质的安全分类

工质代号	安全分类	工质代号	安全分类	工质代号	安全分类	工质代号	安全分类
R12	A1	R123	B1	R143a	A2	R702	A3
R22	A1	R124	A1	R152a	A2	R704	A1
R23	A1	R125	A1	R290	A3	R717	B2
R32	A2	R134a	A1	R502	A1	R718	A1
R50	A3	R142b	A2	R600a	A3	R728	A1

5. 热稳定性

通常制冷剂因受热而发生化学分解的温度远远高于其工作温度，因此正常情况下制冷剂不分解。但在温度较高又有润滑油、钢铁、铜存在时，长时间使用会发生变质甚至热解。例如，氨在温度超过 250 ℃ 时分解成氮和氢；丙烷在有氧气时，460 ℃ 时开始分解，660 ℃ 时分解 43%，830 ℃ 时完全分解；R12 与铁、铜等金属接触时，410～430 ℃ 时分解，并生成氢、氟和极毒的光气；R22 与铁相接触时，550 ℃ 开始分解。

6. 对材料的作用

氢、氨、氮及其他惰性气体、碳氢化合物制冷剂等，对金属无腐蚀作用。但氢很容易扩散到其他工程材料中，使材料的力学性能下降，称为氢脆。

在正常情况下，卤素化合物制冷剂与大多数常用金属材料不起作用。但在某种情况下，一些材料将会和制冷剂发生作用，例如，水解作用、分解作用等。制冷剂与金属材料接触时，发生分解作用强弱程度的次序（从弱到强）是铬镍铁耐热合金、不锈钢、镍、纯铜、铝、青铜、锌、银（分解作用最大）。

含镁的质量分数超过约 2% 的镁锌铝合金，不能用在卤素化合物制冷剂的制冷机中，因为若有微量水分存在时就会引起腐蚀。有水分存在时，氟利昂水解成酸性物质，对金属有腐蚀作用。氟利昂与润滑油的混合物能够水解ము。所以当制冷剂在系统中与铜或铜合金部件接触时，铜便溶解到混合物中，当和钢或铸铁部件接触时，被溶解的铜离子又会析出，并沉浸在钢铁部件上，形成一层铜膜，这就是所谓的"镀铜"现象。这种现象对制冷机的运行极为不利，因此，制冷系统中应尽量避免有水分存在。

氨制冷机中不能用黄铜、纯铜和其他铜合金，因为有水分时要引起腐蚀。但磷青铜与氨不起作用。

某些非金属材料，如一般的橡胶、塑料等，与氟利昂制冷剂会起作用。橡胶与氟利昂相接触时，会发生溶解；而对塑料等高分子化合物，则会起"膨润"作用（变软、膨胀和起泡），在制冷系统中要选用特殊的橡胶或塑料。

7. 对润滑油的互溶性

在大多数制冷机里，制冷剂与润滑油相互接触是不可避免的。各种制冷剂与润滑油之间的溶解程度不同，有的完全互溶，有的几乎不溶解，而有的是部分溶解。若制冷剂与润滑油不相溶解，可以从冷凝器或贮液器将润滑油分离出来，避免润滑油带入蒸发器中，降低传热效果。制冷剂与润滑油溶解会使润滑油变稀，影响润滑作用，且润滑油会被带入蒸发器中，影响到传热效果。

8. 对水的溶解性

不同制冷剂溶解水的能力不同。氨可以溶解比它本身大许多倍的水，生成的溶液冰点比水的冰点低，因此在运转的制冷系统中不会引起结冰而堵塞管道通路，但会对金属材料引起腐蚀。氟利昂很难与水溶解，烃类制冷剂也难溶解于水。例如，在 25 ℃ 时，水在 R134a 液体中只能溶解 0.11%（质量百分比）。当制冷剂中水的含量超过上述百分数时，就会有纯水存在。当温度降到 0 ℃ 以下时，水就会结成冰，堵塞节流阀或毛细导管的通道，形成"冰堵"，致使制冷机不能正常工作。

含有氯原子的制冷剂会水解并生成盐酸，不但会腐蚀金属材料，而且还会降低电绝缘性能。因此，制冷系统中不允许有游离的水存在。

9. 泄漏性

制冷系统工作时，不允许有制冷剂向系统外泄漏，因此需要经常在设备、管道的接合面处检查有无制冷剂漏出。

氨有强烈的臭气，人们依靠嗅觉就容易判别是否有泄漏。由于氨极易溶于水，因此不能用肥皂水检漏，通常用酚酞试剂和试纸检漏，如有泄漏，试剂或试纸会变成红色。

氟利昂是无色无味的物质，泄漏时不易发觉。检漏的方法有卤素喷灯和电子检漏仪两种。卤素喷灯是通过燃烧酒精去加热一块纯铜，空气被吸入喷灯，当空气内含有氟利昂时，气流与纯铜接触就会发生分解，并使燃烧的火焰变成黄绿色（当泄漏量小时）或紫色（当泄漏量大时）。用电子检漏仪检漏是一种较精密的方法。仪器中有一对铂电极，空气由风机吸入并流过电极，当含有氟利昂时，电极之间的电导率会发生变化，通过电流计可以反映出来。

氨气具有很强的渗漏性,在使用氨作制冷剂时,要进行特别仔细的检漏。

10. 与大气环境的"友好性"

氟利昂类制冷剂中,凡分子内含有氯或溴原子的制冷剂对大气臭氧层有潜在的消耗能力。为描述对臭氧的消耗特征及其强度分布,通常使用 ODP 值。ODP 值(Ozone Depletion Potential)表示对大气臭氧层消耗的潜能值,以 R11(CFC11)作为基准值。

这类制冷剂不仅要破坏大气臭氧层,还具有使全球变暖的潜能(Global Warming Potential,简称 GWP)。我们把具有使全球变暖效应的气体称为温室气体。作为基准,人们选用 R11(CFC11)的值为 1.0,其符号为 HGWP。以前,也曾经用二氧化碳作为基准,规定二氧化碳的值为 1.0,其符号为 GWP。两者的换算关系为前者是后者的 3 500 倍。表 1.5 给出了一些制冷剂的 ODP 值和 GWP 值。

表 1.5　一些制冷剂与低温工质的 ODP 值和 GWP 值

工质代号	GWP	ODP	工质代号	GWP	ODP	工质代号	GWP	ODP	工质代号	GWP	ODP
R12	7 100	1.0	R123	70	0.02	R143a	2 660	0	R600a	0	0
R22	1 600	0.055	R124	350	0.022	R152a	105	0	R702	0	0
R23	—	0	R125	2 940	0	R290	0	0	R704	0	0
R32	650	0	R134a	875	0	R500	6 300	0.75	R717	0	0
R50	—	0	R142b	1 470	0.065	R502	9 300	0.23	R718	0	0

GWP 值虽然反映了温室气体进入大气以后,所直接造成的全球变暖效应,但它却不能反映由于这些气体而导致化石燃料能源消耗,引起二氧化碳量排放增加所导致的间接全球变暖效应。考虑到这一因素,人们提出用"总等效温室效应(Total Equivalent Warming Impact,TEWI)"来描述温室气体的全球变暖效应。TEWI 包括两部分:第一部分是直接温室效应(Direct Warming Impact),它是指温室气体的排放、泄漏及系统维修或报废时进入大气后,对大气温室效应的影响,可以表示为温室气体的 GWP 值与排放总和的乘积;第二部分是间接温室效应(Indirect Warning Impact),它是指使用这些温室气体(主要是制冷剂)的装置,因耗能(主要指电能和燃烧化石燃料)引起的二氧化碳排放所带来的温室效应。由此可以看出,TEWI 是一个评价温室效应的综合指标,它不仅包括排放总量的影响,而且包括装置用能效率(例如 COP)、化石燃料转化为电能或机械能的效率对温室效应的间接影响。TEWI 不单是温室气体物性的函数,因此,无法给出某一温室气体的 TEWI 值。

可以看出,传统制冷剂 R11、R12 不仅 ODP 值很高,而且 GWP 值也很高,对大气环境极不友好,因此要被禁止使用。作为替代 R12 的新制冷剂 R134a,虽然其 ODP 值已经是 0,但仍有较高的 GWP 值,要造成全球变暖效应。一些自然制冷剂,如 R50、R600a、R290、R702、R704、R717、R728 等,它们既不破坏大气臭氧层,又不导致全球变暖,是环境"友好"制冷剂。

四、制冷剂特性及选用

目前,铁路客车上主要采用的制冷剂有 R12 和 R22,其中,R12 用于 24 型空调客车空调机组和餐车冰箱,其他空调客车主要采用 R22。铁路机械保温车 B16、B17 采用氨作制冷剂,盐水作冷媒，B19 采用的制冷剂是 R12。而城市轨道交通方面，上海地铁 1 号线车辆空调机组采用的制冷剂为 R22，2 号线车辆空调机组采用新型环保制冷剂 R134a；广州地铁 1 号线车辆空调机组制冷剂采用 R134a，广州地铁 2 号线车辆和深圳地铁车辆空调机组采用新型环保制冷剂 R407c。

一些常用制冷剂的特性如下：

1. 氟利昂

（1）R12

这是目前应用最广的中温制冷剂，沸点为 $-29.8\ ℃$，凝固点为 $-155\ ℃$，可用来制取 $-70\ ℃$ 以上的低温制冷量。

R12 无色，气味很弱，毒性小，不燃烧，不爆炸，但当温度达到 $400\ ℃$ 以上，遇明火时，会分解出具有剧毒性的光气。R12 等熵指数小，所以压缩机的排气温度较低。单位容积制冷量小，分子量大，流动阻力大，热导率较小。

水在 R12 中的溶解度很小，低温状态下水易析出而形成冰堵，因此 R12 系统内必须严格限制含水量，并规定 R12 产品的含水量不得超过 $0.002\ 5\%$，且系统中的设备和管道在充灌 R12 前必须经过干燥处理，在充液管路中及节流阀前的管路中加设干燥器。

R12 能与矿物性润滑油无限溶解，在传热管表面不易形成油膜，但在蒸发器中，随 R12 的不断蒸发，润滑油在其中逐渐积存，使蒸发温度升高，传热系数下降。由于润滑油的相对密度比 R12 小，油漂浮在 R12 液面上，无法直接从容器底部放出，因此，蒸发器多采用干式蛇管式，从上部供液，下部回气，使润滑油与 R12 蒸气一同返回压缩机。在压缩机曲轴箱内，润滑油中会溶解 R12，降低了润滑油的黏度，因此应采用黏度较高的润滑油。另外，当压缩机停机时，曲轴箱内压力升高，润滑油中 R12 的溶解量增多，当压缩机启动时，曲轴箱内压力突然降低，润滑油中的 R12 便大量蒸发，将油滴带入系统，并形成泡沫，造成曲轴箱内润滑油位下降，影响油泵的正常工作。所以往往在曲轴箱底部设有电加热器，启动前先对润滑油加热，使 R12 蒸发，以免启动时造成失油现象。

R12 对一般金属没有腐蚀作用，但能腐蚀镁及含镁量超过 2% 的铝镁合金，含水后会产生镀铜现象。R12 对天然橡胶及塑料等有机物有膨胀作用，故密封材料应使用耐氟利昂腐蚀的丁腈橡胶或氯醇橡胶，封闭式压缩机中电动机绕组导线要涂覆耐氟绝缘漆，电动机采用 B 级或 E 级绝缘。R12 极易渗透，故对铸件质量及系统的密封性要求较高。

由于 R12 具有压力适中，压缩终了温度低，热力性能优良，化学性能稳定，无毒，不燃，不爆等优点，故广泛用于冷藏、冰箱、空调和低温设备，从家用冰箱到大型离心式制冷装置中都有采用。

但 R12 对大气臭氧层有严重破坏作用，并产生温室效应，危及人类赖以生存的自然环境，因此它已经受到限用与禁用。

（2）R134a

R134a（1，3-四氟乙烷），是一种新型制冷剂，它的标准蒸发温度为 $-26.25\ ℃$，凝固点为 $-101.1\ ℃$。

R134a 的主要热力性质与 R12 非常接近，其毒性也与 R12 相同。化学稳定性较好，对金属的腐蚀程度比 R12 小。R134a 的特点是对大气的臭氧层没有破坏作用，安全无害。以 R12 为制冷剂的制冷机改为 R134a 后，基本上不需要更换什么部件，制冷量和功效比都不会有太大的变化，因此它一开始就被作为 R12 的重要代替制冷剂进行研究。但是 R12 制冷机改用 R134a 后，原来的烷烃类润滑油已不适用。实验证明酯基类润滑油比较适用于 R134a。它们之间互溶性较好。

与其他 HFC 类制冷剂一样，R134a 分子中不存在氯原子，不能用传统电子检漏仪检漏，应该用专门适合于 R134a 的检漏仪检漏。

（3）R22

R22 也是较常用的中温制冷剂，沸点为 -40.8 ℃，凝固点为 -160 ℃，单位容积制冷量稍低于氨，但比 R12 大得多。压缩终了温度介于氨和 R12 之间，能制取 -80 ℃ 以上的低温。

R22 无色，气味很弱，不燃烧，不爆炸，毒性比 R12 稍大，但仍属安全性制冷剂。它的传热性能与 R12 相近，溶水性比 R12 稍大，但仍属于不溶于水的物质。含水量仍限制在 0.002 5% 之内，防止含水量过多和冰堵，所采取的措施，与 R12 系统相同。

R22 化学性质不如 R12 稳定。它的分子极性比 R12 大，故对有机物的膨润作用更强。密封材料可采用氯乙醇橡胶，封闭式压缩机中的电动机绕组线圈可采用 QF 改性缩醛漆包线（E 级）或 QZY 聚酯亚胺漆包线。

R22 能部分地与润滑油互溶，温度高时溶解性较好，但在低温下（蒸发器中）会出现分层现象，采取的回油措施与 R12 相同。

R22 对金属的腐蚀性、泄漏性与 R12 相同。

R22 广泛用于冷藏、空调、低温设备，在活塞式、离心式、回转式压缩机系统中均有采用。由于它对大气臭氧层仅有微弱的破坏作用，故可作为 R12 的近期、过渡性替代制冷剂。

（4）R13

R13 属低温制冷剂，沸点为 -81.5 ℃，凝固点为 -180 ℃，毒性比 R12 更小，不燃烧，不爆炸。

R13 低温时蒸气比体积小，常温下饱和压力高，临界温度低（28.78 ℃），故常温下难以液化，只应用于复叠式制冷系统的低温级。

R13 微溶于水，系统中也应设干燥器。

它不溶于润滑油，对金属、有机物的作用及泄漏性与 R12 相同，可用来制取 -70～100 ℃ 的低温制冷。

（5）R11

R11 属高温制冷剂，沸点为 23.7 ℃，凝固点为 -111 ℃，常温、常压下呈液态。它的分子量较大，单位容积制冷量小，所以适用于离心式压缩机制冷系统。

R11 毒性比 R12 大，与明火接触时更易分解出剧毒光气。R11 的溶水性、溶油性、对金属及有机物的作用均与 R12 相似。

R11 由于沸点高，所以广泛应用于空调系统、热泵装置中，制取 10～-5 ℃ 的低温制冷量。在活塞式、离心式、回转式压缩机系统中均有采用。由于它对大气臭氧层有较强的破坏作用，也属于限用和禁用的制冷剂。

（6）R142b

R142b 属沸点较高（-9.25 ℃）的中温制冷剂，凝固点为 -130.8 ℃。它的最大特点是在很高的冷凝温度下（例如 80 ℃），其冷凝压力并不高（1.35 MPa），因此它适合于热泵装置和高环境温度下的空调与制冷装置中使用。

Rl42b 的毒性与 R22 差不多，当它与空气混合的体积分数在 10.6%～15.1% 范围内时，会发生爆炸。它对大气臭氧层仅有微弱的破坏作用。

2. 丙烷、丙烯等有机化合物

丙烷、丙烯属中温制冷剂。乙烷、乙烯属低温制冷剂，临界温度都很低，常温下无法液化，故限用于复叠式制冷系统的低温部分。由于丙烷、丙烯等有机化合物具有易燃、易爆的特性，目前主要用于一些石油化工厂。

3. 混合制冷剂

混合制冷剂是由两种或两种以上的纯制冷剂以一定的比例混合而成的。按照混合后的溶液是否具有共沸的性质，分为共沸制冷剂和非共沸制冷剂两类。

（1）共沸混合制冷剂

目前使用的几种共沸混合制冷剂如表 1.6 所示，其共同特点：在一定的蒸发压力下蒸发时，具有几乎不变的蒸发温度，而且蒸发温度一般比组成它的单组分的蒸发温度低。这里所指的几乎不变，是指在偏离共沸点时，泡点温度和露点温度虽有差别，但非常接近，而在共沸温度时，则泡点和露点温度完全相等，表现出与纯制冷剂相同的恒沸性质，即在蒸发过程中，蒸发压力不变，蒸发温度也不变。

表 1.6　几种共沸混合制冷剂的物理性质

代号	组成成分	各成分沸点（℃）	各成分含量	相对分子量	沸点（℃）	共沸温度（℃）
R500	R12/R152a	−29.8/−25.0	73.8/26.2	99.3	−33.5	0
R501	R22/R12	−40.8/−29.8	84.5/15.5	93.1	−41.5	−41
R502	R22/R115	−40.8/−38.0	48.8/51.2	111.6	−45.4	19
R503	R23/R13	−82.2/−81.5	40.1/59.5	87.6	−88.0	88
R504	R32/R115	−51.2/−38.0	48.2/51.8	79.2	−59.2	17
R505	R12/R31	−29.8/−9.8	78.0/22.0	103.5	−30.0	115
R506	R31/R114	−9.8/3.5	55.1/44.9	93.7	−12.5	18
R507	R125/R143a	−48.8/47.7	50.0/50.0	98.9	−46.7	—

在一定的蒸发温度下，共沸制冷剂的单位容积制冷量，比组成它的单一制冷剂的容积制冷量要大。这是因为在相同的蒸发温度和吸气温度下，共沸制冷剂比组成它的单一制冷剂的压力高、比体积小的缘故。

共沸制冷剂的化学稳定性较组成它的单一制冷剂好。

在全封闭和半封闭压缩机中，采用共沸制冷剂可使电动机得到更好的冷却，电动机绕组温升减小。试验表明，在由制冷剂吸气冷却电动机的半封闭式压缩机中，采用 R502 后，电动机的温升比 R22 降低 10～20 ℃，这是由于 R502 的质量流量和热容量较 R22 大的缘故。

由于上述特点，在一定的情况下，采用共沸制冷剂可使能耗减少，例如，R502 在低温范围内（蒸发温度在 −60～−30 ℃），能耗较 R22 低；而在高温范围内（蒸发温度 −10～10 ℃），能耗较 R22 高。因此，通常 R502 用在低温冷藏冷冻中，而 R22 用在空调中。

（2）非共沸混合制冷剂

非共沸混合制冷剂没有共沸点。在定压下蒸发或凝结时，气相和液相的成分不同，温度也在不断变化。图1.7是非共沸制冷剂的温度-质量分数（T-ω）图。由图可见，在一定的压力下，当溶液加热时，首先到达饱和液体点 A。此时所对应的状态称为泡点，其温度称为泡点温度。

若再加热到达点 B，即进入两相区，并分为饱和液体（点 B_1）和饱和蒸气（点 B_g）两部分，其质量分数分别为 ω_{B1} 和 ω_{Bg}。继续加热到点 C 时，全部蒸发完，成为饱和蒸汽，此时所对应的状态称为露点，其温度称为露点温度。泡点温度和露点温度的温差，称之为温度滑移（Temperature glide）。在露点时，若再加热即成为过热蒸气。

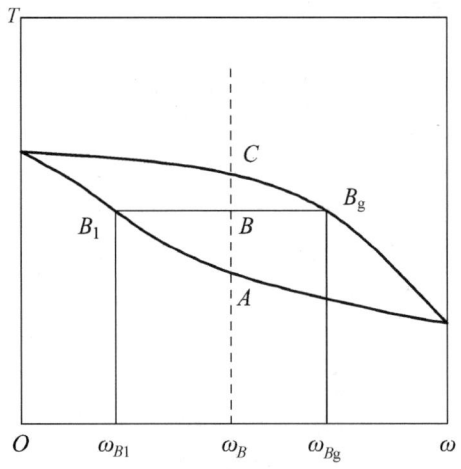

图 1.7　非共沸制冷剂（T-ω）图

可以看出，非共沸混合制冷剂在定压相变时，其温度要发生变化。定压蒸发时，温度从泡点温度变化到露点温度，定压凝结则相反。非共沸混合制冷剂的这一特性，被广泛用在变温热源的温差匹配场合，实现近似的洛伦兹循环，以达到节能的目的。

与其他混合物类似，混合制冷剂的性质与构成它的各纯质制冷剂的性质有着紧密的关系。可以利用混合制冷剂的这一特性，实现各纯质制冷剂的优势互补。例如，有些纯质制冷剂，它们除了可燃性以外，其他性质都较好，就可以在这纯质制冷剂中，加入一定量的不可燃制冷剂，构成混合制冷剂，使可燃性降低。又例如，有些纯质制冷剂制冷系数大，但容积制冷量太小，为了提高容积制冷量，就可以在这一纯质制冷剂中，加入一定量的容积制冷量大的制冷剂，构成混合制冷剂，使容积制冷量增大。此外，还可以利用混合制冷剂的特性，找到在一定的压力下，具有所需要的相变温度的混合制冷剂。混合制冷剂所有这些特性，使得它们在传统制冷剂替代物的研究中，得到了广泛的应用。目前应用较多的非共沸制冷剂的种类及组成示于表1.7中。

表 1.7　几种非共沸混合制冷剂的物理性质

代号	组成成分	各成分含量	泡点温度（℃）	露点温度（℃）	ODP	GWP（CO_2=1）	主要应用
R401A	R22/R152a/R124	53/13/34	−33.8	−28.9	0.03	1 025	替代 R12
R401B	R22/R152a/R124	61/11/28	−33.5	−30.7	0.04	1 120	替代 R12
R402A	R22/R290/R125	38/2/60	−49.2	−47.6	0.02	2 650	替代 R502
R402B	R22/R290/R125	60/2/38	−47.4	−46.1	0.03	2 250	替代 R502
R403A	R22/R218/R290	74/20/6	−48.0	—	0.037	2 170	替代 R502
R403B	R22/R218/R290	55/39/6	−50.2	−49.0	0.028	2 790	替代 R502
R404A	R125/R143a/R134a	44/4/52	−46.6	−46.0	0	3 520	替代 R502
R407A	R32/R125/R134a	20/40/40	−45.8	−39.2	0	1 960	替代 R502
R407B	R32/R125/R134a	10/70/20	−47.4	−43.0	0	2 680	替代 R502
R407C	R32/R125/R134a	30/10/60	−43.4	−36.1	0	1 600	替代 R22
R408A	R22/R143a	45/55	−44.5	−44.0	0.03	2 740	替代 R502
R410A	R32/R125	50/50	−52.5	−52.3	0	2 020	替代 R22

在实用上，使用非共沸制冷剂的麻烦之处，是当制冷装置中发生制冷剂泄漏时，剩余部分在系统内混合物中的质量分数就会改变。因此，需要向系统中补充制冷剂，使其达到原来的数量和质量分数，并需通过计算来确定两种制冷剂的充灌量。这一特点在一定程度上限制了非共沸混合制冷剂的应用。

（3）常用混合制冷剂的特性

① 共沸混合制冷剂 R502。沸点为 -45.4 ℃，是性能良好的中温制冷剂，可代替 R22 用于获得低温。当在相同的吸气温度和压缩比使用 R502 时，压缩机的排气温度比使用 R22 时低 10~25 ℃。R502 的溶水性比 R12 大 1.5 倍，在 82 ℃ 以上与矿物油有较好的溶解性，低于 82 ℃ 时，对矿物油的溶油性差。润滑油将与 R502 分层。由于 R502 构成组分中含有大量的 R115，因此，ODP 值较高，在一些国家已经禁止使用。

② 共沸混合制冷剂 R503。沸点为 -88 ℃，比 R23 和 R13 的沸点都低。由于其只有不燃烧、无毒、无腐蚀特性，故适用于复叠式制冷机的低温级，制取 -70~-85 ℃ 的低温，可代替 R13。由于它含有 R13，ODP 值较高，在一些国家已经禁止使用。

③ 共沸混合制冷剂 R507。这是一种新的制冷剂，是作为 R502 的替代物提出来的。其 ODP 值为零。它的沸点为 -46.7 ℃，与 R502 的沸点非常接近。相同工况下，制冷系数比 R502 略低，容积制冷量比 R502 略高，压缩机排气温度比 R502 略低，冷凝压力比 R502 略高，压缩比略高于 R502。它不溶于矿物油，但能溶于聚酯类润滑油。凡是用 R502 的场合，都可以 R507 来替代。

④ 非共沸混合制冷剂 R401A 和 R401B。这两种制冷工质是作为 R12 替代物提出来的，虽然它们的 ODP 值还不是零，但已经比 R12 小得多，而且易于获得，价格比 R134a 或 R600a 低得多，能溶于聚醇类和聚酯类润滑油，饱和蒸气压力与 R12 也较接近，其他性能与 R12 比较接近，作为过渡性替代物是合适的，曾在美国等国得到广泛应用。但由于其 ODP 值还不是零，随着纯质替代制冷剂 R134a 和 R600a 生产技术的不断成熟，价格的不断降低，这两种非共沸混合制冷剂也逐渐被纯质制冷剂所代替。

⑤ 非共沸混合制冷剂 R407C 是一种三元非共沸混合制冷剂，它是作为 R22 的替代物而提出的。在压力为标准大气压时，其泡点温度为 -43.4 ℃，露点温度为 -36.1 ℃，与 R22 的沸点较接近。与其他 HFC 制冷剂一样，R407C 也不能与矿物润滑油互溶，但能溶解于聚酯类合成润滑油。研究表明，在空调工况（蒸发温度约 7 ℃）下，R407C 容积制冷量以及制冷系数比 R22 略低（约 5%），因此，将 R22 的空调系统换成 R407C，只要将润滑油和制冷剂改换就可以了，而不需要更换制冷压缩机，这是 R407C 作为 R22 替代物的最大优点。但在低温工况（蒸发温度 < -30 ℃）下，虽然其制冷系数比 R22 低得不多，但它的容积制冷量比 R22 要低得多（约 20%），这一点在使用时要特别注意。此外，由于 R407C 的泡点、露点温差较大，在使用时最好将热交换器作成逆流形式，以充分发挥非共沸混合制冷剂的优势。

⑥ 非共沸混合制冷剂 R410A。R410A 是一种两元混合制冷剂，它的泡点、露点温差仅为 0.2 ℃，可称之为近共沸混合制冷剂。与其他 HFC 制冷剂一样，R410A 也不能与矿物润滑油互溶，但能溶解于聚酯类合成润滑油。它也是作为 R22 的替代物提出来的，虽然在一定的温度下，它的饱和蒸气压比 R22 和 R407C 均要高一些，但它的其他性能比 R407C 要优越。它具有与共沸混合制冷剂类似的优点，容积制冷量在低温工况时比 R22 还要高约 60%，制冷系数也比 R22 高约 5%；在空调工况时，容积制冷量和制冷系数均与 R22 差不多。与 R407C 相比较，尤其是

在低温工况，使用 R410A 的制冷系统具有更小的体积（容积制冷量大），更高的能量利用率。但 R410A 不能直接用来替换 R22 的制冷系统，在使用 R410A 时，要用专门的制冷压缩机而不能用 R22 的制冷压缩机。

五、CFCs 的禁用与替代

CFCs 称为含氯氟烃，由于它们的优良物理和化学及热力性能，被广泛地用作制冷剂，如 CFC12（R12）、CFC11（R11）等，冰箱隔热板的发泡剂也是 CFC11（R11）。但是 20 世纪 70 年代人们发现，CFCs 在强烈紫外线照射后，其中的氯原子会分离出来，然后氯原子又会与臭氧分子作用，使其变为普通氧分子，从而破坏了地球外层的臭氧层。这一现象已被英国南极考察和卫星观测所证实。臭氧层是阻挡紫外线辐射到地球表面的主要屏障，臭氧层的破坏必将导致紫外线辐射量增加，而紫外线辐射的增加将会给地球与人类带来以下危害：

① 危及人类健康，可使皮肤癌、白内障的发病率增加，破坏人体免疫系统。
② 危及植物及海洋生物，农作物减产，不利于海洋生物的生长与繁殖。
③ 产生附加温室效应，从而加剧全球气候转暖过程。
④ 加速聚合物（如塑料等）的老化。

因此保护臭氧层已成为当前一项全球性的紧迫任务。

1987 年 9 月在加拿大的蒙特利尔，23 个国家外长签署了《关于消耗臭氧层物质的蒙特利尔议定书》，进一步规定了消耗臭氧层的化学物质生产数量和消耗量的限制过程。

1990 年 6 月英国伦敦会议上对"议定书"进行了修正。规定 1993 年 1 月 1 日起，对第一类控制物质的年生产和消费量，不得超过 1989 年的 80%；1997 年减到 15%；2000 年初停止消费。对于发展中国家，其生产量的控制可超过上述限额 10%~15%，控制进程可推迟 10 年。

随着一些制冷剂的限用和停用，各国相继开展寻找替代物的研究。主要替代物中有单一制冷剂和混合制冷剂。

R12 的单一制冷剂替代物有 R134a、R152a，它们的物理性质与 R12 相近，因此用它们替代 R12 制冷系统的设备不需作太大的改动。

试验研究表明，在家用冰箱中用 R134a 替代 R12 后，制冷量下降，能耗比增加，但其热工性能及安全性仍能符合 GB/T 8059.1~4—1995《家用制冷器具》的要求，冷却速度及耗电量均达到轻工部 A 级指标。如果针对 R134a 的特性，对压缩机加以改进，能耗比可望进一步下降，甚至可优于 R12。进一步研究表明，现有的润滑油、干燥剂、橡胶和绝缘漆都不适用于 R134a，而且还存在"镀铜现象"及吸水性强等问题，这些是替换时必须加以考虑的。

用 R152a 替代 R12 后，能耗降低 3%~7%，容积制冷量下降，排气温度高，具有中等程度的可燃性，故其推广使用价值仍受到一定的限制。另外，R152a 对润滑油的互溶性、对电动机绕组绝缘漆的破坏性等，均需作进一步的深入试验研究。

R142b 虽然能耗低，但其容积制冷量比 R12 低 50% 左右，且有可燃性，也不是理想替代物。

目前，对采用二元或三元非共沸或近共沸混合制冷剂作替代物的研究，国内外更为活跃，主要有：R22/R152a、R22/R142b、R22/R152a/R124、R22/R152a/R134a 等。

R22/R152a 属近共沸混合制冷剂，替代后原有制冷系统不必作重大变动，泄漏对成分影响较小，在配比为 50/50 的质量分数下，臭氧层破坏系数 ODP 值为 0.05，温室效应系数 GWP 值为 1 780

（见表1.7），均在可接受的范围之内。在选择合适配比后，具有较优良的热工性能，冷却速度快，耗电量略有下降。但它仍具有排气温度高、单位容积冷量小、溶油性差、可燃等一系列缺陷，有待进一步探索和改进。

第四节　润滑油

一、润滑油的作用

在制冷压缩机中，润滑油的主要作用是：

① 润滑相互摩擦的零件表面，使摩擦表面完全被油膜分隔开来，从而降低压缩机的摩擦功、摩擦热和零件的磨损，延长压缩机的使用寿命。

② 带走摩擦热量，使摩擦零件的温度保持在允许范围内，提高压缩机效率和使用的可靠性。

③ 使活塞环和汽缸壁之间的间隙、轴封摩擦面等密封部分充满润滑油，以阻挡制冷剂的泄漏。

④ 利用油压作为控制卸载机构的动力。

二、润滑油的选用原则

① 润滑油的凝固点要低，如果凝固点高，就会造成低温流动性差，在蒸发器等低温处失去流动能力，形成沉积，影响制冷效率和制冷能力。此外，当压缩机温度低时，会影响机件润滑，造成磨损。一般家用电冰箱和家用空调器采用凝固点低 -30℃的润滑油。

② 要有适当的黏度。如果黏度太小，在摩擦面不易形成正常的油膜厚度，会加速机械磨损，甚至发生拉毛气缸、抱轴等故障，机械密封性能也不好，制冷剂也容易泄漏；如果黏度太大，润滑和密封性能虽好，但制冷压缩机的单位制冷量消耗的功率会增大，耗电量增加。润滑油的黏度过大或过小都会引起气缸温度过度升高，造成排气温度过高，影响制冷压缩机的正常运行。

③ 有效的黏温性能和较高的闪点。制冷压缩机在工作中，气缸等处的温度高达 130～150 ℃左右，所以要求润滑油的黏度在温度变化时要小，闪点要高。这才能保证在各种不同温度条件下，具有良好的润滑性能，不会使润滑油在温度高的情况下炭化。

④ 要有良好的化学稳定性和抗氧化安定性。润滑油在制冷系统内与制冷剂经常接触，在全封闭式的制冷压缩机内，要求能够使用 10～15 年以上，长期不换油，所以必须要有良好的化学稳定性和抗氧化安定性。

⑤ 不含水及酸类的杂质，要有良好的电气绝缘性能。在半封闭和全封闭式制冷压缩机中，电动机绕组要与润滑油经常接触，所以要求润滑油不能破坏电动机的绝缘物，并有良好的绝缘性能。

三、分类与使用

润滑油按制造工艺可分成天然矿物油和人工合成油两大类。

① 天然矿物油简称矿物油，即从石油中提取的润滑油。作为石油的馏分，矿物油通常具有较小的极性，它们只能溶解在极性较弱或非极性的制冷剂中，如 R600a、R12 等。

② 人工合成油简称合成油，即按照特定制冷剂的要求，用人工化学的方法合成的润滑油。合成油主要是为了弥补矿物油难以与极性制冷剂互溶的缺陷而提出的，因此合成油通常都有较强的极性，它们能溶解在极性较强的制冷剂中，如 R134a、R717 等。人工合成润滑油主要有：聚醇类、聚酯类、极性合成碳氢化合物等。

制冷系统润滑油的特性，不仅受溶解在里面的制冷剂的影响，而且还受温度的影响。随着温度的提高或制冷剂含量的增大，其黏度明显下降。因此，在高温下工作的制冷系统或制冷剂，与润滑油互溶性较好的系统，宜选用黏度较大的润滑油。

在制冷系统中，制冷剂不可避免地要混入一些润滑油，从而给制冷剂的性能带来较大的影响，进而影响整个系统的制冷性能。随着润滑油浓度的增加，制冷剂的饱和蒸气压大大降低。

润滑油的选择主要取决于制冷剂种类、压缩机形式和运转工况（蒸发温度、冷凝温度）等，一般是使用制冷机制造厂推荐的牌号。选择润滑油时，首先要考虑的是该润滑油的低温性能和对制冷剂的相溶性。从压缩机出来随制冷剂一起进入蒸发器的润滑油，由于温度的降低，如果制冷剂对润滑油的溶解性能不好，则润滑油要在蒸发器传热管壁面上形成一层油膜，从而增加热阻，降低系统性能。图 1.8 给出了 R22 在蒸发器中管外传热系数受润滑油影响的情况。从图中可以看出，由于润滑油的存在，R22 的传热系数明显比纯制冷剂的传热系数要低。此外，由于 R22 对矿物油的溶解能力大于酯类油，因此，酯类润滑油对 R22 的传热性能影响更大。从传热角度看，对于制冷温度较高的普通空调或冷冻系统，应该选取与制冷剂互溶性好的润滑油；但对低温系统，由于不存在润滑油进入系统的低温部分，因此尽量选取与制冷剂互溶性差的润滑油，使润滑油与制冷剂较容易分离，而且也可以避免由于制冷剂的溶解，使润滑油黏度降低的弊病。按制冷剂与润滑油的溶解性大小，可将润滑油分为 3 类：完全溶润滑油、部分溶润滑油和难溶或微溶润滑油。几乎完全不溶于矿物油的制冷剂有 R702、R704、R717、R728、CO_2、R134a、R32、R152a、R143a、R23 等。氟利昂同润滑油的溶解关系是随氟利昂的种类及温度而变的。

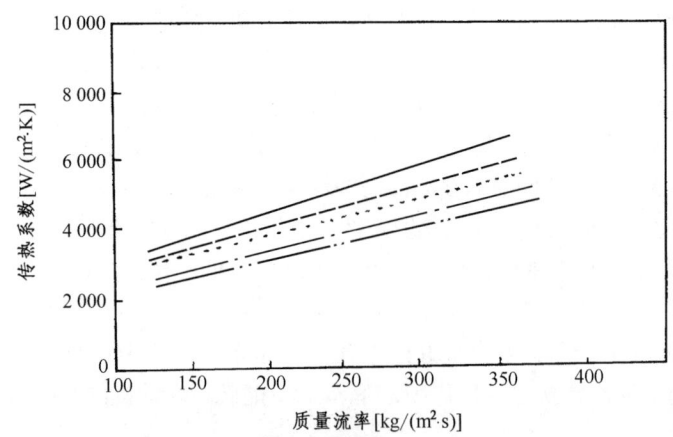

图 1.8 润滑油质量分数对蒸发传热的影响
（R22，蒸发器光管 $D_0=0.089$ m）
——：纯制冷工质；- - -：含矿物油 0.2%；……：含矿物油 2%；
—·—：含聚酯油 0.2%；—··—：含聚酯油 2%

氟利昂中所含的氟原子愈多，则在矿物润滑油中的溶解度愈小。图 1.8 示出由实验确定的 R22 与矿物润滑油的溶解曲线。实验结果表明，对氟利昂而言存在一个溶解临界温度，即溶解曲线最高点的温度。当高于临界温度时，氟利昂同矿物润滑油是互溶的，不会出现分层现象。当低于临界温度时，则为部分溶解，此时溶液将分为两层：贫油层及富油层。

值得指出的是，虽然那些不含氯的氟利昂制冷剂难以溶解于矿物润滑油，但它们却能很好地溶解于合成润滑油。

极性润滑油如聚酯类润滑油和聚醇类润滑油，都具有很强的吸水性。这一特性对制冷系统极其不利，在使用时要加以特别注意。极性合成碳氢化合物润滑油，虽然对极性制冷剂的溶解性没有聚酯类润滑油好，但由于在这些润滑油里加入了一定的添加剂，使该类润滑油能溶于极性制冷剂但又不太吸收水分，可以避免因吸收水分而引起的一系列问题。

目前我国生产并普遍采用的制冷机润滑油有 13 号、18 号和 25 号 3 种，其规格如表 1.8 所示。3 种制冷机润滑油都适用于氨制冷机，使用 R12 的压缩机一般选用 18 号润滑油，使用 R22 的压缩机选用 25 号润滑油。对于使用国外进口压缩机的用户，在添加润滑油时尽可能采用原厂家采用或推荐的润滑油。润滑油是否变质应通过化验才能使用，但在平时使用中，可以从外观颜色、气味直观地判断其好坏。当润滑油变质时，其颜色会变深。将油样滴在白色吸水纸上，若油滴中央部分无黑色痕迹，说明没有变质；若有黑色污迹，说明已变质。当油中含有水分时，油的透明度将降低。如有润滑油色度极限样本，也可以与其进行对比：油样为透明、白色或淡黄色可以使用，为黄色、橙色或红色时不能使用。

表 1.8 国产制冷机润滑油的牌号和规格

牌 号	SYB1213-59 代号：HD-13	YB1220-65 代号：HD-18	YB1219-65 代号：HD-25
标 号	13 号	18 号	25 号
运动黏度（mm^2/s）	11.5～14.5	≥18	≥25.4
闪点不低于（°C）	160	160	170
凝固点不高于（°C）	-40	-40	-40
酸值不大于（mg/g）	0.14	0.03	0.02
灰分不大于（%）	0.012	—	0.007
机械杂质不大于（%）	无	无	0.007
水 分	无	无	无
适用制冷剂	R717	R12	R717、R12

本章小结

本章需掌握内容有以下几个方面：

空调与制冷的基本概念：饱和空气，湿度，温度，焓，焓湿图，干、湿球温度，露点温度等。

制冷的方式：①蒸气压缩式制冷；②半导体制冷；③吸收式制冷；④蒸气喷射式制冷；

⑤ 涡流管制冷。一般车辆空调与制冷装置都采用蒸气压缩式制冷。

蒸气压缩式制冷的 4 个工作过程。

制冷剂：分类、表示方法、物理化学性质、安全性等特性及 CFCs 的禁用与替代。

润滑油的作用、选用原则、分类与使用。

思考与练习

1. 空气的主要状态参数有哪些？
2. 制冷有哪些方式？
3. 简述蒸气压缩式制冷的基本过程。
4. 什么叫制冷剂？选择制冷剂时应考虑哪些因素？
5. 为什么要求制冷剂的临界温度要高？凝固温度要低？
6. 写出 R717、R152、R134a 的化学式。
7. 制冷剂按其化学式组成可分为哪 4 类？各类又有哪些？它们的代号如何表示？
8. 试写出下列几种制冷剂代号：

   H_2O $CHClF_2$ CHF_3 $C_2H_2ClF_2$ $C_2HCl_2F_3$ CO_2
9. 什么叫共沸溶液？
10. 制冷剂能否溶于润滑油？有什么优缺点？
11. 氨、R22、R134a 的性质有哪些不同点？使用时应分别注意哪些事项？
12. 水在 R22 制冷系统中有什么影响？
13. 什么叫氯氟烃（CFC）？它对臭氧层的破坏会产生什么危害？
14. 简要说明制冷剂的发展和替代趋势。

第二章 制冷压缩机

在蒸气压缩式制冷装置中，压缩机是4个主要部件之一。它把制冷剂蒸气从低压状态压缩至高压状态，创造了制冷剂液体在蒸发器中低温下汽化制冷和在冷凝器中常温液化的条件。此外，由于压缩机不断地吸入和排出气体，为制冷剂在制冷系统中不断循环提供了动力，才使制冷循环得以周而复始地进行，因此它有整个装置的"心脏"之称，常被称为蒸气压缩式制冷装置的主机。

为保护压缩机这样一个重要部件的安全工作，制冷压缩机往往采取多重装置保护其安全工作。例如，机组内设过流保护，高低压保护，缺相保护和延时启动（冷凝风机先开 10 s，以利于压缩机启动，停机时同时停止）。其中任何一种保护发生作用时，压缩机就立即停止工作，防止发生损坏。

活塞式制冷压缩机发展较早，技术也较成熟，应用最广泛，特别适用于中、小型制冷装置。因此在一般车辆的空调系统中大都使用活塞式压缩机。近年来螺杆式制冷压缩机发展也较快，由于用螺杆的回转运动代替了活塞的往复运动，因此其具有结构简单、效率高、体积小、质量轻和振动小等优点，现在也正开始在车辆空调系统中被采用。广州地铁、上海地铁二号线的车辆空调均已采用了螺杆式压缩机。

第一节 活塞式制冷压缩机

活塞式制冷压缩机（piston compressor）是应用曲柄连杆机构或其他方法，把原动机的旋转运动转变为活塞在气缸内作往复运动而进行气体压缩的，因此也称为往复活塞式制冷压缩机，其最大制冷量一般小于 500 kW（考核工况）。

一、活塞式制冷压缩机的分类

1. 按压缩机工作原理分类

（1）容积式压缩机

直接对一可变容积中的气体进行压缩，使该部分气体容积缩小、压力提高，其特点是压缩机具有容积可周期变化的工作腔。

（2）动力式压缩机

它首先使气体流动速度提高，即增加气体分子的动能；然后使气流速度有序降低，使动能转化为压力能,与此同时气体容积也相应减小,其特点是压缩机具有驱使气体获得流动速度的叶轮,动力式压缩机也称为速度式压缩机。

2. 按压缩机密封方式分类

制冷系统内的制冷剂是不允许泄漏的,从防止泄漏所采取的密封结构方式或压缩机与电机连接形式来看,制冷压缩机可分为开启式和封闭式,而后者又可进一步分为半封闭式和全封闭式两种。

开启式压缩机功率的输入是通过伸出机体之外的主轴进行的,压缩机和电动机分为两部分,它们通过传动装置(联轴器、传动带或变速箱)相连接传动。为防止制冷剂蒸气的外泄和外界空气的渗入,必须在主轴伸出部位上采用防止泄漏的轴封装置加以密封。由于轴封装置不可能实现绝对可靠的密封,制冷剂的泄出和外界空气的渗入是难以避免的。

采用封闭式的结构可以避免或大大减少渗漏。封闭式压缩机所配用的电动机与压缩机共同组装在一个机体(壳)内,并共用一根主轴,且不伸出机体(壳),因而不需设置轴封装置,减少了泄漏的可能性,同时又可降低噪声。使用吸入的低温制冷剂冷却电动机,有利于机器的小型轻量化。但由于制冷剂和电动机直接接触,因此要求电动机的绝缘材料能耐油和耐制冷剂的腐蚀,且压缩机的油泵能正反转工作。半封闭式与全封闭式压缩机的区别在于:前者的机体、气缸盖装配后如有必要仍可卸拆,其密封面以法兰连接,靠垫片或垫圈密封;而后者是压缩机和电动机全部安装在一个封闭罩壳内,罩壳全部焊死,不能拆卸,这样可大大减轻压缩机的质量。但由于封闭式压缩机不易拆卸,修理不便,因此对机器零部件的加工、装配质量、可靠性和使用寿命要求较高,它们应能保证 10~15 年使用期限。氨含有水分时要腐蚀铜,因此,氨压缩机一般均为开启式。

3. 按压缩机使用的制冷剂分类

按使用的制冷剂来分类,制冷压缩机可分为氨压缩机、氟利昂压缩机、二氧化碳压缩机和碳氢化合物压缩机等。不同制冷剂对材料及结构的要求也不同,如氨对铜有腐蚀,故氨压缩机中不允许使用铜质零件(磷青铜除外);氟利昂渗透性较强,对有机物有溶胀作用,故对压缩机的材料及密封机构均有较高的要求。

4. 按压缩机排气压力分类(见表2.1)

按排气压力分类时,压缩机进气压力为大气压力或小于 0.2 MPa。对于进气压力高于 0.2 MPa 的压缩机,特称为"增压压缩机",这种压缩机在空气动力方面应用较多,例如,化工厂中常用的循环气压缩机(循环泵)即为增压压缩机的一种。

表 2.1 按压缩机排气压力分类

压缩机种类		排气压力(表压)
风机	通风机	<15 kPa
	鼓风机	0.015~0.2 MPa
压缩机	低压压缩机	0.2~1.0 MPa
	中压压缩机	1.0~10 MPa
	高压压缩机	10~100 MPa
	超高压压缩机	>100 MPa

5. 按压缩机级数分类

单级压缩机：气体仅通过一次工作腔或叶轮压缩。
两级压缩机：气体顺次通过两次工作腔或叶轮压缩。
多级压缩机：气体顺次通过多次工作腔或叶轮压缩，相应通过几次便是几级压缩机。

在容积式压缩机中，每经过一次工作腔压缩后，气体便进入冷却器中进行一次冷却；而在动力式压缩机中，往往经过两次或两次以上叶轮压缩后，才进入冷却器进行冷却，并把每进行一次冷却的数个压缩级合称为一个段。在日本把容积式压缩机的级称为"段"，我国个别地区、个别文献受此影响，也把级称为段。

6. 按压缩机容积流量分类（见表2.2）

表2.2　按压缩机容积流量分类

压缩机种类	容积流量（m^3/min）
微型压缩机	<1
小型压缩机	1~10
中型压缩机	10~100
大型压缩机	≥100

7. 按制冷量的大小分类

可分为大型、中型和小型3种。

单机中温考核工况制冷量在550 kW以上的为大型制冷压缩机，25 kW以下的为小型，居中的属中型。

8. 按压缩机工作的蒸发温度范围分类（见表2.3）

表2.3　按压缩机工作的蒸发温度范围分类

压缩机种类	蒸发温度范围
高温压缩机	-10~+10 ℃
中温压缩机	-20~-10 ℃
低温压缩机	-45~-20 ℃

9. 按压缩机的转速分类（见表2.4）

表2.4　按压缩机的转速分类

压缩机种类	转速范围
低速压缩机	转速在300 r/min以下的为低速
中速压缩机	转速在300~1 000 r/min的为中速
高速压缩机	转速在1 000 r/min以上的属于高速。现代多缸压缩机多属高速

10. 按压缩机的气缸布置方式分类

按气缸布置形式分，压缩机可分为卧式、直立式和角度式 3 种类型。城市轨道车辆空调与制冷压缩机属中型高温高速单级全封闭压缩机。

二、活塞式制冷压缩机的型号表示

根据国家标准 GB/T 9098—2008，全封闭压缩机的型号表示方法如下：

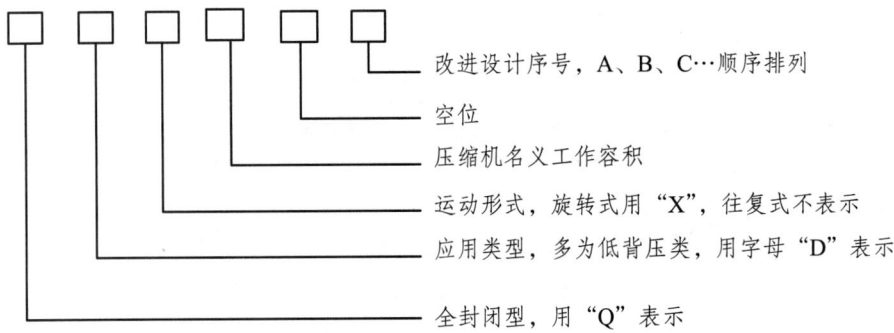

三、活塞式制冷压缩机的工作原理及性能

1. 活塞式制冷压缩机的工作过程

上止点和下止点：活塞在气缸内上下往复运动时，最上端的位置称为上止点（又称上死点），最下端的位置称为下止点（又称下死点）。

行程：上止点与下止点之间的距离称为活塞行程。它也是活塞向上或向下运动一次所走的路程，通常用 s 表示。

气缸工作容积：上、下止点之间气缸工作室的容积，用 V_p 表示。

余隙容积与相对余隙容积：当活塞运动到上止点时，活塞顶与气阀座之间的容积，第一道活塞环以上的环形空间以及气阀通道（与气缸一直相通的）的 3 部分容积组成称为余隙容积，用 V_c 表示。余隙容积与气缸工作容积之比，称为相对余隙容积，用 c 表示。

压缩机的理论工作过程是由等压吸气、绝热压缩和等压排气过程组成的。但由于气缸存在余隙容积，压缩后的气体不能排尽，因此实际上要比理论工作过程多增加一个膨胀过程，即活塞由上死点回程时，余隙内剩余气体开始膨胀，直至压力低于吸入气体的压力。

2. 压缩机的理想工作过程的假设

压缩机实际工作过程与理论工作过程存在很大的差异，主要是：

① 压缩机没有余隙容积。
② 吸、排气过程没有阻力损失。
③ 吸、排气过程中与外界没有热量交换。
④ 吸、排气阀和活塞环等处还有漏泄损失，以及在工作时运动机构的摩擦面要消耗摩擦功等。

由于这些因素的影响，使得压缩机实际工作过程的输气量要小于理论过程，而功率消耗则大于理论过程。而压缩机的实际工作过程是由膨胀、吸气、压缩、排气4个工作过程组成的。

3. 压缩机的输气量

压缩机的输气量是指在单位时间内，由吸气腔往排气腔输送的气体质量。此气体如换算为吸气状态的容积，便是压缩机的容积输气量，单位是 m^3/s 或 m^3/h。

活塞式制冷压缩机的实际工作中，吸入的制冷剂蒸气容积并不等于活塞的排量，原因是：
① 在压缩机的结构上，不可避免地会有余隙容积。
② 吸、排气阀门有阻力。
③ 气阀部分及活塞环与气缸壁之间有气体的内部泄漏。
④ 吸气过程中气体与气缸壁之间有热量交换等。

4. 压缩机的指示功率和指示效率

指示功 W_i：直接用于完成气缸中工作循环所消耗的功。
指示功率 P_i：压缩机单位时间内所有消耗的指示功。
指示效率 η_i：理想循环中压缩 1 kg 制冷剂所消耗的功 W_o 与实际循环中所消耗的功 W_i 的比值，称为压缩机的指示效率。

5. 轴功率、摩擦功率与机械效率

压缩机运转时，需要克服机械摩擦，如各轴承和轴颈之间的摩擦，活塞、活塞环和气缸壁之间的摩擦等。

摩擦功率：消耗在克服压缩机各运动部件之间摩擦阻力的功率，用 P_m 表示。而且润滑油泵消耗的功率也包括在摩擦功率之内。

轴功率：压缩机运转中，消耗在其轴上的功率应该是指示功率和摩擦功率之和，用 P_e 表示。
机械效率 η_m：压缩机的轴功率必然比指示功率大，两者之比值称为机械效率。

6. 压缩机的工况

活塞式制冷压缩机的工况是表示压缩机工作温度条件的技术指标。压缩机的工况用稳定工作时的吸入压力饱和温度、吸入温度、排出压力饱和温度和制冷剂液体温度等温度数值来表示。

名义工况：确定压缩机和压缩机组名义制冷量的工况，即铭牌工况，用来标示和比较压缩机和压缩机组的制冷量。

考核工况：是考核压缩机和压缩机组性能指标的工况。在此工况下，压缩机和压缩机组按规定条件进行试验，并作为性能比较的基准性能工况。

最大功率工况和低吸气压力工况：是对压缩机和压缩机组进行性能试验的另外两种工况，用以考核压缩机和压缩机组能否在比较恶劣工况下正常运行。

四、全封闭活塞式制冷压缩机的结构

全封闭式制冷压缩机的特点，是将压缩机与电动机一起组装在一个密闭的罩壳内，形成一个整体，从外表上看只有压缩机进、排气管和电动机引线，如图 2.1 所示。

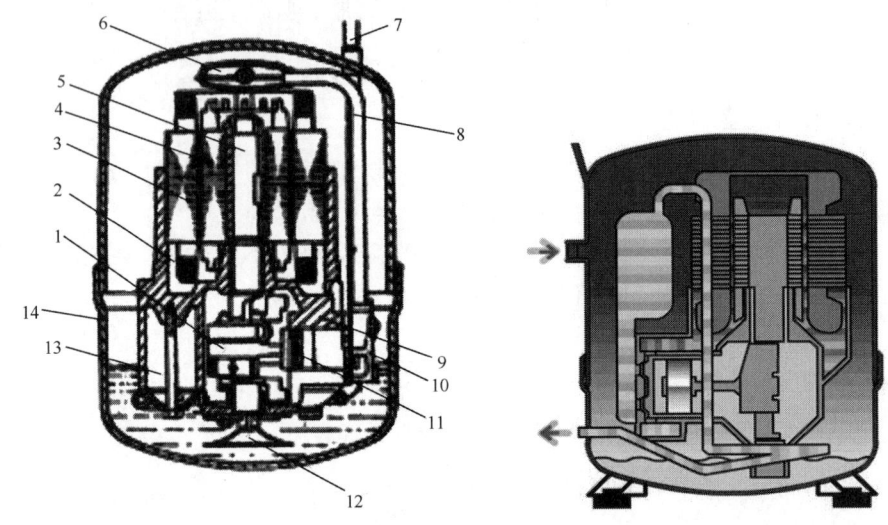

图 2.1　全封闭压缩机

1—连杆；2—电机绕组；3—电机定子铁心；4—转子铁心；5—偏心轴（主轴）；6—吸气包；7—排气管；
8—吸气管；9—气缸体；10—气缸盖；11—活塞；12—过滤器；13—稳压室；14—罩壳

1. 组　成

（1）机　壳

由钢板冲压而成，分上下两部分，装配完毕后焊死。它比半封闭压缩机更为紧凑，密封性更好。

（2）电动机

电动机布置在上部，这样可避免电动机绕组浸泡在润滑油中，其轴下端可作为油泵使用。电动机定子的外壳与气缸体铸成一体。

（3）气　缸

气缸呈卧式布置。主轴为偏心轴，垂直安装，上端安装电动机转子，偏心轴上安放 2 个连杆，成 V 形布置。主轴中间开有油道，平衡块用螺钉固定在偏心轴的两侧。连杆大头为整体式，直接套在偏心轴上。

（4）活　塞

为筒形平顶结构，因直径较小，活塞上不设气环和油环，仅开两道环形槽道，使润滑油充满其中，起到密封和润滑作用。气阀采用带臂环片阀结构，它的阀板由 3 块钢板钎焊而成。压缩机的主、副轴承及连杆等摩擦部位的润滑，靠主轴下端偏心油道的离心泵油的作用进行。为了减振和消音，利用电动机室内空腔容积作为吸气消音器，排气通道上装有稳压室。整个机芯安装在弹性减振器上，以减少工作时的振动。

2. 零部件结构

（1）活塞组

活塞组是活塞、活塞销、活塞环等的总称。活塞组在连杆的

图 2.2　活塞组结构组成

带动下，在气缸内做往复运动，在气阀部件的配合下完成吸入、压缩和输送气体的作用。典型的筒形活塞组部件图如图 2.2 所示，它由活塞、气环、油环、活塞销、弹簧挡圈组成。

① 活塞。活塞上面封闭圆筒部分称为顶部，顶部与气缸及气阀座构成封闭的工作容积。活塞上装活塞环及油环的部位称环部。环部以下称裙部，裙部有活塞销座，有的裙部下方装有刮油环。

活塞顶部形状为下凹或锥形，是为了适应气阀组的结构，以达到减少余隙容积的目的。活塞顶部平顶加工最为简单，而下凹则与进气阀凸出气缸部分相适应。活塞顶部的内侧有时有加强肋，用来提高活塞顶部的承压能力。故活塞有平顶活塞和斜顶活塞之分，如图 2.3、2.4 所示。

图 2.3 平顶活塞

图 2.4 斜顶活塞

活塞环部是安放气环和油环的部位。装油环的环槽中钻有回油孔，使油环刮下的油，通过回油孔回到曲轴箱，以减少润滑油被带走的数量。小型活塞没有气环和油环，它们通常在活塞外圆车削出一道或几道环槽，以便达到曲径密封的作用。

活塞裙部是支承活塞销的部位且承受活塞侧压力。由于销座部分壁较厚，为了避免活塞受热后因膨胀不均匀而影响活塞的正常工作，因而裙部往往做成椭圆状或在销座端的活塞外圆上制成凹陷形状。对于小型铸铁活塞，因尺寸小，刚度大，热膨胀系数又小，因而也可不必在裙部加工成凹陷状或椭圆状。

活塞材料一般采用灰铸铁或铜硅铝合金。铸铁活塞因为密度大、运行时惯性大、导热性差，所以近来被铜硅铝合金所取代。铜硅铝合金不仅质量轻，导热性好，而且便于硬模铸造，并具有良好的抗摩性。但由于膨胀系数较大，因而气缸与活塞之间的间隙也应适当放大。

② 活塞销。活塞销用来连接活塞和连杆小头，它承受交变载荷，因此应有足够强度，并要求耐磨、抗疲劳和抗冲击。连杆通过活塞销带动活塞做往复运动。活塞销结构简单，一般制成中空的圆柱体。活塞销可以固定在销座上，也可以允许在销座上有些转动，这样可使活塞销磨损均匀，延长使用寿命。

制造活塞销材料有 20 钢，20 铬钢和 45 钢等，为了防止活塞销轴向位移而伸出活塞时擦伤气缸，销座孔内可以采用软金属塞或采用弹簧挡圈，也有采用螺钉固定，如图 2.5 所示。

③ 活塞环。活塞环有气环和油环两种，如图 2.6 所示。

气环：密封气缸的工作容积，防止压缩气体通过气缸壁处间隙泄漏到曲轴箱。

油环：刮下附着于气缸壁上多余的润滑油，并使壁面上油膜分布均匀。

压缩机正常运行时，气环依靠两侧压力差和本身的弹力，使工作面与气缸壁紧贴，另外环的端面也与槽的一面紧贴。这样，气体经过这两对紧贴面时，便产生很大的节流，起到阻止气体泄漏的作用。

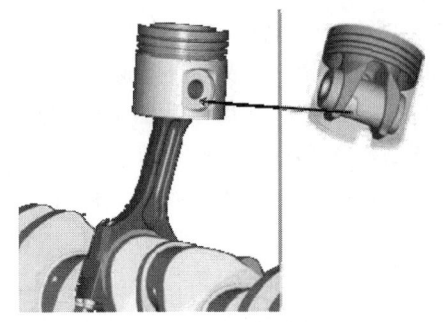
图 2.5 活塞销示意图

图 2.6 活塞环示意图

制冷压缩机由于压力较低,压差较小,而且转速较高,故一般采用 1~2 道气环即能满足密封要求。一般在气环下面装有一道油环。

气环的截面均为长方形。为了使活塞环本身具有弹性,环中必须有切口。切口形式有直切口、斜切口、搭切口 3 种。搭切口防泄漏能力最好,但制造困难,安装时易折断,故一般采用直切口或斜切口,尤以直切口的应用最为广泛。活塞环在安装时,应将各环的切口位置相互错开,以减少气体的泄漏。活塞环一般用灰铸铁或含钼、铬、铜合金铸铁制造。

油环结构比较简单的,它的工作面 3/4 的高度范围内制成 15°左右的锥角,安装时圆锥面向被压缩容积的一边;结构比较复杂的,刮油效果较好,中间开槽可增加接触压力并形成两道刮油边缘,槽底钻有若干个排油孔,以利于回油。这种结构目前被制冷压缩机广泛采用。

(2) 连杆组

连杆组部件由小头衬套、连杆体、大头轴瓦、连杆螺栓、大头盖、螺母及开口销等组成。连杆有整体式、剖分式两种,如图 2.7 所示。

图 2.7 连杆组示意图

连杆的作用是将活塞与曲轴连接起来,将曲轴的旋转运动变为活塞的往复运动。连杆与曲轴相连的一端称连杆大头,做旋转运动;另一端通过活塞销与活塞相连的部分,称为连杆小头,做往复运动;大头与小头之间称为连杆体,做往复与摆动的复合运动。

连杆大头类型分整体式和剖分式两种。

整体式在曲柄轴或偏心轴结构的压缩机中,为小型封闭式压缩机广泛采用;剖分式的连杆大头内孔是与连杆大头盖单配加工完成的,因此它们之间没有互换性,装配时要对方向记号,并由定位装置来确保大头内圆的正确形状。

(3) 曲 轴

压缩机的全部功率都通过曲轴输入,它承受各气缸的阻力负荷,又是提供润滑系统的动力,轴身油道亦兼供输油用。曲轴受力情况复杂,要求有足够的强度、刚度、耐磨性和抗疲劳性。在中、小型制冷压缩机中,最为常见的是曲拐轴和偏心轴两种类型。

① 曲拐轴,简称曲轴,如图 2.8 所示。包括主轴颈、曲柄销、曲柄、平衡块、功率输入端。

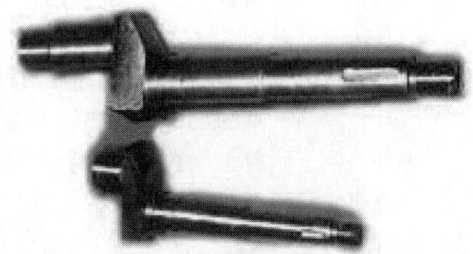
图 2.8 曲轴示意图

主轴颈是曲轴的自由端，支承在机体的主轴承上，用来带动油泵。曲轴内部钻有油孔，从油泵出来的润滑油经油孔送到主轴颈和连杆轴颈等部位，供润滑轴承用。曲柄销与连杆大头连接。曲柄连接主轴颈和曲柄销，曲柄与曲柄销组成曲拐。平衡块是为了消除或减轻压缩机的振动，在曲柄下端装（或铸）有平衡块，起到全部或部分平衡旋转质量及往复质量惯性力及其力矩的作用。功率输入端通过联轴器或皮带轮与电动机连接。

② 偏心轴，多用于小型全封闭或半封闭式压缩机中，它可用球墨铸铁铸造。连杆大头采用整体式，装在偏心轮上，轴的一端作为电动机的主轴，主轴承和连杆都采用滑动轴承，润滑油从轴上的油孔进入连杆轴承。

轴颈和曲柄的过渡处断面变化较大，应力集中比较严重，因此过渡部位均采用圆弧连接，以减轻应力集中现象。轴颈表面的油孔也必须用圆弧倒角，如图 2.9 所示。

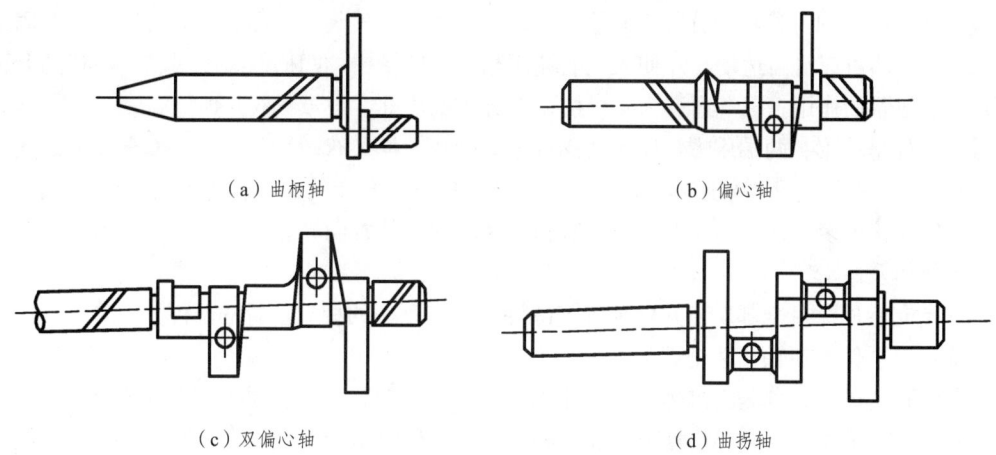

图 2.9 曲轴的几种结构

球墨铸铁具有良好的铸造性能和切削性能，可以使曲轴的形状更为合理，而且具有较好的抗磨性，对应力集中敏感性小，吸振性好，所以获得广泛的应用。

（4）轴封装置

轴封装置是开启式压缩机的重要部件之一。它的作用是防止曲轴箱内的制冷剂通过曲轴伸出端向外泄漏，或者压缩机在真空下运行时，不致使外界空气通过曲轴伸出端向曲轴箱内泄漏。

轴封装置除要求结构简单、使用寿命长外，还必须有良好的密封性。目前使用的轴封装置，主要有波纹管式和摩擦环式两种。

（5）气阀组

气阀是压缩机的重要部件之一，它的正常工作才能保证压缩机实现吸气、压缩、排气、膨胀 4 个工作过程，如图 2.10 所示。气阀性能的好坏，直接影响到压缩机的制冷量和功率消耗。阀片的寿命更是关系到压缩机连续运转期限的重要因素。

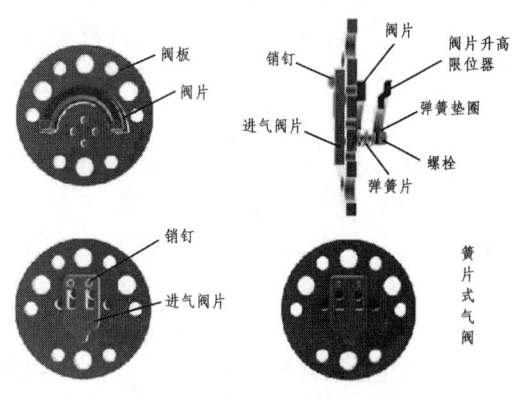

图 2.10 气阀组结构示意图

组成：阀座、阀片、弹簧和阀盖（阀片的升高限制器）。气阀的启闭是依靠阀片两侧的压力差来实现的。

结构形式：多种多样，最常见的有环片阀、簧片阀两种。

① 环片阀是目前应用最广泛的一种。我国缸径在 70 mm 以上的中小型活塞式制冷压缩机系列，均采用这种形式。环片阀的结构简单、加工方便、工作可靠。但由于阀片较厚，运动质量较大，阀片经常与导向面摩擦，工作时冲击性较大，阀片启闭不易做到迅速、及时，而使气体在阀中容易产生涡流，增大损失，故环状阀片适用于转速低于 1 500 r/min 的压缩机中。

② 簧片阀分舌簧阀或翼状阀。阀片一端固定在阀座上，另一端可以上下运动，以达到启闭的目的。阀片由厚度为 0.1～0.3 mm 的弹性薄钢片制成，因此质量轻、惯性小、启闭迅速，适用于小型高转速压缩机。

吸、排气阀片均为簧片式分装于阀板的下、上两侧。吸气阀呈舌形，它的一端用销钉固定在阀板上，另一端可以自由运动，并伸入气缸端面相应的凹槽中。凹槽的深度限制了阀片的升程，起到升高限制器的作用。吸气通道为 4 个按菱形分布的小孔，被吸气阀片所遮盖。

排气阀片呈弓形，两端用螺钉固定在阀板上，阀片上面装有缓冲弹簧片，弹簧片上面还有一弓形盖板，作为排气阀升高限制器。排气通道为 4 个按弧形分布的小孔，被排气阀片所遮盖。簧片阀阀片的形状很多，且随阀座上气流通道和阀片的固定位置而异。

（6）机体及缸套

机体是支承压缩机全部质量并保证各零部件之间有正确的相对位置的部件。

组成：气缸体和曲轴箱两个部分。

安装气缸套的部位称为气缸体，安装曲轴的部位称为曲轴箱。装在机体上的还有气缸盖、轴承座等零部件。机体的几何形状复杂，加工面多，在工作时承受较大压力，所以采用强度较高的灰铸铁 HT200 铸成。

机体是整个压缩机的支架，因而要求其有足够的强度和刚度。机体的结构形式很多，不同类型和用途的压缩机的机体各不相同，有的带气缸套，有的气缸是直接在机体上加工而成。

活塞式制冷压缩机的结构式样有多种，按压缩机与电动机的组合方式的不同可分为开启式、半封闭式和全封闭式 3 种。

开启式是压缩机和电动机分开，压缩机的曲轴有一端伸出机体，并通过联轴器与电机相连。

半封闭式压缩机是压缩机与电机共同组装在一个可拆的密封机壳内，压缩机的曲轴和电机的转子轴是一根整体轴，压缩机没有伸出机体之外的转动部件。

全封闭式压缩机是将压缩机与电机共同组装在一个封闭的机壳内，机壳的接缝用焊接的方法连接。全封闭压缩机具有足够的可靠性和寿命，一般不需维修，若有损坏则采取整个更换的方法。

压缩机和电机全部封闭在一个可拆的罩壳内。罩壳是用薄钢板冲压成上、下两部分，组装后将其焊为一体。

压缩机工作时，低压氟利昂蒸气吸入罩壳内，并充满整个罩壳以使电机获得较好的冷却，然后再进入吸气包，并经吸气管和气缸盖内的吸气腔进入气缸。压缩后的高温、高压蒸气经排气腔进入稳压室。稳压室不仅可以使高压气体压力均匀稳定，同时还可以起消音作用。制冷剂蒸气最后由排气管排出，送至冷凝器。

第二节 涡旋式制冷压缩机

涡旋式制冷压缩机是回转式压缩机的一种，它发明于 1905 年，但直到 20 世纪 80 年代初才应用到制冷及空调领域中。因此，目前还是一种较为新型的制冷压缩机。

一、涡旋式制冷压缩机的结构与特点

目前仅有小型全封闭及开启式两种机型。都以氟利昂为工质，主要应用在汽车空调及 2.2～4.4 kW 的家用热泵型空调器中。

从结构及工作原理看，小型涡旋式压缩机具有如下的特点：
① 相邻两室的压差小，气体的泄漏量少。
② 没有余隙容积，故不存在引起输气系数下降的膨胀过程。
③ 机壳内腔为排气室，减少了吸气预热，提高了压缩机的输气系数。
④ 涡线体型线加工精度非常高，必须采用专用的精密加工设备。
⑤ 密封要求高，密封机构复杂。
⑥ 由于其吸气、压缩、排气过程是同时连续地进行，压力上升速度较慢，因此它转矩变化幅度小、振动小、噪声低。
⑦ 无吸、排气阀，效率高，可靠性高，涡旋压缩机吸气、压缩、排气连续单向进行，直接吸气，因而吸入气体有害过热小；没有余隙容积中气体的膨胀过程，因而输气系数高。同时，两相邻压缩腔中的压差小，气体泄漏少。另外，旋转涡旋盘上所有接触线转动半径小，摩擦速度低，损失小，加之吸、排气阀流动损失小，因而效率高。
⑧ 由于采用气体支承机构，故允许带液压缩，一旦压缩腔内压力过高，可使动盘与静盘端面脱离，压力立即得到释放。

总而言之，涡旋式压缩机结构简单，体积小，质量轻，运动零部件少；没有吸、排气阀，易损件少，可靠性好。涡旋式压缩机同活塞式压缩机相比，体积小 40%，质量减轻 15%，效率高 10%，噪声低 5 dB(A)。但其制造需高精度的加工设备及精确的调心装配技术，这就限制了它的制造及应用。

二、涡旋式制冷压缩机的工作原理

涡旋式制冷压缩机基本结构主要由两个涡旋盘相错 180°对置而成，其中一个是固定涡旋盘，而另一个是旋转涡旋盘，它们在几条直线(在横截面上则是几个点)上接触并形成一系列月牙形容积。

1. 工作原理

旋转涡旋盘由一个偏心距很小的曲柄轴驱动，绕固定涡旋盘平动，两者间的接触线在运转中沿涡旋曲面移动。它们之间的相对位置，借安装在旋转涡旋盘与固定部件间的十字滑环来保证。

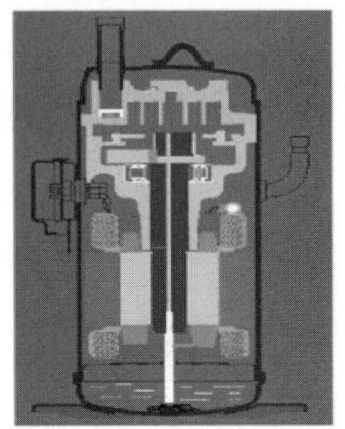

图 2.11 涡旋式制冷压缩机结构示意图

工作过程：吸气口设在固定涡旋盘的外侧面，由于曲柄的转动（顺时针），气体由边缘吸入，并被封闭在月牙形容积内，随着接触线沿涡旋面向中心推进，月牙形容积逐渐缩小而压缩气体。而高压气体则通过固定涡旋盘上的轴向中心孔排出。

2. 工作过程

工作过程包括吸气、压缩、排气过程，如图 2.12 所示。

在曲柄轴的每一转中，都形成一个新的吸气容积，所以上述过程不断重复，依次完成。

图 2.12（a）表示正好吸入完了的位置。

图 2.12（b）表示涡旋外围为吸入过程，中间为压缩过程，中心处为排气过程。

图 2.12（c）表示连续而同时进行着吸入和压缩过程。

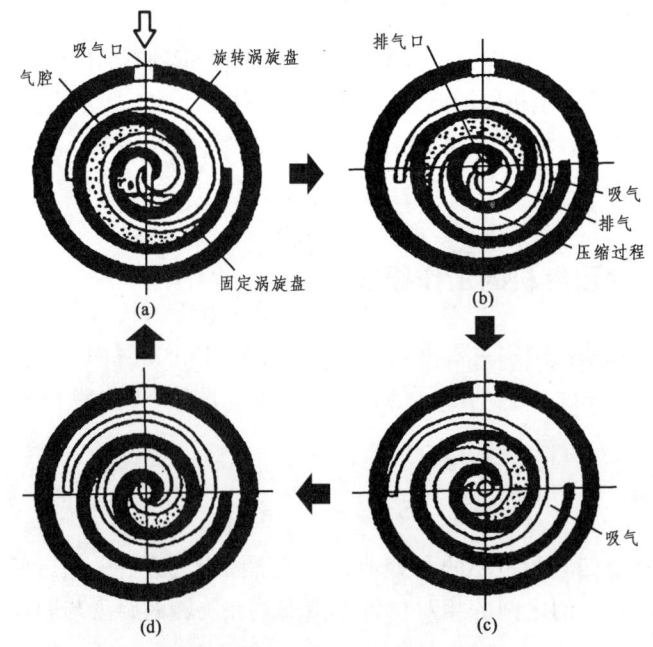

图 2.12 涡旋式制冷压缩机工作过程

三、影响涡旋式压缩机性能的主要因素

造成全封闭式涡旋压缩机电机输入功率偏大的原因，在压缩机实际工作过程中是非常复杂的，但主要有：电机损耗过大，包括铜损、铁损，这与电机材料和加工工艺有关（本文不作详细分析）；压缩机工作过程引起的功率消耗。从以上分析可知，影响涡旋压缩机性能的主要因素有：

1. 机械摩擦

当压缩机工作时，动、定盘之间，防自转滑环与配合键槽之间，曲轴与各驱动面（轴承）之间接触并发生相对滑动等，均不可避免地产生摩擦损失。

（1）动盘与定盘之间的摩擦损失

动、定盘间的摩擦损失，即是压缩机工作腔内的摩擦损失，若动、定盘的涡旋线、齿顶、底面或镜板面因加工精度、平面度、位置度等没有达到要求，则会在这些地方产生异常摩擦；或者压缩机整机含尘量较高，又或者固体尘埃（如焊渣、加工余屑等）颗粒直径过大也会造成压缩机工作腔内异常摩擦，严重时甚至影响压缩机正常工作。

（2）防自转滑环与各配合键槽之间的摩擦损失

防自转滑环主要用于防止动盘的自转运动，在压缩机工作过程中，防自转滑环在机架和动盘上分别沿垂直方向上与键槽滑动配合，在滑动过程中产生滑动摩擦损失。若十字键或键槽的垂直度、平行度、粗糙度、平面度超差较大时，则会增大摩擦，加大功耗。

另外，因为对立式涡旋压缩机防自转滑环是直接与机架上的支撑面接触的，在运动过程中，也不可避免产生摩擦损失。

（3）曲轴与各驱动面之间的摩擦损失

电动机驱动力是通过曲轴转动，从而带动动盘旋转来完成吸气、压缩、排气的过程。由于曲轴中心线与滑动轴承的中心线重合是非常困难的，而且由于加工误差和装配误差的影响，轴和轴承常常是偏心的，由此而产生的摩擦损失也是必然的，另外止推轴承与主轴承内圈之间也存在摩擦损失。

（4）润滑油的影响

以上各摩擦面、啮合面都必须有足够的润滑，才能保证压缩机安全、可靠、高效的工作。在制冷压缩机中，不论是强制冷却或是自然风冷，润滑油总是在降温后由上油孔或上油管进入各摩擦面，吸收十字环、工作腔、轴承等处的热，随高压气体经排气口排出，从而保证压缩机正常工作。但是如果润滑油量过多时，则会随排气进入系统且滞留在冷凝器、蒸发器等存油弯，影响两器换热，严重时会影响压缩机正常工作。

以上列出了涡旋压缩机各零部件制作过程中主要质量监控点，若失控，将直接影响压缩机正常工作，或明显影响压缩机性能。

2. 流体阻力

（1）动盘运动引起的流动阻力损失

当动盘旋转时，因其背面受中间压力腔中流体（包括气体、油气混合物）阻碍，会产生流动阻力损失，阻力大小与动盘背部结构、几何尺寸、旋转角度及流体密度有关。

(2) 平衡块的流动阻力损失

平衡块所在空间是具有一定压力的气体，油或油气混合物，当平衡块随曲轴一起旋转运动时，会产生阻力损失，阻力大小与平衡块几何尺寸、流体扰动系数、黏度、密度等有关。

(3) 吸、排气阻力损失

气体流动时，由于气体内部的摩擦以及气体与管壁之间的摩擦，而导致流动阻力损失。当气体通过吸气管道和吸气阀（逆止阀）时，产生阻力损失，使吸气压力降低，既减少了吸气密度，相应地也使实际排气量降低，降低了容积效率；同样，排气孔口处的流动阻力使得压缩机实际排气压力升高，使功耗增加。

3. 气体泄漏

气体泄漏可分为内泄漏和外泄漏。

内泄漏是指压缩机各压缩腔之间，压缩腔与背压腔之间的气体泄漏，表现为高压气体向低压腔泄漏，再从低压腔压力压缩到泄漏前压力，造成重复压缩消耗功率，所以内泄漏直接结果为增加功耗。

外泄漏是指压缩机在吸气过程中与外界（大于吸气压力的高压气体）进行气体交换。显然，高压气体进入到吸气腔内膨胀，并占据空间，使得实际吸气量减少，即外泄漏不仅使功耗增加，而且还减少吸入气体量，使排气量减少和制冷量降低。

4. 泄漏通道

涡旋压缩机中，内泄漏的发生途径主要有工作腔之间的泄漏，工作腔与背压腔之间的泄漏，安全阀孔泄漏等。

(1) 工作腔之间的泄漏

径向泄漏：气体或油中溶解的工质通过轴向间隙产生的泄漏。

轴向泄漏：气体或油中溶解的工质通过径向间隙产生的泄漏。

(2) 工作腔与背压腔之间的泄漏

中间压力腔与背压腔之间的气体或油中溶解的工质的交换。背压腔与动盘端板面密封之间的气体或油气混合物的交换。

(3) 安全阀孔泄漏

主要是排气缓冲腔内的高压气体通过安全阀孔泄漏到低压工作腔。所以，目前有些压缩机在确保正确使用的前提下，也采用取消安全阀的设计，以减少内泄漏，提高压缩机效率。

外泄漏主要是指由于定盘吸气孔 O 形环密封性差，导致高压气体进入吸气腔的泄漏。

5. 吸气预热

吸入气体受压缩机机体或环境加热，使吸入气体密度减少，实际吸气量减小，从而实际排气量减小，制冷量降低，功耗增加。有资料表明，吸气预热每增加 3 ℃ 则能效比下降 1%。

综上所述可知，影响涡旋压缩机性能的因素是错综复杂的，它包括了设计、制造和使用等各个环节，除以上分析的因素外，还有如吸油管搅油损失，气体流动摩擦损失，动、定盘材料（热膨胀系数）影响，动、定盘齿高选配等。在涡旋压缩机生产过程中出现能效比偏低时，则应抓住主要矛盾，系统化分析原因，才能有效地解决问题。

第三节　螺杆式制冷压缩机

近年来，螺杆式制冷压缩机发展很快，其制冷系数、噪声级等指标已接近或达到活塞式压缩机的水平，在中等制冷量范围内的应用取得了信誉。而且机组逐渐更新，品种日益增加，制冷量向更低与更高的范围内延伸，不断扩大了使用范围，并向不同的领域扩张，已发展成为制冷机的主要形式之一。为了保证螺杆式制冷压缩机的正常运转，必须配置相应的辅助机构，如润滑油的分离和冷却，能量的调节控制装置，安全保护装置和监控仪表等。通常生产厂家多将压缩机、驱动电机及上述辅助机构组装成机组，称为螺杆式制冷压缩机组。

螺杆式制冷压缩机由于喷油使制冷机的性能大大改善，故螺杆式制冷压缩机绝大部分为喷油式。

喷油的优点如下：

① 降低排气温度。
② 减少工质泄漏，提高密封效果。
③ 增强对零部件的润滑，提高零部件寿命。
④ 对声能和声波有吸收和阻尼作用，可以降低噪声。
⑤ 冲洗掉机械杂质，减少磨损。

但由于喷油量较大，所以螺杆装置中必须增设油的处理设备，如油分离器、油冷却器、油过滤器、油压调节阀和油泵等，这将增大机组的体积和复杂性。

螺杆式制冷压缩机虽具有单级压力比高的优点，但随着压力比的增大，泄漏损失急速地增加，因此，低温工况下运行时效率显著降低。为了扩大其使用范围，改善低温工况的性能，提高效率，可利用螺杆制冷压缩机吸气、压缩、排气单向进行的特点，在机壳或端盖的适当位置开设补气口，使转子基元容积在压缩过程的某一转角范围内与补气口相通，使系统中增设的中间容器内的闪发性气体通过补气口进入基元容积中。这样，单级螺杆压缩机按双级制冷循环工作，达到节能的效果。此增设的中间容器称为经济器。

螺杆式制冷压缩机是一种容积型回转压缩机。它是由一对互相啮合的螺杆转子的旋来实现对制冷剂蒸气的压缩和输送的。

螺杆式压缩机又分为单螺杆压缩机和双螺杆压缩机，如图 2.13 和图 2.14 所示。通常为简化起见，也称双螺杆压缩机为螺杆式压缩机。单螺杆压缩机，又称蜗杆压缩机，它由一根螺杆和两个星轮组成。它在很多方面与双螺杆压缩机类似，而且具有更加理想的力平衡性，故在国内外得到了较快的发展，不过目前在制冷方面使用还不广泛。

图 2.13　单螺杆压缩机　　　　图 2.14　双螺杆压缩机

目前应用于制冷系统上的多为喷油式螺杆压缩机，如图 2.15 所示，且大都采用单级开启式结构形式。有些小型氟利昂螺杆压缩机采用半封闭式或全封闭式的结构。

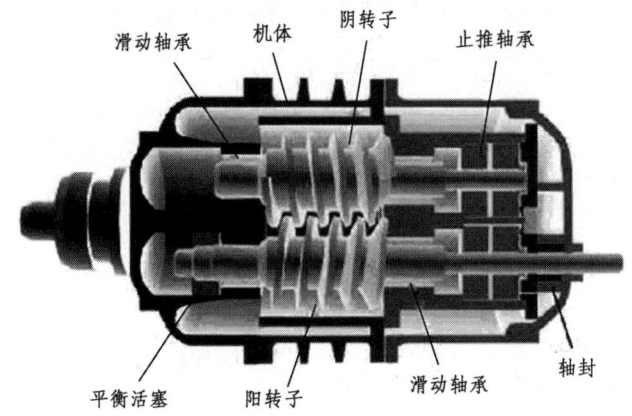

图 2.15　喷油式螺杆压缩机

一、螺杆式制冷压缩机的基本结构

螺杆压缩机的基本结构如图 2.13 所示，其主要组成部分有转子、机体、轴承、轴封、平衡活塞及能量调节装置等。

图 2.15 所示为全封闭式的螺杆式制冷压缩机的结构，它主要由压缩机的机体、阳转子、阴转子及电机等组成。两个互相啮合的转子平行地安装在机体内，彼此反向旋转。一般主动转子的端面齿形是凸齿，称为阳转子或阳螺杆；从动转子的端面齿形是凹齿，称为阴转子或阴螺杆。阳转子与阴转子的齿数比一般取 4∶6，以使两个转子的刚度大致相等。

阳螺杆与阴螺杆的螺旋方向相反，但它们螺旋部分的轴向长度相等，且小于螺旋导程，即螺杆扭转角小于 360°（一般 200～300°）。转子螺旋部分的轴向长度与其直径之比称为长径比，一般为 1.0～1.7。

螺旋转子的齿廓曲线称为型线。转子的端面型线有对称圆弧形线和非对称型线两种，如图 2.16 所示。非对称型线转子的压缩容积的密封性较好，气体压缩时，能够减少转子啮合部位的漏泄，使压缩机的输气系数提高 5%～10%。上海地铁交流车的螺杆压缩机为非对称型线。

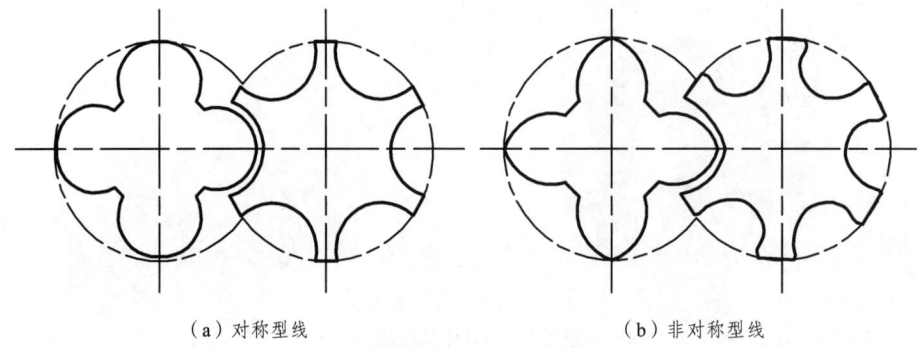

（a）对称型线　　　　　　　　　　　　（b）非对称型线

图 2.16　转子的端面型线

螺杆压缩机的蒸气压缩容积是由啮合的转子和气缸内壁组成的。如果与活塞式压缩机相比，阳螺杆的凸齿相当于活塞，阴螺杆的凹齿与气缸内壁所组成的容积就相当于气缸，随着转子的旋转，压缩容积沿着转子的轴向移动，因此螺杆的一端为吸气端，另一端则为排气端，并在压缩机机体的前、后端盖上也相应地开有吸、排气口。

螺杆压缩机工作时，阳、阴转子的齿廓和齿槽并不直接接触，齿廓与齿槽之间，转子与气缸内壁之间都有微小的间隙。润滑系通过喷油孔向转子啮合部位喷射润滑油，使互相啮合的转子之间及转子与气缸内壁之间形成一层密封的润滑油膜，既能避免转子啮合部位的干摩擦，又能减少压缩容积内气体的泄漏，提高输气效率。同时，呈雾状的润滑油喷入后，与制冷剂气体混合，制冷剂得到冷却，这样便能显著地降低压缩机的排气温度。因此，螺杆压缩机单级的压缩比就可达到20。

此外，由于螺杆压缩机在结构上不存在像活塞式压缩机那样的吸排气阀和余隙容积，因此即使有少量的液体被吸入也不会发生"液击"现象。

二、双螺杆式制冷压缩机的工作原理

螺杆式即双螺杆式制冷压缩机具有一对互相啮合、相反旋向的螺旋形齿的转子。其齿面凸起的转子称为阳转子，齿面凹下的转子称为阴转子。转子的齿相当于活塞，转子的齿槽、机体的内壁面和两端端盖等共同构成的工作容积，相当于气缸。机体的两端设有成对角线布置的吸、排气孔口。随着转子在机体内的旋转运动，使工作容积由于齿的侵入或脱开而不断发生变化，从而周期性地改变转子每对齿槽间的容积，来达到吸气、压缩和排气的目的。

互相啮合的转子，在每个运动周期内，分别有若干个相同的工作容积依次进行相同的工作过程，这一工作容积，称为基元容积。

基元容积构成：它由转子中的一对齿面、机体内壁面和端盖所形成。只需研究其中一个工作容积的整个工作循环，就能了解压缩机工作的全貌。

螺杆式制冷压缩机的运转过程从吸气过程开始，然后气体在密封的基元容积中被压缩，最后由排气孔口排出。阴、阳转子和机体之间形成的呈"V"字形的一对齿间容积（基元容积）的大小，随转子的旋转而变化，同时，其空间位置也不断移动。

1. 吸气过程

转子旋转时，阳转子的一个齿连续地脱离阴转子的一个齿槽，齿间容积逐渐扩大，并和吸气孔口连通，气体经吸气孔口进齿间容积，直到齿间容积达到最大值时，与吸气孔口断开，齿间容积封闭，吸气过程结束，如图2.17（a）所示。值得注意的是，此时阴、阳转子的齿间容积彼此并不连通。

2. 压缩过程

转子继续旋转，在阴、阳转子齿间容积连通之前，阳转子齿间容积中的气体，受阴转子齿的侵入先行压缩；经某一转角后，阴、阳转子齿间容积连通，形成"V"字形的齿间容积对（基元容积），随两转子齿的互相挤入，基元容积被逐渐推移，容积也逐渐缩小，实现气体的压缩过程，如图2.17（b）所示。压缩过程直到基元容积与排气孔口相连通时为止，如图2.17（c）所示，此刻排气过程开始。

3. 排气过程

如图 2.17（d）所示，由于转子旋转时基元容积不断缩小，将压缩后气体送到排气管，此过程一直延续到该容积最小时为止。

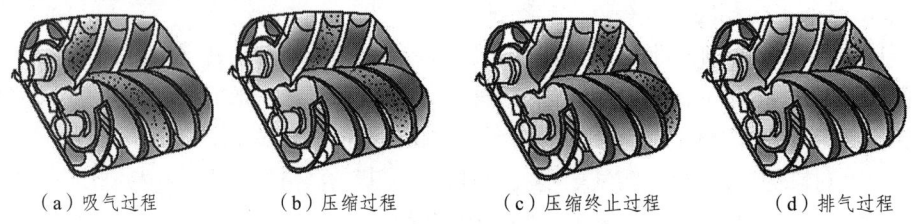

（a）吸气过程　　（b）压缩过程　　（c）压缩终止过程　　（d）排气过程

图 2.17　基元容积工作过程

随着转子的连续旋转，上述吸气、压缩、排气过程循环进行，各基元容积依次陆续工作，构成了螺杆式制冷压缩机的工作循环。

从以上过程的分析可知，两转子转向互相迎合的一侧，即凸齿与凹齿彼此迎合嵌入的一侧，气体受压缩并形成较高压力，称为高压力区；相反，螺杆转向彼此相背离的一侧，即凸齿与凹齿彼此脱开的一侧，齿间容积在扩大形成较低压力，称为低压力区。此两区域借助于机壳、转子相互啮合的接触线而隔开，可以粗略地认为两转子的轴线平面是高、低压力区的分界面。另外，由于吸气基元容积内的气体随转子旋转，由吸气端向排气端做螺旋运动，因此吸气、排气孔口要成对角线布置，吸气孔口位于低压力区的端部，排气孔口位于高压力区的端部。

三、螺杆式制冷压缩机的特点

1. 优　点

① 与活塞式制冷压缩机相比，螺杆式制冷压缩机的转速较高（通常在 3 000 r/min 以上），又有质量轻、体积小，占地面积小等一系列优点，因而经济性较好。

② 螺杆式制冷压缩机没有往复质量惯性力，动力平衡性能好，故基础可以很小。

③ 螺杆式制冷压缩机结构简单紧凑，易损件少，所以运行周期长，维修简单，使用可靠，有利于实现操作自动化。

④ 螺杆式制冷压缩机对进液不敏感，可采用喷油或喷液冷却，故在相同的压力比下，排气温度比活塞式制冷压缩机低得多，因此单级压力比高。

⑤ 与离心式制冷压缩机相比，螺杆式制冷压缩机具有强制输气的特点。即输气量几乎不受排气压力的影响。在较宽的工况范围内，仍可保持较高的效率。

2. 缺　点

① 由于气体周期性地高速通过吸、排气孔口，及通过缝隙的泄漏等原因，使压缩机有很大的噪声，需要采取消音或隔音措施。

② 要求精度较高的螺旋状转子，这样就需要有专用设备和刀具来加工。

③ 由于间隙密封和转子刚度等的限制，目前螺杆式制冷压缩机还不能像活塞式制冷压缩机那样达到较高的终了压力。

④ 由于螺杆式制冷压缩机采用喷油方式，需要喷入大量油而必须配置相应的辅助设备，从而使整个机组的体积和质量加大。

四、双螺杆式制冷压缩机的主要零部件

双螺杆式制冷压缩机的主要零部件由转子、机体、轴承、轴封、平衡活塞、消声器及能量调节装置等组成，参见图 2.14。

1. 机 壳

由机体、吸气端座和排气端座组成，是压缩机的主要组成部分。机壳常用灰铸铁如 HT200 等铸成。

机体是连接各零部件的中心部件，它为各零部件提供正确的装配位置，保证阴、阳转子在气缸内啮合，可靠地进行工作。其端面形状为"∞"形，这与两个啮合转子的外圆柱面相适应，使转子精确地装入机体内。

在机体内壁面设有符合转子转角要求的径向吸气孔口，保证转子在旋转中顺利实现吸气过程。供调节能量用的卸载活塞和卸载滑阀，可根据实际需要实现输气量调节。

机体上还钻有回油孔，以便及时把润滑轴承、轴封和平衡活塞流出的油，以及二次油分离器和能量调节机构的回油等输送回气缸，随排气带走或停机后放掉。

吸、排气端座是位于机体前后两端的密封连接件，它除作机体的端面密封外，更重要的是提供了阴、阳转子和支承转子的轴承装配位置；轴向的吸、排气孔口以及压缩机与管道系统的连接安装位置。它也是压缩机气体输入和输出的重要通道。

另外，吸气端座还容纳和支承着移动能量调节机构的卸荷油缸、平衡转子轴向力的平衡活塞和油缸、油腔、内油道及回油孔等；排气端座容纳和支承着轴封、滑阀位移腔、油腔、内油道及回油孔等。吸、排气端座的端面为平面，与转子的端面贴合形成端面密封，而与机体端平面的密封采用密封胶或 O 形环来达到的，连接用螺钉来实现。

由于机体有内部喷油，可直接降低缸体内部温度，所以无需冷却水夹套，而是在机壳外设肋，既加强机壳强度，也附有散热作用。

2. 转 子

它是实现变容式压缩的主要部件，由阴、阳转子组成，材料常用球墨铸铁如 QT600-3，如图 2.18 所示。

转子齿形是用高精度的专用机床、专用刀具加工而成，是压缩机的关键零件之一。转子型线常为单边非对称摆线——圆弧形线，阳转子 4 个齿，阴转子 6 个齿，以使两转子的抗弯强度大致相等。

一般阳转子与电动机连接为主动转子，传递转矩，同时通过啮合关系带动阴转子（从动转子）旋转。两转子的径向负荷由两对主轴承承担，阴转子的轴向负荷由一对角接触球轴承承担，阳转子的轴向负荷较大，由一对角接触球轴承和平衡活塞共同承担。

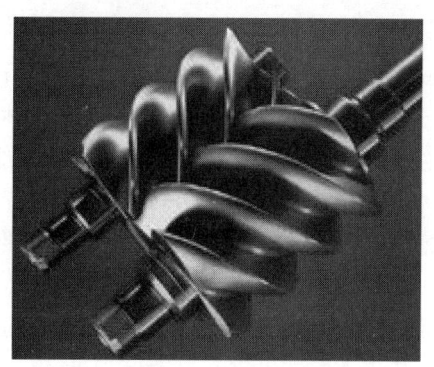

图 2.18 转子示意图

3. 轴　承

轴承是支承阴、阳转子，并保证转子高速旋转的零件。完成上述功能的这种轴承叫主轴承，其结构形式一般为滑动轴承。

转子在旋转并压缩气体时，会产生一种轴向推力，为了克服这种轴向力，还必须有推力轴承（滚动轴承）。这种轴承叫副轴承，它除克服转子旋转的轴向力之外，还可以承受部分径向力。所以，主、副轴承在螺杆式压缩机中必不可少，它们使转子始终处在正常工作位置。

主轴承是经精密加工的钢背耐磨合金制成，有进油孔、油槽及泄油槽。正确地安装在吸、排气端座内，并用柱销固定位置。

副轴承装在排气侧，在阴、阳转子上各装两只。为了保持转子的排气端面与排气端座之间有必要的间隙，在副轴承的一侧装有调整块。

4. 平衡活塞

平衡活塞位于阳转子吸气端的主轴颈尾部，用来减轻由于排气侧与吸气侧之间的压力差，引起对主轴承端面的负荷，减轻副轴承所承受的轴向力。采用平衡活塞来平衡轴向力，可大大减小推力轴承的负荷和几何尺寸，节省金属消耗量。它是利用高压油注入活塞顶部的油腔内，产生与轴向力相反的压力，使轴向力得以平衡。

5. 轴　封

采用摩擦环式机械密封结构，采用标准产品装在主动转子靠联轴器的伸出端上，它是由随轴转动的动环与装在轴封盖上的静环以弹力相互摩擦作为径向密封，聚四氟乙烯及耐油橡胶 O 形环作为轴向密封。

轴封的冷却及润滑均由高压油来完成。由于轴封是在较高的压力下工作，所用摩擦材料应具有足够的刚性和强度，常选用耐压强度较高的钢制动环和弹性模数较大、导热性良好的石墨为静环，其密封口经研磨及抛光加工，使表面粗糙度 R_a 达 0.2 μm 以上，O 形环对氨机用丁腈耐油橡胶，氟机用氯醇橡胶。

6. 能量调节机构

能量调节机构由滑阀、油缸、油活塞、连接件、复位弹簧、四通换向阀（也可用四通电磁换向阀）、油管路及能量指示器等组成，它起调节制冷量的作用。

由铸铁制成的滑阀装在转子与机体的下部衔接处，可以在与气缸轴线平行方向上，由卸载油缸中的活塞带动做往复运动。滑阀和阀杆是中空的，构成向气缸内喷油的输油管。输油管与活塞、油缸等相连。滑阀靠近压缩腔一侧钻有喷油孔，以便在压缩机工作时，向压缩腔喷入润滑油。滑槽底部开有导向槽，该槽与机体上的导向块配合，使滑阀平稳地往复运动。

压缩机的径向排气口设在滑阀上，根据使用工况不同（即内压缩比不同），分别设置几组滑阀，其上所开径向排气口与各工况下的容积比相对应，用户可根据使用工况选用其中一组滑阀装入机器上即可。

利用滑阀可以实现制冷量的无级调节。制冷量在 10%～100% 的范围内，均可以使压缩机正常运转。

能量调节是用改变滑阀位置来实现的,而滑阀的位置是由油活塞的位置决定。油活塞的位置则由四通阀控制,可由自动或手动来完成。

滑阀移动时,装在滑阀导管内的螺旋机构将滑阀的移动变为指针的转动,指示出滑阀所处位置。故能量指示标牌数值仅表示滑阀位移百分数,并不代表能量的百分数。四通换向阀或四通电磁换向阀装在靠近压缩机的机架上,阀的一侧两个接头接进油管与排油管,另一侧的两个接头接油缸的两端。

7. 消声器

噪声来源于压缩气体动力噪声、旋转噪声和电动机噪声等。最常用的消声方法是采用消声器。消声器有扩张室消声器、共振腔式消声器和吸收式消声器等。

在螺杆制冷压缩机组中,采用共振腔式消声器安装在组合式多功能油分离器内,可以较大幅度降低排气噪声。同时,用于降低吸气噪声的吸气消声器装在吸气管道中,也具有较好的消声效果。

螺杆式制冷压缩机作为回转式制冷压缩机的一种,同时具有活塞式和动力式(速度式)两者的特点。

① 与往复活塞式制冷压缩机相比,螺杆式制冷压缩机具有转速高、重量轻、体积小、占地面积小,以及排气脉动低等一系列优点。

② 螺杆式制冷压缩机没有往复质量惯性力,动力平衡性能好,机座振动小。

③ 没有余隙容积,因而容积效率高。

④ 采用了滑阀调节,可实现能量无级调节。

⑤ 螺杆式制冷压缩机结构简单,机件数量少,不像气阀、活塞环等易损件。它的主要摩擦件如转子、轴承等,强度和耐磨程度都比较高,而且润滑条件良好,因而机加工量少,材料消耗低,运行周期长,使用比较可靠,维修简单,有利于实现操纵自动化。

⑥ 与速度式压缩机相比,螺杆式压缩机具有强制输气的特点,即排气量几乎不受排气压力的影响,在小排气量时不发生喘振现象,在宽广的工况范围内,仍可保持较高的效率。

⑦ 螺杆压缩机对进液不敏感,可以采用喷油冷却,故在相同的压力比下,排温比活塞式低得多,因此单级压力比高。

螺杆式制冷压缩机尚存在以下缺陷:

① 制冷剂气体周期性地高速通过吸、排气孔口,通过缝隙的泄漏等原因,使压缩机有很大噪声,需要采取消音减噪措施。

② 螺旋形转子的空间曲面的加工精度要求高,需用专用设备和刀具来加工。

③ 由于间隙密封和转子刚度等的限制,目前螺杆式压缩机还不能像往复式压缩机那样达到较高的终了压力。

本章小结

本章需掌握内容有以下几个方面:
- 活塞式制冷压缩机分类、结构和工作过程。

- 全封闭活塞式制冷压缩机的结构：机壳、电动机、气缸、活塞。
- 涡旋式制冷压缩机、螺杆式制冷压缩机的结构及原理特点。

思考与练习

1. 制冷压缩机可按哪些方法进行分类？常用的制冷机有哪几种形式？
2. 活塞式制冷压缩机的总体结构可分成哪几个部分？各个部分的功能是什么？
3. 活塞式制冷压缩机按所采用的制冷剂不同分为哪两类？它们之间有什么区别？
4. 开启式、半封闭式、全封闭式制冷压缩机的特点？
5. 我国中小型活塞式制冷压缩机系列型号是怎么样表示的？各代号的含义是什么？
6. 试写出压缩机 8AS12.A 型号中各符号的意义。
7. 试述活塞式压缩机的理想工作过程。
8. 什么叫气缸的工作体积？什么叫压缩机的活塞排量（即理论排气量）？其计算公式如何表示？
9. 影响活塞式制冷压缩机实际工作过程的主要因素有哪些？
10. 为什么压缩机的实际排气量总是小于活塞排量（即理论排气量）？实际排气量是怎样计算的？
11. 什么叫压缩机的容积效率（即输气系数）？试分析影响压缩机容积效率的主要因素有哪些？各系数与哪些因素有关？
12. 工程上计算压缩机容积效率的公式如何表示？其参数如何确定？
13. 什么是余隙容积？
14. 活塞式制冷压缩机的制冷量是怎么计算出来的？其计算公式如何表达？
15. 什么叫轴功率？什么叫指示功率？什么叫摩擦功率？其计算式各是怎样表达的？
16. 什么叫压缩机的总功率？它与什么参数有关？怎样确定压缩机配用电动机功率？
17. 影响活塞式制冷压缩机性能的主要因素是什么？
18. 试分析冷凝温度 t_k 和蒸发温度 t_0 升高或降低对压缩机制冷量有什么影响？对压缩机耗功率有什么影响？
19. 用来比较压缩机制冷能力的工况有哪几种？怎样进行工况之间的制冷量换算？其计算公式是如何导出的？
20. 试述螺杆式压缩机的工作原理。

第三章　制冷换热器及其他辅助设备

用于制冷的换热器主要有冷凝器和蒸发器等，它们是制冷系统必不可少的换热设备，其换热效果直接影响制冷装置的质量、性能和运行的经济性。冷凝器和蒸发器的形式与制冷装置的用途、换热介质（制冷剂、载冷剂和冷却介质）的种类、流动方式及换热特性等因素都有关。在蒸气压缩式制冷装置中，除压缩机、冷凝器、蒸发器和节流机构等主要设备外，还包括一些辅助设备，如分油器、贮液器、过滤器与干燥器等。这些辅助设备的作用是保证制冷装置的正常运转，提高运行的经济性和保证操作的安全可靠。它们不是完成制冷循环所必需的设备，因此小型制冷装置往往省去某些辅助设备。本章主要介绍换热器的工作原理，常用几种冷凝器和蒸发器的结构类型、工作特点和影响换热的因素及制冷装置中几种常用的辅助设备。

第一节　换热器的工作原理

一、传热的基本方程式

换热器是将两种或两种以上温度的流体进行热量传递的设备。冷凝器和蒸发器是制冷装置的重要换热设备，它们的结构类型虽然很多，但基本传热方式大都是冷热两种流体被金属壁面隔开而进行相互传热的，属于表面式换热设备。表面式换热设备的基本传热公式为：

$$Q = KFt_m \tag{3.1}$$

式中　Q——换热设备的传热量，W；
　　　K——传热系数，W/($m^2 \cdot K$)；
　　　F——传热面积，m^2；
　　　t_m——平均温差，°C。

制冷传热器的传热计算，一般根据 Q、t_m 和 K 来求取传热面积。Q 是从制冷循环的热力计算中得出，t_m 是换热器管两侧流体的对数平均温差或算术平均温差，传热系数又是传热计算的关键。

二、传热系数与传热面积

式（3.1）表示两侧流体之间的传热量与两流体的温差、传热面积以及传热系数成正比。这个温差是由环境（室内、外空气温度，水温等）与制冷系统的运行工况（冷凝温度、蒸发温度等）决定的，不会任意变动。而面积决定了换热器的大小，与金属材料消耗量及制造成本有关，也不宜随意增加，因此要增大传热量，设法提高传热系数 K 才是有意义的。

理论上传热系数计算既要确定传热面两侧的流体表面传热系数及传热面总热阻，还要考虑污垢及传热面积等因素的影响，往往比较复杂。实际计算中，通常给出各种制冷换热设备的传热系数的大致范围。通常将风冷式冷凝器的传热系数取为 $20\sim50\ \text{W/}(\text{m}^2\cdot\text{K})$，直接蒸发式空气冷却器的传热系数取为 $0.03\sim0.04\ \text{W/}(\text{m}^2\cdot\text{K})$。

国产各种制冷传热器的传热面积，一般以传热管外表面积计算。在既定的换热设备中，其传热面积是一定的。

三、换热器的工作效率及其影响因素

从公式（3.1）可以看出，如果制冷机的设备、工作条件已经确定，提高换热器工作效率的主要途径是提高传热系数 K。而换热器的结构对传热系数的影响已无法改变，污垢对传热系数的影响也只能靠勤清理而改善，因此，提高换热器的换热系数主要是如何提高换热器两侧流体的换热系数。蒸发器的传热效果与冷凝器一样，也是受到制冷剂侧的换热系数、传热表面污垢物的热阻及被冷却介质侧的换热系数等因素的影响，其中表面污垢的热阻及被冷却介质侧的换热系数的影响与冷凝器的一样，但制冷剂侧的换热系数与冷凝器的有很大不同。这是因为制冷剂在他们中的换热方式有着本质的区别，一个是凝结，一个是沸腾。下面主要分析冷凝器和蒸发器两种换热器传热效率的影响因素。

1. 影响冷凝器传热效率的因素

（1）影响制冷剂蒸气凝结换热的因素

① 制冷剂蒸气的流速和流向的影响。制冷剂在冷凝器中的凝结一般都是膜状凝结，即当制冷剂蒸气与低于饱和温度的冷凝器壁面接触时，便凝结成一层液体薄膜，液膜在重力作用下向下流动。液膜是冷凝器中制冷剂侧的热阻，液膜越厚，热阻越大，换热系数越小。当制冷剂蒸气的流动方向与液膜的流动方向一致时，使液膜的流动加快，液膜厚度减小，换热系数增大，而且随蒸气流速的增加而增加。因此适当增加蒸气的流速，可获得较大的换热系数。

② 传热壁面粗糙度的影响。当壁面很粗糙或有氧化皮时，液膜流动阻力增大，使液膜增厚，换热系数降低，所以应保持冷凝器内表面光滑和清洁，以获得较大的凝结换热系数。

③ 制冷剂蒸气中含有不凝性气体的影响。在制冷系统中，总会有一些不凝性气体存在，如组装、检修时不慎或低压段处有渗漏点进入了空气以及制冷剂、润滑油在高温下分解出的氮气、氢气等，这些不凝性气体在冷凝器中附着在凝结液膜上，且由于不凝性气体的分压力很高，因而使制冷剂蒸气的压力减小，其饱和温度也相应减小，制冷剂蒸气的凝结速度减慢。因此应注意防止空气等不凝性气体进入系统，一旦进入要及时排出。

④ 制冷剂中含油对凝结换热的影响。如果制冷剂与润滑油不相溶，随制冷剂蒸气进入冷凝器的润滑油将形成油膜沉积在冷凝器内表面上，降低换热系数。因为氟利昂能与润滑油互溶，因此对氟利昂系统，当润滑油浓度小于 6%~7% 时，可不考虑对传热的影响，如超过此限，换热系数也将降低。

⑤ 冷凝器构造形式的影响。制冷剂蒸气在横放单管外表面冷凝时的传热系数一般大于直立管的换热系数，因为直立管的下部，冷凝液膜层厚度较大。不管是何种结构形式的冷凝器，要提

高凝结传热系数,就必须保证能迅速将传热表面的冷凝液体排除,并保证表面清洁。

(2)影响空气侧换热的因素

影响空气冷却式冷凝器空气侧换热的主要因素是空气的流速。换热系数随着空气流速增加而增大。但是流速太大,会使通过冷凝器的空气流动阻力增加,从而增加冷却风机的功率。因此综合考虑技术经济指标,一般取空气流速为 2~4 m/s。空气冷却式冷凝器长期使用后,表面会积一些灰尘和油污等,这会影响冷凝器的传热效果,因此应定期对冷凝器进行清扫或清洗。

2. 影响蒸发器传热效率的因素

(1)制冷剂液体物理性质的影响

热导率较大的制冷剂,在传热方向的热阻小,其沸腾换热系数就大。密度和黏度较小的制冷剂液体,沸腾时单位时间内产生的气泡多,其对流换热系数就大。

(2)制冷剂润湿能力的影响

如果制冷剂对受热表面的润湿能力强,则沸腾时形成的气泡小,能迅速地脱离传热表面,换热系数就大。如果制冷剂不能很好地润湿传热表面,则沸腾时形成的气泡就很大甚至形成气膜,使换热系数明显下降。

(3)制冷剂蒸发温度的影响

同一种制冷剂其蒸发(沸腾)温度越低,饱和温度下的密度差(蒸气与液体的密度差)越大,液体的表面张力就越大,气泡的直径就越大,换热系数就越小。反之,蒸发温度越高,换热系数越大。

(4)制冷剂中润滑油含量的影响

制冷剂中含有润滑油的浓度对换热系数有一定的影响。当制冷剂中含油的浓度在 8%~12% 时换热系数比无油时还高,但含油量再进一步增加时,换热系数将会降低。

(5)蒸发器构造的影响

实验表明,肋片管上的换热系数大于光管的换热系数,而且管束上的大于单管的,肋片管束的大于光管管束的。

第二节 冷 凝 器

一、冷凝器的类型与结构

在制冷系统中,冷凝器是一个制冷剂向系统外放热的换热器。自压缩机经油分离器来的制冷剂蒸气进入冷凝器后,向冷却介质(水或空气)放热,其状态由过热蒸气变成饱和液体或过冷液体。制冷剂在冷凝器中放出的热量包括两部分:一是通过蒸发器从被冷却物体吸取的热量;二是在压缩机中被压缩时,外界机械功转化的热量。

冷凝器按其冷却介质和冷却方式,可以分为水冷式、蒸发式和空气冷却式(或称风冷式)3 种类型。

1. 水冷式冷凝器

用水作为冷却介质,使高温、高压的气态制冷剂冷凝的设备,称为水冷式冷凝器。由于自然界中水温一般比较低,因此水冷式冷凝器的冷凝温度较低,这对压缩机的制冷能力和运行经济性都比较有利。目前制冷装置中大多采用水冷式冷凝器,所用的冷却水可以一次流过,也可以循环使用,但容易在冷凝器表面结水垢。当使用循环水时,需建有冷却水塔或冷却水池,使离开冷凝器的水再冷却,以便重复使用。常用的水冷式冷凝器有卧式壳管式冷凝器、立式壳管式冷凝器及套管式冷凝器等形式。

2. 蒸发式冷凝器

用水和空气作为冷却介质,主要是靠水的蒸发把热量带走。蒸发式冷凝器特别适用于缺水的地区,尤其是当气候较干燥时,应用效果更好。需要说明的是,水在冷凝器管外汽化时,将其中的矿物质完全留在管子的外表面上,水垢层增长较快,因此蒸发式冷凝器应使用软水或经过软化处理的水。在结构上,挡水板上方设预冷管组,可以使进入蛇形管组的蒸气温度有所降低,这样有利于减少外表层结垢。总之,蒸发式冷凝器的主要缺点是管外易结水垢、易腐蚀,且维修困难。

3. 空气冷却式冷凝器

空气冷却式冷凝器又称为风冷式冷凝器。在这种冷凝器中,制冷剂冷却凝结放出的热量被空气带走。空气冷却式冷凝器多为蛇管式,制冷剂蒸气在管内冷凝,空气在管外流动。根据空气运动的方式,又分为自然对流式和强迫对流式两种形式。

自然对流空气冷却式冷凝器依靠空气受热后产生的自然对流,将制冷剂冷凝放出的热量带走。如图 3.1 示出了几种不同结构形式的自然对流空气冷却式冷凝器,其冷凝管多为铜管或表面镀铜的钢管,管外通常做有各种形式的肋片。这种冷凝器的换热系数很小,为 $5 \sim 10 \text{ W}/(\text{m}^2 \cdot \text{K})$,主要用于家用冰箱和微型制冷装置。

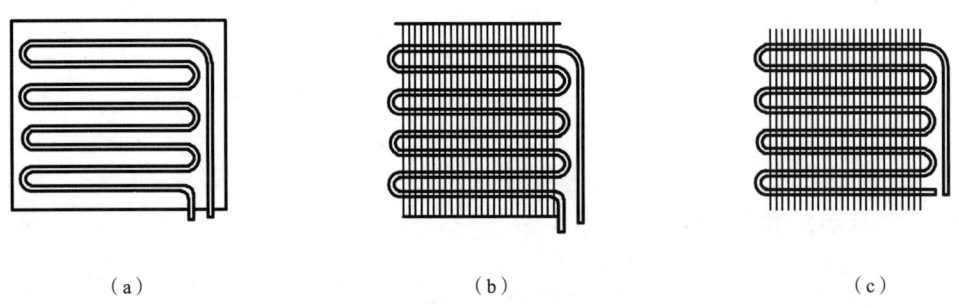

(a)　　　　　　　　　　(b)　　　　　　　　　　(c)

图 3.1　自然对流空气冷却式冷凝器

图 3.2 为强迫对流空气冷却式冷凝器的结构图。它是由几组蛇形盘管组成。在盘管外加肋片,以增大空气侧换热面积,同时采用风机加速空气的流动。氟利昂蒸气从上部的分配集管进入每根蛇管中,凝结成液体沿蛇管流下,汇于液体集管中,然后流出冷凝器。空气在风机的作用下从管外流过。这种冷凝器的换热系数不高,当迎面风速为 $2 \sim 3 \text{ m/s}$ 时,按全部外表面计算的换热系数为 $24 \sim 29 \text{ W}/(\text{m}^2 \cdot \text{K})$。

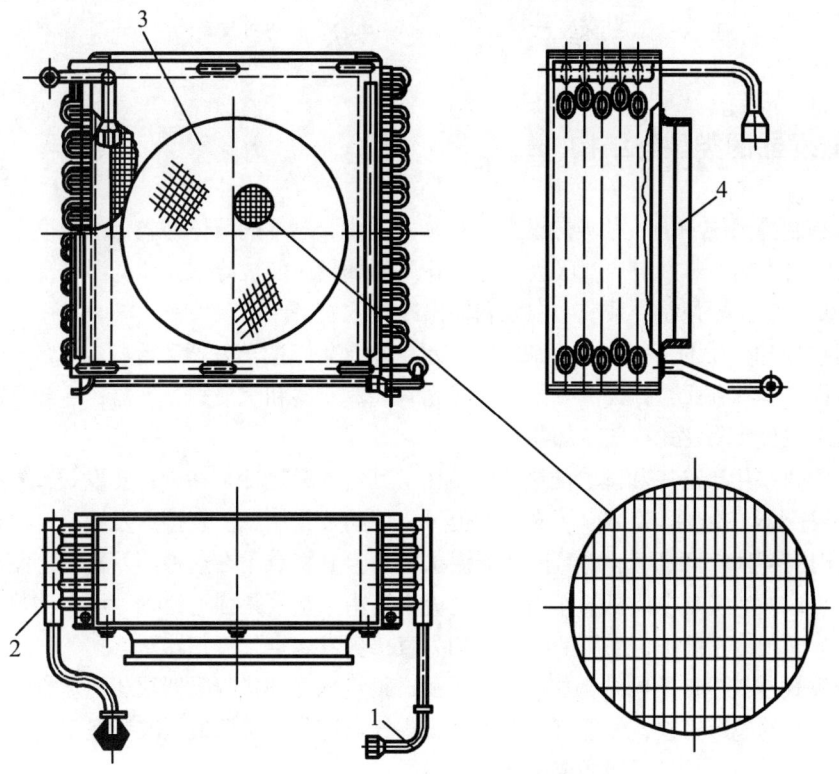

图 3.2 强迫对流空气冷却式冷凝器
1—液体集管；2—蒸气集管；3—肋片管组；4—风机的扩散器

二、制冷剂在冷凝器中的变化

冷凝器的任务是将压缩机排出的高温、高压的制冷剂过热蒸气对外向冷却介质（水或空气）放热，冷却、冷凝成高温、高压的制冷剂液体。一般可分为以下 3 个过程：

1. 过热蒸气冷却成为干饱和蒸气

由压缩机排气温度下的过热蒸气对外向冷却介质放出显热，冷却为冷凝温度下的干饱和蒸气。

2. 干饱和蒸气冷却为饱和液体

干饱和液体在冷凝温度下不断放出冷凝潜热而逐渐地冷凝成饱和液体的过程，就是蒸气凝结为液体的过程。

3. 饱和液体进一步被冷却为过冷液体

由于冷却介质（水或空气）的温度总是低于冷凝温度，故在冷凝器的末端，在保持冷凝压力不变的情况下，饱和液体一般还可进一步被冷却，继续放出显热，使其成为过冷液体。

第三节 蒸发器

一、蒸发器的类型与结构

蒸发器是制冷系统中的一种吸热设备。在蒸发器中，制冷剂液体在较低的温度下沸腾，转变为蒸气，利用制冷剂的蒸发潜热，吸收被冷却介质的热量而使被冷却介质的温度降低，达到制冷的目的。因此，蒸发器是制冷系统中制取和输出冷量的设备。

蒸发器按冷却介质的不同分为冷却液体（水、盐水等）的蒸发器和冷却空气的蒸发器两种。冷却液体的蒸发器有卧式壳管式蒸发器、干式壳管式蒸发器和沉浸式蒸发器；冷却空气的蒸发器有冷却排管式和直接蒸发式空气冷却器。

冷却排管式多用于冷库和试验的制冷装置中。其特点是制冷剂在管内蒸发，管外空气自然对流，传热系数较小。冷却排管可以用光管，也可以用肋片管制成。直接蒸发式空气冷却器也称冷风机，它适用于各种空调机组、冷藏库及低温试验箱。其特点是在这种蒸发器中，制冷剂在蛇管内吸热蒸发，管外空气是在风机的作用下受迫流动。由于空气是强迫流动，所以传热系数比冷却排管高，在车辆制冷系统中，采用的蒸发器均为直接蒸发式空气冷却器。

直接蒸发式空气冷却器的结构如图 3.3 所示，跟空气冷却式冷凝器很相似。空气冷却器也是制作成长方体形的蛇形管组，外部有边框以形成空气通道。由于蒸发器安装在车内比较干净，故空气冷却器的肋片间距较冷凝器的要小。

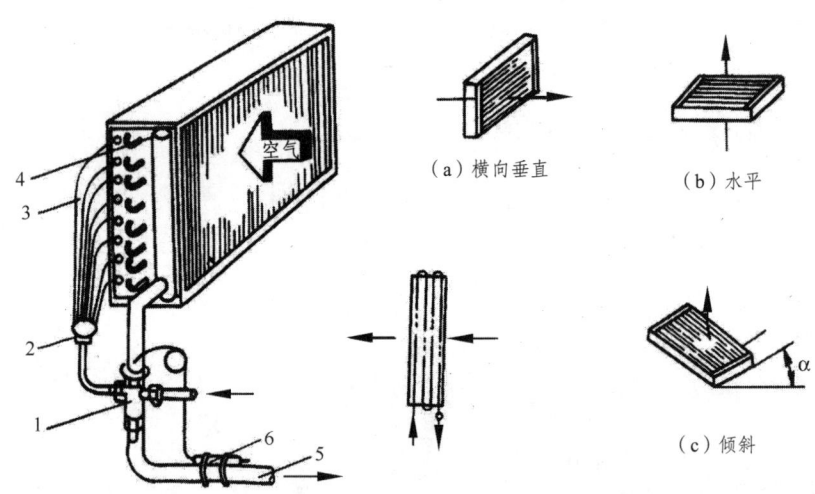

图 3.3 直接蒸发式空气冷却器及其安装位置示意图
1—膨胀阀；2—分液器；3—分液管；4—汇集管；5—回气管；6—感温包

直接蒸发式空气冷却器一般由许多并联的蛇形管组成，而且制冷剂分配到各通路是否均匀对蒸发器的冷却效果影响很大，所以在蒸发器的进液处设有分液器 2（俗称莲蓬头），使经膨胀阀节流后的制冷剂液体通过分液管 3 均匀分配到各蒸发蛇管中。为了保证向各管分液时均匀，各分配管的长度要求一样。蒸发后的制冷剂蒸气汇合到汇集管 4 后，经回气管 5 再被压缩机吸入。回气管 5 上包扎有感温包 6，用以调节膨胀阀的开启度。

二、制冷剂在蒸发器中的变化

自节流装置过来的气液混合状态（液体占80%以上）制冷剂进入蒸发器，低温、低压的制冷剂液体在蒸发器中不断吸收被冷却介质的热量而汽化成低温、低压气体。制冷剂液体在蒸发器中处于泡状沸腾，沸腾时在传热表面产生许多气泡，这些气泡逐渐增大，脱离表面并在液体中上升，它们上升后，在该处又继续产生一个个气泡，该过程习惯上被称作蒸发过程，实际上是沸腾过程。其一般可分为以下两个过程：

（1）湿蒸气汽化成干饱和蒸气

低温、低压的气液混合制冷剂吸收被冷却介质的热量而汽化成低温、低压的饱和制冷剂气体。

（2）干饱和蒸气进一步过热成过热蒸气

由于被冷却介质（水或空气）的温度总是高于蒸发温度，故在蒸发器的末端，在保持蒸发压力不变的情况下，干饱和蒸气还可以继续吸收热量，使其成为过热蒸气。

第四节　其他辅助设备

一、分油器

在制冷空调系统中，压缩机是唯一需要冷冻润滑油的地方。但是压缩机排气中都带有润滑油。润滑油随高压排气一起进入排气管，并有可能进入冷凝器和蒸发器内。对于氨制冷系统，润滑油会在换热器传热表面上形成严重的油污，降低传热系数，并使制冷剂的蒸发温度有所提高。对于氟利昂系统，由于润滑油在氟利昂中的溶解度大，虽然一般不会在传热表面形成油污，但是对其蒸发温度影响（使蒸发温度升高）比较大。因此，在氨或氟利昂制冷系统中，一般都要用油分离器，将压缩机排气中的润滑油分离出来。氟利昂制冷系统利用自动回油装置，将其送回压缩机曲轴箱。氨制冷系统则一般定期地通过集油器排出。

目前常用的油分离器有洗涤式、离心式、填料式及过滤式等几种结构形式。这些油分离器的基本工作原理，是借油滴与制冷剂蒸气的密度不同，使混合气体流经直径较大的油分离器时，利用突然扩大通道面积而使其流速降低，同时改变其流动方向，或利用其他分油措施，使润滑油沉降而分离。对于蒸气状态的润滑油，则可采用洗涤或冷却的方式降低温度，使之凝结为油滴后分离。有的油分离器则采用设置过滤层等方法来增强分离润滑油的效果。其中氨制冷系统常用洗涤式、离心式和填充式油分离器，氟利昂制冷系统则常使用过滤式油分离器，其结构如图3.4所示。

工作时高压蒸气由上部进入，经金属丝滤网2减速、过滤后，从侧面出气管3排出。蒸气中携带的部分润滑油被分离出来，落入筒体下部。这种油分离器的回油管与压缩机的

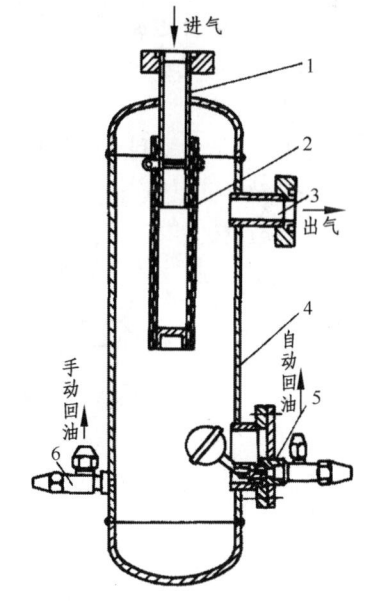

图3.4　过滤式油分离器
1—进气管；2—滤网；3—出气管；4—筒体；
5—浮球阀；6—手动回油阀

曲轴箱连接。当器内积聚的润滑油足以使浮球阀 5 开启时，润滑油就被压入压缩机的曲轴箱中。当油面逐渐下降到使浮球下落到一定位置时，则浮球阀 5 关闭。正常运行时，由于浮球阀 5 的断续工作，使得回油管时冷时热。如果回油管一直冷或一直热，这说明浮球阀已经失灵，必须进行检修。检修前，可使用手动回油阀 6 进行回油操作。

二、贮液器

贮液器亦称贮液筒，是用来贮存制冷循环中的制冷剂液体，以适应工况变动时制冷剂流量的变化。另外，在检修制冷设备及在制冷系统较长时间不工作时，制冷剂全部收储在贮液器中，以免泄漏而造成损失。

贮液器多为卧式，结构很简单。图 3.5 所示贮液器的筒体由钢板卷制而成，筒体上设进、出液口，其安装位置应低于冷凝器，容积应大于所需储存的制冷剂液体的体积，储存的制冷剂量不允许超过其容积的 80%。

对于负荷变动不大的制冷设备，如单元式空调机组制冷系统，经严格控制充入的制冷剂量，可省略贮液器。

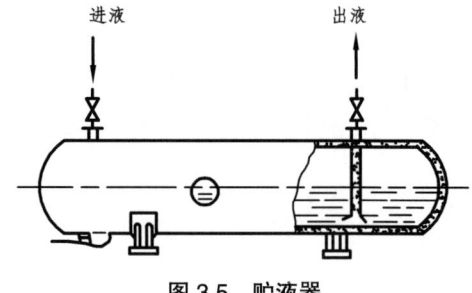

图 3.5　贮液器

三、过滤器与干燥器

1. 过滤器

过滤器用于清除制冷剂中的机械杂质，如金属屑、焊渣、氧化皮等。它分气体过滤器和液体过滤器两种。气体过滤器装在压缩机的吸气管路上或压缩机的吸气腔，以防止机械杂质进入压缩机气缸。液体过滤器一般装在调节阀或自动控制阀前的液体管路上，以防止污物堵塞或损坏阀件。过滤器的原理很简单，即用金属丝网阻挡污物。氟利昂过滤器由网孔为 0.1 ~ 0.2 mm 的铜丝网制成。

图 3.6 所示为氟利昂过滤器，它是由一段无缝钢管作为壳体，壳体 3 内装有铜丝网 2，两端有端盖用螺纹与壳体连接，再用锡焊焊接，以防泄漏。端盖上焊有进液管接头 1 和出液管接头 4，以便与管路连接。

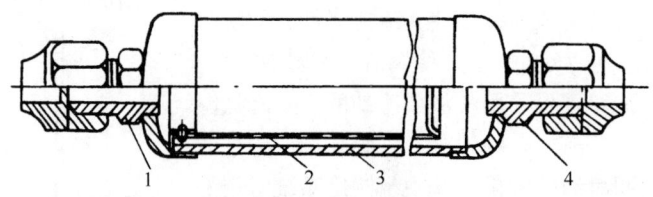

图 3.6　氟利昂过滤器

1—进液管接头；2—铜丝网；3—壳体；4—出液管接头

2. 干燥器

干燥器只用于氟利昂制冷系统。因为氟利昂不溶于水或仅有限地溶解，系统中制冷剂含水量过多，会引起制冷剂水解，金属腐蚀，并产生污垢和使润滑油乳化等。当系统在 0 ℃ 以下运行时，会在膨胀阀处结冰，堵塞管道，即发生"冰塞"，故在贮液器出液管路上的节流阀前装设干燥器，用以吸附制冷剂液体中的水分。一般用硅胶作为干燥剂，近年来也有使用分子筛作为干燥剂的。图 3.7 所示为一立式干燥器的结构。对于小型制冷装置，可以不装设干燥器，仅在系统充氟时，使其一次通过干燥器即可。

有时将过滤器与干燥器结合在一起，称为干燥过滤器。它实际上就是在过滤器中充装一些干燥剂。在客车空调与制冷装置制冷系统节流装置前的输液管上，都装有干燥过滤器，其主要由壳体、滤网、干燥剂、进（出）液管接头等组成，如图 3.8 所示。为了严格防止干燥剂漏入系统，滤网 3 的两端装有钢丝网或铜丝网、纱布、脱脂棉等。干燥过滤器一般装在冷凝器与热力膨胀阀之间的管路上，以除去进入电磁阀、膨胀阀等阀门前液体中的固体杂质及水分，避免引起阀门的堵塞等。

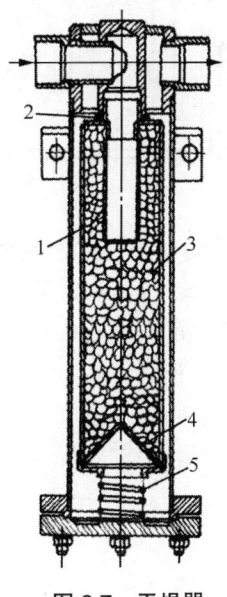

图 3.7 干燥器
1、4—进口滤网；2—密封圈；3—硅胶；5—弹簧

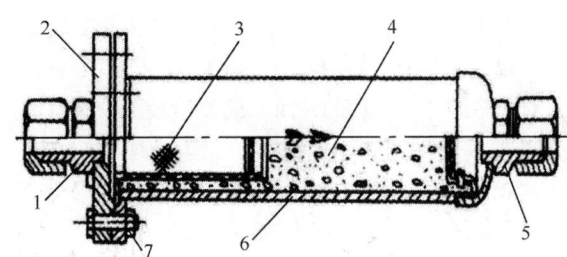

图 3.8 干燥过滤器
1—进液管接头；2—压盖；3—滤网；4—干燥剂；
5—出液管接头；6—壳管；7—连接螺栓

干燥器或干燥过滤器使用一段时间后，干燥剂含水量增加，因而吸附水分的能力降低。此时需将干燥器或干燥过滤器取下，将干燥剂加热再生后继续使用。

在分装式客车空调与制冷装置制冷系统中，一般将过滤器和干燥器分开来设置，而在车顶单元式空调机组中往往将干燥器和过滤器设置在一起。

四、气液分离器

气液分离器是用来分离蒸发器出口的蒸气中的液体，从而保证压缩机为干压缩。对于毛细导管节流的制冷装置由于制冷剂流量不能自动调节，当负荷减少时，蒸发器中制冷剂就有可能不能完全蒸发。如果制冷压缩机吸入了带有液滴的制冷剂蒸气，就有可能产生液击而使阀片、活塞、连杆等损坏。因此为避免制冷压缩机吸入液体制冷剂，在制冷压缩机的回气管上可装设气液分离器，对制冷剂蒸气中的液体分离贮存，其结构如图 3.9 所示。

气液分离器的作用原理是：从蒸发器来的制冷剂蒸气由于进气管进入分离器后，气流的突然转向和减速，把液滴分离出来留在容器的底部，而气体则从出气管被压缩机吸入。在 U 形管的底部开有一个小孔 a，能使一定量的冷冻机油随吸入气体一起返回压缩机。b 孔为均压孔，可防止压缩机停机时由于蒸发器侧压力上升，使气液分离器中的液体通过 a 孔流向压缩机。

五、回热器

回热器也称气液换热器。采用回热器是一些氟利昂制冷系统提高制冷量和经济性的措施之一。它是用来自蒸发器的低温制冷剂蒸气与从贮液器（或冷凝器）出来的常温制冷剂液体进行热量交换，从而使节流前的制冷剂液体过冷，进入压缩机前的制冷剂蒸气过热，既提高了单位制冷量，又保证了压缩机的干压缩。

系统中设置回热器，一方面可以使高温液体得到较大的过冷度，同时也可以使低温蒸气获得一定的过热度，减少了与环境的温差，进而减少制冷剂蒸气从周围环境中吸收的有害过热。但并不是所有的制冷系统设置回热器对制冷循环都是有利的。通过理论分析和研究表明，R12 制冷装置设置回热器是有利的。当回热器流动阻力损失较小时，采用回热器的制冷系统其制冷系数能提高 10%～12%，而且当冷凝温度一定时，蒸发温度越低，回热效果越好。但是对于氨制冷系统设置回热器，对制冷循环是不利的，而 R22 制冷装置中设置回热器之后其各项性能指标无甚变化。

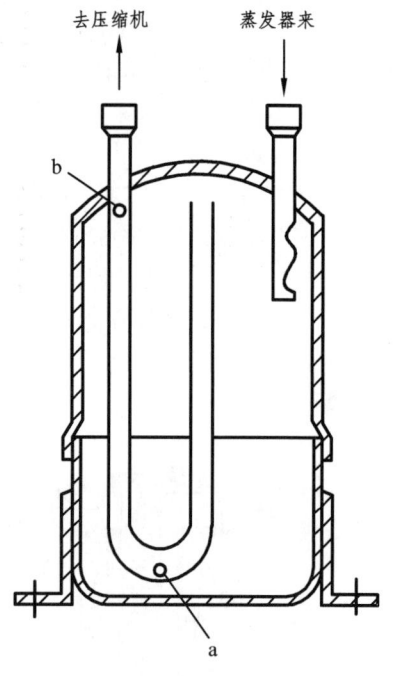

图 3.9　气液分离器结构示意图

回热器一般采用壳管式结构，在蒸气侧可加肋片。图 3.10 示出了几种回热器的结构形式，外壳用无缝钢管制成。图 3.10（a）中的盘管用筒管绕制；图 3.10（b）、（c）中的内管使用肋片管。制冷剂液体在盘管或肋片管内流动，蒸气在管间流动，内外流体逆向流动换热。

对回热器的安装及其位置没有特殊的要求。但应注意：不要把液体与蒸气的进口接错；不要使回热器内聚集润滑油；回热器应尽可能靠近蒸发器。

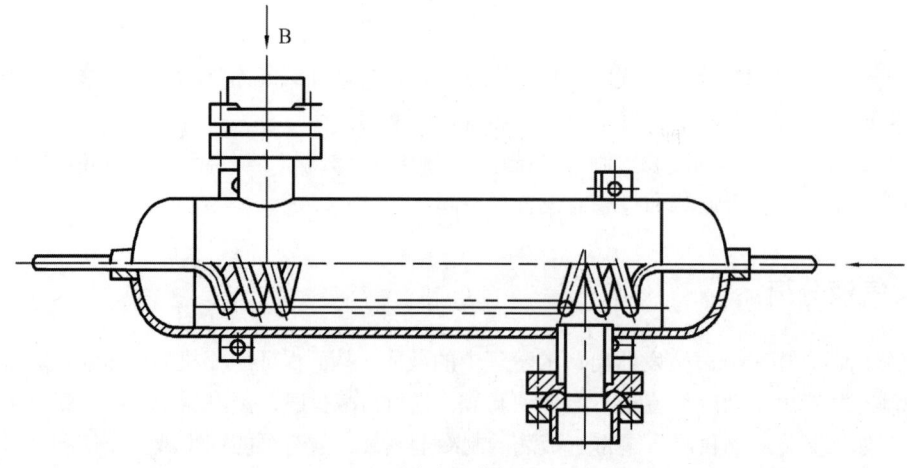

（a）盘管式

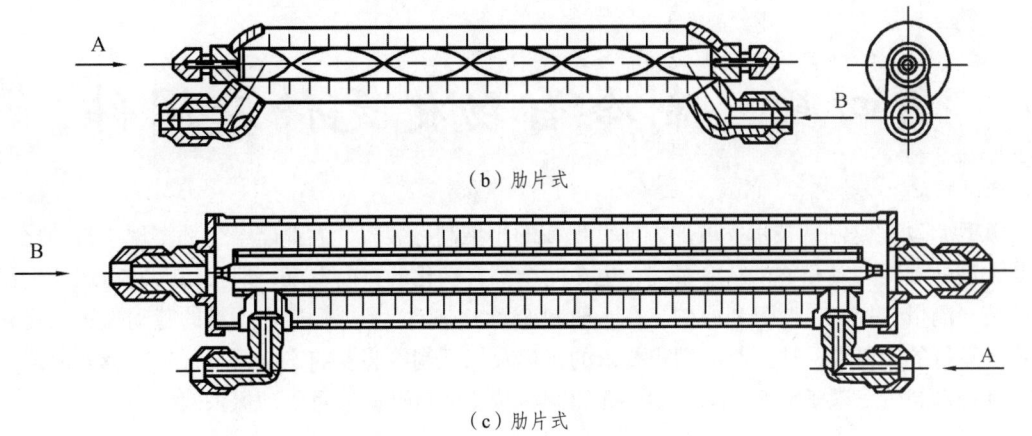

(b) 肋片式

(c) 肋片式

图 3.10　回热器的结构形式
A—液体进口；B—蒸气进口

在分装式客车空调与制冷装置中，通常将 R12 的低压蒸气管和高压液体管布置在一起并用隔热材料包扎好，以获得一定的换热效果，而不在系统中单独设置回热器。

本章小结

本章需掌握内容有以下几个方面：
- 制冷换热器的基本原理；冷凝器、蒸发器及一些辅助设备的作用和结构。
- 提高换热器工作效率的主要途径：提高传热系数。在使用时要特别注意选取适当的介质流速、合适的传热温差，并要及时清理换热器表面的污垢。
- 冷凝器和蒸发器的结构。城轨车辆采用的是空气冷却式冷凝器和直接蒸发式空气冷却器。
- 制冷装置除 4 大部件以外，通常根据制冷系统的运行特点和要求还设置了一些辅助设备。

思考与练习

1. 冷凝器和蒸发器的作用是什么？影响其换热的因素有哪些？
2. 冷凝器的种类有哪几种？其优、缺点如何？各适用于何种场合？
3. 制冷剂在冷凝器、蒸发器中是如何变化的？
4. 在蒸气压缩式制冷装置中，除主要设备外，还有哪些辅助设备？它们在系统中各起什么作用？
5. 目前常用的油分离器有哪几种？其基本工作原理是什么？
6. 贮液器的作用是什么？在什么样的空调与制冷装置中安装贮液器？安装在什么位置？
7. 氟利昂制冷系统中为什么要装设过滤器？目前常用的干燥剂有哪几种？
8. 气液分离器的作用是什么？其工作原理是什么？
9. 回热器在制冷系统中的作用是什么？

第四章　制冷自动化元件及阀件

实现自动化是制冷技术发展的方向。现在的小型制冷装置，大都已经全部实现了自动化。中型及大型的制冷装置和整个制冷系统，也在向全部自动化的方向发展，即代替人们对运行过程进行调节、测量、控制、监督和保护。在一般制冷系统中，为了减轻操作人员的劳动强度，提高制冷系统运行的经济性，达到制冷用户要求的指标及保证制冷装置的安全运行，越来越多地装设一些自动控制装置。限于篇幅，本章主要介绍制冷装置的自动调节及自动保护两方面的有关内容。

第一节　节流机构

一、热力膨胀阀结构与特性

热力膨胀阀也称自动膨胀阀，它除了利用蒸发器出口处制冷剂蒸气的过热度来调节制冷剂流量外，还对高压液体制冷剂起节流降压作用，使制冷剂一出阀孔就沸腾膨胀为湿蒸气，故也称节流阀。热力膨胀阀按平衡方式的不同，可分为内平衡式和外平衡式两种。

1. 内平衡式热力膨胀阀

内平衡式热力膨胀阀是由感温包、毛细管、膜片、顶杆、阀座、阀针及调节机构等组成。膨胀阀接在蒸发器的进口管上。内平衡式热力膨胀阀结构及原理如图 4.1 所示。

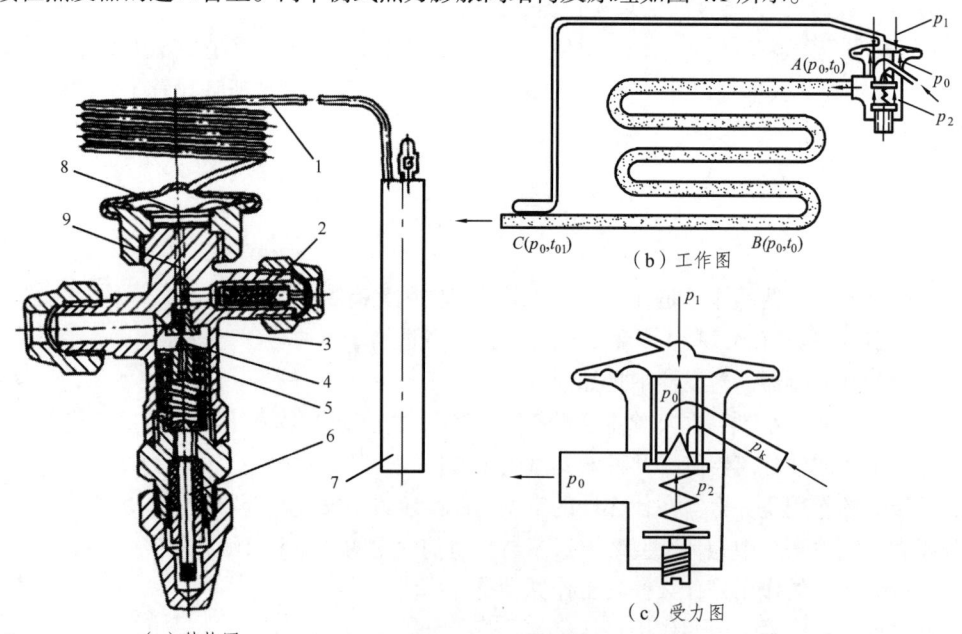

(a) 结构图　　(b) 工作图　　(c) 受力图

图 4.1　内平衡式热力膨胀阀结构及原理图

1—毛细导管；2—阀体；3—阀座；4—阀芯；5—弹簧；6—调整杆；7—感温包；8—膜片；9—顶杆

感温包感受制冷剂离开蒸发器时的温度，与其温度相对应的饱和压力 p_1 经毛细管传至膨胀阀上部的膜片上，使膜片有一向下的推力 $F_1 = p_1 \cdot A$，（A 为膜片受压面积），作用方向使阀门向开启方向移动，膜片下面所承受的力有两个：一是经过阀门节流后制冷剂的压力 $F_0 = p_0 \cdot A$；另一个是弹簧力 F_2。这两个力的作用方向是使阀门朝关闭方向移动，这些力应当平衡，即 $F_1 = F_0 + F_2$，此时膜片不动，阀针孔的开启度不变。

利用 F_1 力的变化来改变针孔的开启度，从而改变制冷剂的流量，实现自动调节。当蒸发器的供液量较少时，蒸发器出口蒸气的过热度增大，使感温包中蒸气温度升高，压力增大，$F_1 > F_0 + F_2$，迫使膜片向下弯曲，通过顶杆，使弹簧压缩，因而阀孔开大，供液量增加；反之供液量较多时，出口蒸气过热度减小，感温系统中的压力降低，$F_1 < F_0 + F_2$，针阀受弹簧的压力而自动将阀孔关小，供液量减少。热力膨胀阀对于蒸发器的负荷的变动，是通过感温包和蒸发器内的压力，不断地传递给预先调好的弹簧上，根据给定的过热度来调节制冷剂的流量，最大限度的发挥蒸发器的能力。

2. 外平衡式热力膨胀阀

当蒸发器盘管较长，制冷剂在盘管中流动阻力引起的压力降较大时，蒸发器的进口和出口将有较大的压力差，如仍采用内平衡式膨胀阀，将增加阀门的关闭过热度，导致热力膨胀阀供液量不足，就应采用外平衡式热力膨胀阀，其结构如图 4.2 所示。

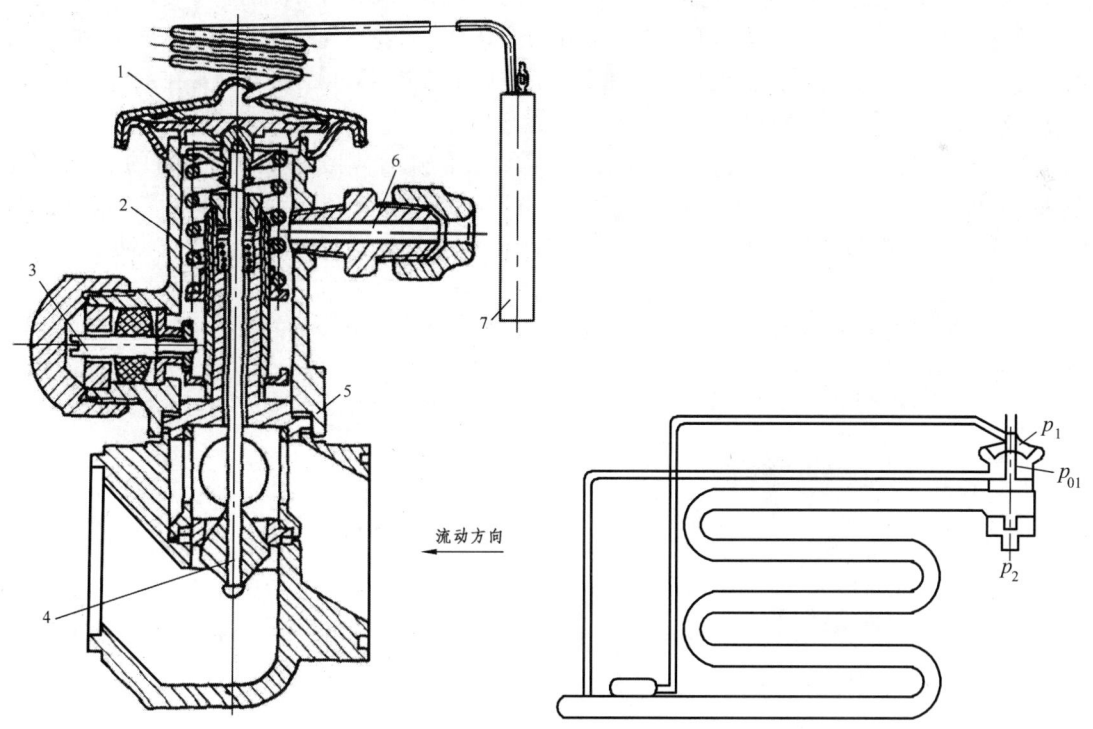

图 4.2 外平衡式热力膨胀阀结构

1—阀杆螺母；2—弹簧；3—调节杆；4—阀杆；5—阀体；6—外平衡接头；7—感温包

外平衡式热力膨胀阀的结构与内平衡式基本相同，只是它的膜片下方不与供入蒸发器的制冷剂接触，而是设有一个空腔，用平衡管与蒸发器出口连接。所以膜片下面承受的压力不是节流后蒸发进口的压力 p_0，而是出口压力 p_{01}，其调节特性就不受盘管中由于流动阻力所引起的压力差的影响。所以在蒸发器冷却盘管较长，阻力损失较大，应采用外平衡式热力膨胀阀。

二、毛细导管节流装置

在小型的氟利昂制冷装置中，如电冰箱、窗式空调器、小型降湿机等，由于冷凝温度和蒸发温度变化不大，制冷量小，为了简化结构，一般都利用毛细导管作为制冷系统的节流降压机构。毛细导管，实际上就是一根直径很小而较长的管子（一般为紫铜管）。当流体沿管内流动时，由于管道摩擦阻力而产生压降，管径越小、管子越长，则流动阻力就越大，产生的压降也越大。目前使用的毛细导管为内径是 0.6~2.5 mm 的紫铜管。管长一般根据制冷系统的需要而定，一般长度为 0.5~2.0 m。在客车单元式空调机组中均用毛细导管节流。

毛细导管节流装置的优点是结构简单，工作稳定，无运动部件，价格低廉，而且在压缩机停车后，冷凝器与蒸发器内的压力可较快地自动达到平衡，减轻再次启动时电动机的负载，很适用于装有全封闭式活塞压缩机的制冷系统。

毛细导管的主要缺点是调节能力差，其供液量不能随工况变动而调节。因毛细导管的长度和直径是根据一定工况确定的，如果使毛细导管的供液量能随工况的变化而变化，就得使毛细导管的直径能随工况的变化而变化，显然，这是不可能的。采用毛细导管节流的制冷装置，当蒸发压力下降时，容易引起压缩机的湿冲程；当蒸发压力上升时，容易出现蒸发器供液不足的情况。因此，毛细导管节流宜用于蒸发温度变化范围不大、负荷比较稳定的场合，且通常在系统中配有气液分离器，以防止压缩机湿冲程，而不配有贮液器。

采用毛细导管节流的制冷装置，制冷剂充注量要很准确，否则会影响制冷装置的正常工作。毛细导管可以用一根也可以几根并联。当用几根并联时要配分液器，且应仔细调整，使几根毛细导管的工作情况大致相同（可由结霜情况来判断）。在毛细导管前应设过滤器，以防毛细导管脏堵。

实验证明，毛细导管的供液能力主要取决于毛细导管入口处制冷剂的状态（压力和温度）以及毛细导管的长度和直径。

第二节　温度控制器

一、电接点水银温度计

电接点水银温度计用于空调设备，是最简单的温控器。它由电接点温度计、全波整流器、电阻及继电器组成。在水银温度计中装入两根探针，利用温度变化时水银柱的升降来接通或断开两导线，以控制温控器的得失电情况。继电器得电时，机组停机，反之机组运行。当温度低于调定值时，两探针断路得电，其动断触头断开，压缩机失电停机；当温度高于调定值时，两探针导通，被短路失电，其动断触头复位，压缩机得电运行。

二、波纹管式温度控制器

波纹管式温度控制器，是对室温及其幅差（即温度波动范围）进行控制的电路开关，常用它控制压缩机的停机。WT-1226 型温度控制器是目前在制冷与空调中使用较为广泛的波纹管式温度控制器，其结构原理如图 4.3 所示。

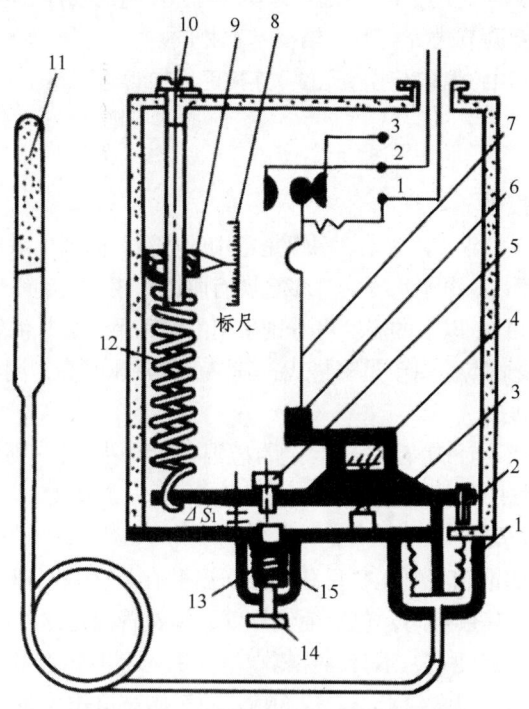

图 4.3　WT-1226 型温度控制器结构原理
1—动触头；2—静触头；3—杠杆；4—支点；5—螺钉；6—拨臂；7—弹簧；8—主标尺；9—指针；
10—调节杆；11—感温包；12—弹簧；13—差动弹簧；14—差动旋钮；15—差动器

WT-1226 型温控器是两位控制式，即有两个静触头。电源线与动触头"1"和静触头"2"连接。动触头"1"串联在压缩机电机交流接触器线圈电路中，动触头"1"和静触头"2"接触，压缩机运转；动触头"1"与静触头"2"断开，压缩机停止运转。

感温包 11、毛细导管和波纹管室 1 组成温度控制器的感温系统。感温包根据控制温度范围的不同，内充 R12、R22 低沸点工质。感温包感受到室温的变化，变为波纹管室内气体对波纹管压力的变化（温度与压力成正比）。波纹管压力的变化使杠杆 3 绕支点 4 发生转动。当感温包感受的温度下降到整定值时，波纹管的顶力矩小于定值弹簧 12 的拉力矩，杠杆 3 绕刀口支点 4 顺时针转动，动触头"1"与静触头"2"断开，压缩机停车，当感温包感受的温度上升，波纹管推动杠杆 3 克服定值弹簧 12 的拉力矩逆时针转动，转过一定角度后杠杆 3 又要克服差动弹簧 13 的弹力方可继续转动。当温度升到整定值加幅差值时，动触头"1"重新与静触头"2"闭合，压缩机转动。差动器 15 由差动旋钮 14 和差动弹簧 13 组成，它决定差动值的大小。顺时针旋转差动旋钮，差动弹簧压紧，差动值增大；反之，差动弹簧放松，差动值减小。定值弹簧的拉力决定所控制温度的下限即整定值，其数值的大小可以通过旋转调节杆 10 和改变定值弹簧的拉力来整定。

三、压力式温度计

1. 工作原理与结构形式

压力式温度计是利用密封系统中测温物质的压力温度变化来测量温度。按其所充测温物质的相态,分充气式、充液式和蒸气式3种,结构基本相同;按它的功能,可分为指示式、记录式、报警式(带接触点)和温度调节式等类型,结构基本相同。

指示式压力温度计,是由感温包(感温元件)连接毛细导管通到感压元件(包端管、波纹管等)。

2. 类型和特点

(1) 充液压力表式温度计

充液要求比热小,导热率高,黏性小。水银是常用的充液,测温上限可达650℃,它比玻璃管式温度计坚固,且可远传读数。由于水银对许多金属有腐蚀作用,故毛细导管和弹簧管要采用不锈钢制造。测量150℃和400℃以下的温度可分别采用甲醇和甲苯、甘油等工作液。此种温度计测量下限不能低于工作液的凝固点。由于是密封式,其沸点较常压时高,测温上限可高于其沸点。

(2) 气体压力表式温度计

它是在感温包及压力指示计中充满气体。通常感温包中充氮气,其所测最高温度可达550℃,在低温测量时,常用充氢气的气体表温度计,最低温度可达 – 120℃。

(3) 蒸气压力表式温度计

它是根据低沸点液体的饱和蒸气压,只和气液面温度有关这一原理而制成。金属温包的一部分容积内盛放低沸点液体,其余空间,包括毛细导管、弹簧管内是这种液体的饱和蒸气。

蒸气压力表式温度计价格便宜,不会因裸露在空气中的毛细导管温度变化而产生误差。测温压力式温度计中,蒸气式的时间常数最小,仅30 s,而气体充填式为80 s。

3. 压力式温度计使用方法与特点

毛细导管是用来作为感温包与弹簧管压力计之间连接和传递压力的导管,材料与感温包相同,常用的有铜或不锈钢冷拉而成的无缝钢材,其内径一般只有$\phi(0.15 \sim 0.5)$mm,长度可达20 ~ 60 m。故极易损坏,可用金属软管或铜、镀锌钢丝编织或蛇皮带来保护,在 60 m 以内远距离显示、测量、记录、报警及调节温度。

压力式温度计结构简单,价格便宜,刻度清晰,适用于固定工业设备内的气体、蒸气或液体,且最大介质压力为6 MPa 以下的 – 80 ~ 500 ℃ 范围的温度测量。由于可远传,且不需电源,使用中不会产生火花,故具有防爆性,适用于易爆、易燃环境下的温度测量。由于示值是由毛细导管传递,故滞后时间较长(30 ~ 60 s),毛细导管机械强度较差,易损坏,且损坏后不易修复。

第三节 压力保护器

一、压力控制器

在制冷系统中都设有压力控制器。压力控制器是受压力信号控制的电气开关,所以又称压力继电器。压力控制器的形式有多种,结构也略有区别,但动作原理基本相同,都是以波纹管气箱为动力室,接收到高压或低压部分的压力信号后,波纹管压缩或膨胀,从而带动传动杆或杠杆机构,使电触点接通或断开。

压力控制器可分为低压控制器和高压控制器两种,也可以把高压控制器和低压控制器组合在一起,称为高、低压力控制器。它们的作用是:当系统高压部分压力超过给定值或低压部分压力低于给定值时,断开压缩机控制回路,使压缩机停止运行,从而达到自动保护作用;当系统高、低压力在允许范围内时,接通电路,使系统正常运行。

高压控制器的波纹管室与压缩机的排气腔接通,以监视和控制排气压力。如果压缩机的排气压力过高,会导致压缩机电机过载运行而受损害。所以,当压缩机排气压力高于正常值时,高压控制器就发生作用,从而使压缩机停车。

低压控制器的波纹管室与压缩机的吸气腔接通,以监视和控制吸气压力。当压缩机吸气压力过低时,一方面会影响制冷机组的正常工作,甚至不能制冷而白耗电力;另一方面压缩机近于空载运行也会损害电机。故当压缩机吸气压力低于正常值时,低压控制器发生作用,致使压缩机停车。

图 4.4 为 KD 型压力继电器接线图,接头 1、3 与压缩机电机控制电路中接触器线圈串接,高、低压控制器通过控制电触点的通、断,来控制接触器线圈电源的通、断,进而控制压缩机的开停。

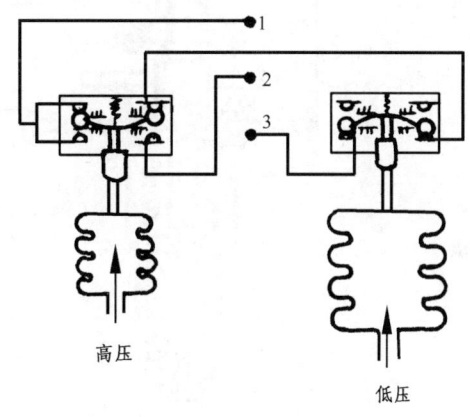

图 4.4　KD 型压力继电器接线图
1—接电源进线;2—接事故报警(灯或铃);3—接触线圈

图 4.5 为 KD 型压力继电器结构原理图,高、低压控制器做成一体,其结构特点是通过传动杆直接推动微动开关的触点,故结构紧凑,调节方便。

压缩机排气压力高于整定值时,气箱顶力大于弹簧张力,气箱推动传动杆 11 将高压微动开关按钮撤下,使开关触头分离,切断接触器线圈电源,压缩机停机;当排气压力下降并恢复正常时,弹簧张力大于气箱顶力,传动杆反向移动而脱离微动开关按钮,开关触头重新闭合,压缩机重新运转。

压缩机吸气压力低于规定值时,弹簧张力大于气箱顶力,使传动杆 14 脱离低压微动开关按钮,开关触头分离,切断接触器线圈电源;当吸气压力回升并恢复正常时,气箱顶力大于弹簧张力,传动杆将按钮撤下,微动开关触头重又闭合。

高、低压控制器的压力整定值可通过旋转各自的压力调节盘 9 和 17 进行调整,顺旋为压紧弹簧,压力整定值提高;反旋,则放松弹簧,压力整定值降低。差动值的调整,可通过旋转各自的压差调节盘 6 与 21 来实现,顺旋为压紧碟形弹簧,差动值提高;反旋,则放松碟形弹簧,差动值降低。这样,高压控制器触点断开压力就是压力整定值,触点复位压力为压力整定值减去差动值;低压控制器触点断开压力等于压力整定值,触点复位压力为压力整定值加上差动值。

有的压力控制器还设有手动复位装置,即触点断开后实现自锁。压力正常后也不能闭合,需要拨动或按下手动复位按钮后,触点方可闭合,以免系统故障未消除时,电路频繁通断。

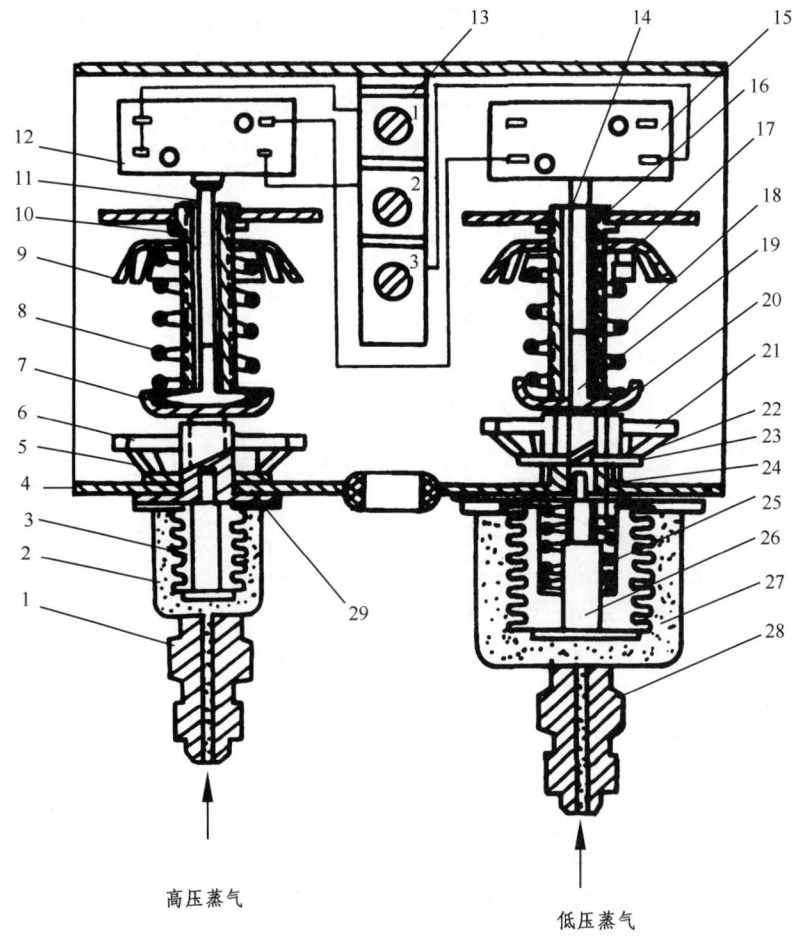

图 4.5 KD 型压力继电器结构原理图

1、28—高、低压接头；2、27—高、低压气箱；3、26—顶力棒；4、24—压差调节座；5、22—碟形阀片；23、29—阀片垫板；8、18—弹簧；9、17—压力调节盘；6、21—压差（差动）调节盘；10、16—螺纹柱；11、14、19—传动杆；12、15—微动开关；13—接线柱；25—复位弹簧；7、20—弹簧座

二、压差继电器

在制冷压缩机运转过程中，它的运动部件会摩擦发热。为了减少运动部件的磨损和防止部件发热变形而发生事故，必须不断供给一定压力的润滑油，使运行部件得到润滑和冷却。若供油压力因某种原因而降低时，则会使压缩机得不到足够的润滑油，压缩机就会发生故障。为了保证压缩机的安全运转，对供油压力必须进行控制，当油压降低到某一调定值时，就切断压缩机的电源，使其停止运转。

由于压缩机上的油压表并不反映真正的供油压力，而只是指示油泵出口处的压力，真正的供油压力应该是油泵出口压力与曲轴箱压力（即低压）之差，因此油压控制器必须是一个压差控制器。

JC3.5 型压差控制器是目前制冷装置中常用的油压控制器，它适用于 R12、R22、R717 等制冷剂。图 4.6 为 JC3.5 型压差控制器的原理与接线图，它有两个波纹管气箱，上部为低压气箱 7 与压缩机曲轴箱连接，其中充满低压蒸气。下部为高压气箱 1 与油泵排出口旁通孔连接，其中充满压力油。两个波纹管感受的压力差值,由弹簧 3 来平衡。受压差控制的直角杠杆 2 操纵压力开关 14 的位置,以控制延时机构加热器 13 的电路。在延时机构中装有双金属片 12,其受热后弯曲,从而推动延时开关 11。延时开关则控制压缩机接触器线圈 KM 的电路。

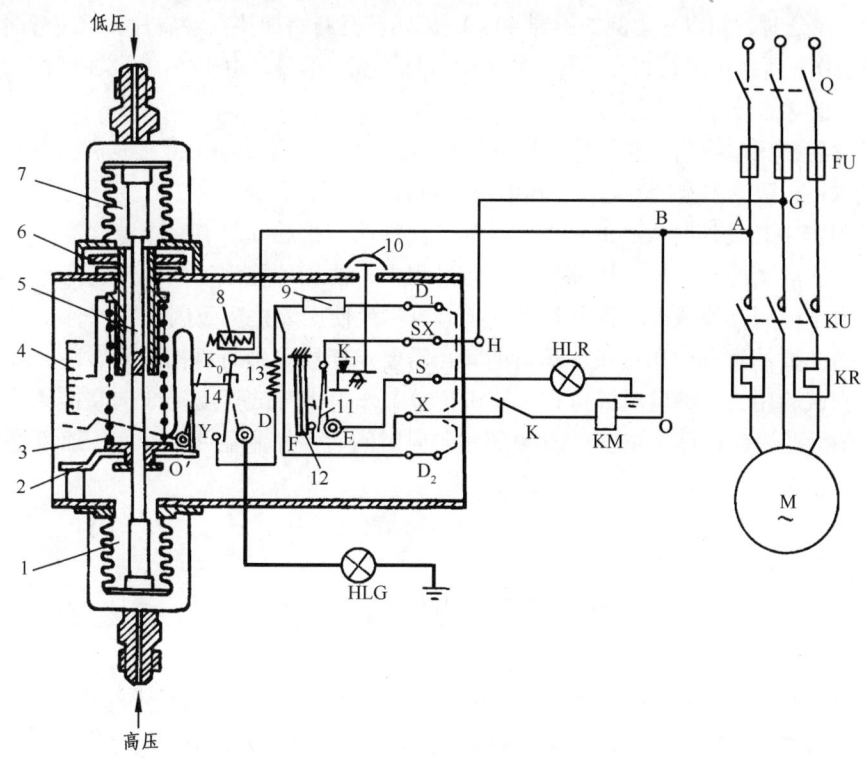

图 4.6　JC3.5 型压差控制器原理与接线图

1—高压气箱;2—直角杠杆;3—弹簧;4—标尺;5—传动杆;6—调节轮;7—低压气箱;8—试验按钮;
9—降压电阻(电源为 380 V 时用);10—复位按钮;11—延时开关;12—双金属片;
13—加热器;14—压力开关;HLG—正常信号灯;HLR—事故信号灯

当闸刀 Q 未合上时,电源被切断,压缩机未运转,压差控制器的高、低压气箱内压力相等,在弹簧 3 的张力作用下,传动杆 5 将直角杠杆 2 推至垂直位置,压力开关 14 拉向左,使 K_0 与 D 分离,并与 Y 闭合,延时开关动触头 K_1 与 F 触头成闭合状态。

当电源闸刀 Q 合上后,线路接通电源。回路 A—O—F—K_1—H—G 有电流,接触器线圈 KM 被接通,使主触头 KM 闭合,电动机 M 开始启动,拖动压缩机。由于压缩机刚启动,油泵还未建立正常油压,因此动触头 K_0 未动作,回路 A—B—K_0—Y—D_1—X—F—K_1—H—G 有电流,加热器 13 对双金属片 12 加热。由于电动机在 60 s 内由启动转为正常运转,压缩机润滑系统已建立正常的油压,高、低压气箱就有压力差,高压气箱内油压大于低压气箱压力和弹簧张力之和,高压气箱推动传动杆 5 向上移动,并使杠杆 2 绕支点 O 顺时针方向旋转,直角杠杆 2 推动压力开关 14 的动触头 K。向右,使 K_0 与 Y 触头分离,并与 D 触头闭合(如虚线所示)。这时,这条回路变为 A—B—K_0—D 至接地,正常信号灯 HLG 亮,而加热器电源被切断。由于对双金属片加热未超过 60 s,所以延时开关未动作,制冷装置投入正常工作。

当润滑系统因故障使油压差下降,低于压差控制器的调定值时,低压气箱与弹簧张力之和大于高压气箱压力,并推动传动杆 5 与直角杠杆 2 向下移动,杠杆就成垂直状态。动触头 K_0 被杠杆向左拉,脱离 D 触头而与 Y 触头闭合,加热器 13 对双金属片 12 加热,此时,正常信号灯 HLG 熄灭。经 60 s 后,双金属片 12 向右挠曲,将动触头 K 推向与 E 触头闭合且与 F 触头分离,此时,切断接触器线圈电流,电动机停止转动,压缩机则停止运转,事故信号灯 HLR 亮,同时加热器电源也被切断。在延时时间以内(例如不到 60 s),虽然已经开始加热双金属片,但因弯曲不足、延时开关尚未动作,所以压缩机仍在运转,故障信号灯不亮。但是,由于压力开关动触头 K_0 已脱离触头 D,所以正常信号灯也不亮。

故障排除后,压差控制器不能自动复位,必须揿下复位按钮 10,待延时机构中的双金属片 12 冷却,约 5 min 后,才能接通电源,压缩机重新启动。

压差控制器中装设延时机构的目的,是为了允许压缩机启动时有一个建立油压的过程,否则压缩机是无法启动的。此外,压缩机在运行过程中,油压可能因油泵吸入气泡等原因而暂时下降,待气泡排出后,油压即会恢复正常,延时机构就使压缩机不致因油压暂时(不足 60 s)下降而发生不必要的停车。压缩机在运行期间,需要定期检验延时机构的可靠性,试验按钮 8 就是供检查和试验用的。检验时,可在压缩机正常工作中,将试验按钮 8 向左推动并按住,按住的时间必须大于延时时间(60 s)。如果超过延时时间后,控制器能自动使压缩机停转,表示延时机构工作正常。

第四节 电 磁 阀

电磁阀是一种开关式的常闭自动阀门,它可以接受各种感应机构以及手动开关给出的信号,打开或关闭。电磁阀的打开是依靠线圈在通电以后所产生的电磁力,关闭则是依靠线复位弹簧及阀芯的重力。

电磁阀串接在制冷系统的管路中,用以控制系统管路中流体的通或断。如在 YZ25 型客车空调与制冷装置制冷系统中,在冷凝器与膨胀阀之间安装的电磁阀与压缩机同接一个启动开关,作用是配合压缩机的开停而自动接通或者切断输液。当压缩机停车时,电磁阀立即关闭,停止供液,避免停机后大量制冷剂液体流入蒸发器中,造成压缩机再次启动时产生"液击"。在进口的 MAB II 型空调与制冷装置制冷系统中,是利用电磁阀控制压缩机与贮液桶之间的能调管路及膨胀阀与蒸发器之间供液管路的通、断,从而控制压缩机参与工作的气缸数和蒸发器参与工作的面积。

电磁阀的结构形式,按其开启方式可分为直接开启式和间接开启式两种。

一、直接开启式电磁阀

直接开启式电磁阀应用于管径小于 3 mm 的管道,其结构如图 4.7 所示,主要由阀体、线圈、衔铁及阀针等组成。当线圈组 6 通电后产生磁场,铁心 5 在磁场的作用下

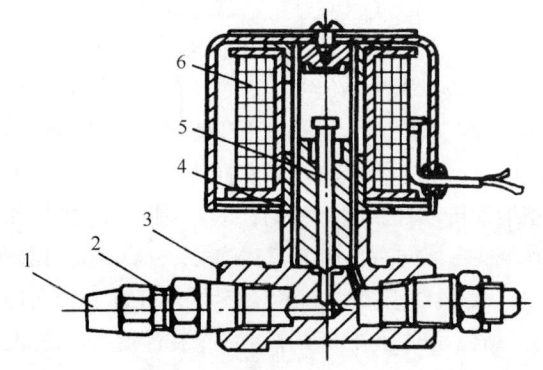

图 4.7 直接开启式电磁阀

1—接管螺母;2—接头;3—阀体;4—垫片;5—铁心;6—线圈组

被吸起，弹簧受压缩，阀门打开；反之，当线圈组断电后，铁心由于自身重力及弹簧力的作用而下落，将阀关闭。

直接开启式电磁阀构造简单，由于受电磁吸力的限制，口径都比较小。

二、间接开启式电磁阀

间接开启式电磁阀应用于管径大于 3 mm 的管道中，其结构如图 4.8 所示，主要由阀体、浮阀、线圈、衔铁、阀针和调节杆等组成。当线圈组 6 通电后，衔铁 5 带动阀针 4 被吸起，使得浮阀组（即主阀）7 上方的压力通过浮阀上的阀孔迅速与阀后压力均衡，浮阀组（活塞）7 因上下压差而浮起，主阀口开启。由于阀口有流动阻力，进口端压力总是大于出口端压力，使得浮阀上、下总有一压力差来维持阀门的开启状态。当线圈组 6 断电后，磁力消失，衔铁在自身重力或复位弹簧的作用下，将浮阀上的阀孔关闭，浮阀组 7 上的平衡孔使浮阀组上、下腔保持均压，在弹簧力和浮阀自身重力作用下，浮阀组下落，将主阀口关闭。

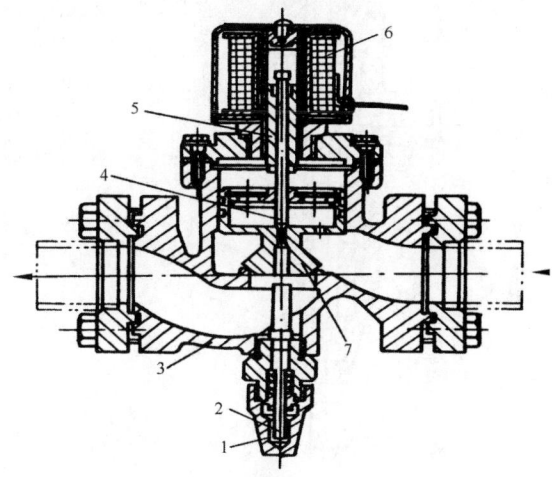

图 4.8　间接开启式电磁阀
1—帽盖；2—调节杆；3—阀体；4—阀针；5—衔铁；
6—线圈组；7—浮阀组

当电磁阀电路部分出现故障不能自动启、闭时，可使用阀体下部的调节杆，实现手动开启和关闭。

间接开启式电磁阀虽然结构较复杂，但电磁线圈只控制阀针的起落，它可使电磁线圈的尺寸、容量减小，故对于大口径的阀比较适宜。

第五节　其他制冷阀件

一、截止阀

截止阀安装在制冷设备和管道上，用以接通和切断制冷剂通道。截止阀根据安装位置的不同，分为压缩机截止阀和管道截止阀。两者基本结构相同，但压缩机截止阀多了一个多用通道。这个多用通道可通过调整杆开启或关闭，常用于补充冷冻机油，对系统进行抽真空操作或充注制冷剂等，给制冷机的操作、检修带来很大方便。

制冷压缩机截止阀有 3 种状态：阀杆逆时针退足，即阀杆 3 与阀体 2 紧贴，多用通道 C 被关闭，压缩机吸气口（或排气口）A 与制冷管路吸气管（或排气管）接头 B 接通，该位置称为截止阀"开位"[见图 4.9(a)]；若在"开位"状态下，顺时针转动阀杆 3，将阀芯移至中间位置，这时 A、B、C 全部接通，此时截止阀处于"三通"位置[见图 4.9(b)]；若阀杆继续顺时针旋转，待阀杆 3 与管路接头端面顶死（俗称进足），压缩机吸气口（或排气口）A 与多用通道接通，B 通道与 A、C 通道被切断，称为"关位"[见图 4.9(c)]。

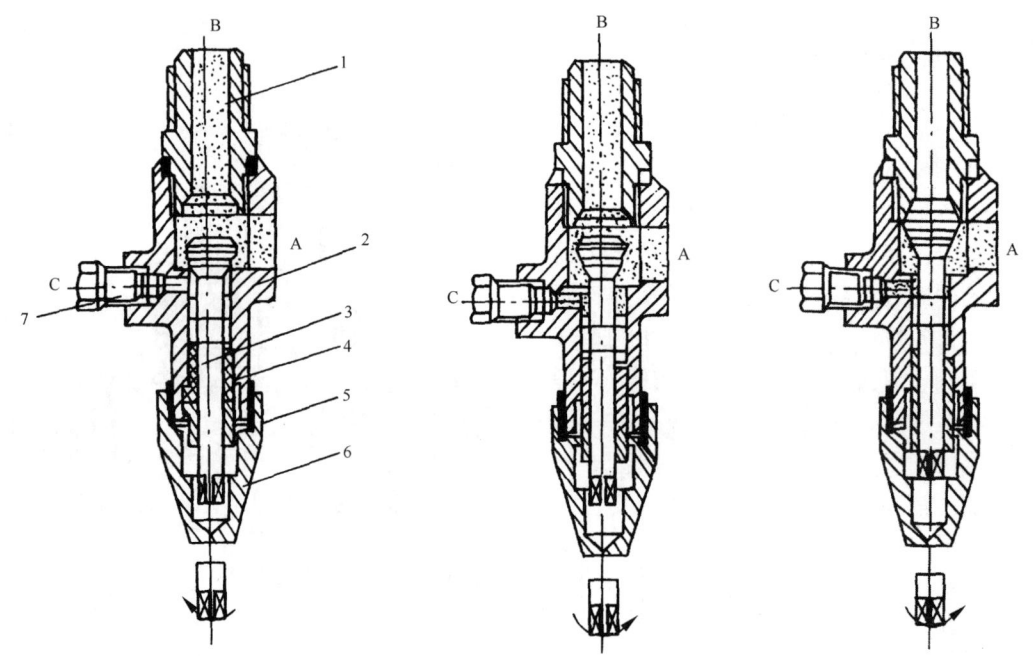

（a）多用通道关闭位置，称"开位"　　（b）全开状态位置，称"三通位"　　（c）关闭状态位置，称"关位"

图 4.9　压缩机截止阀

1—管路接头；2—阀体；3—阀杆；4—填料；5—填料压紧螺钉；6—帽盖；7—螺塞

A—与压缩机连接法兰口；B—与管道连接接头；C—多用通道

二、止回阀

止回阀又称止逆阀或单向阀，是一种根据流体在阀前后的压力差而自动启闭的阀门。它的作用是只允许制冷剂或其他流体介质作一定方向的流动，阻止其逆向流动。图 4.10 示出一种筒式止回阀的结构图，阀座用优质钢制成，阀芯采用聚四氟乙烯，以保证相互紧密贴合，使阀门关闭严密。通径 100 mm 以下的止回阀多采用这种结构，它包括液用和气用两种。气用止回阀选用作用力较小的弹簧，以减小压力损失。筒式止回阀是靠弹簧力和背压使阀关闭，所以可以按流向（箭头方向）作任何方向的安装（水平、朝上、朝下或倾斜安装均可）。通径较大的止回阀为横式结构，如图 4.11 所示。这种止回阀只供气体管道使用，而且它是靠自重关闭阀门，所以必须水平正安装。

流体在止回阀中沿箭头方向流动时，其压力克服弹簧力（或阀芯自重）和背压的作用顶开阀芯，使阀开启；流体反方向流动时，弹簧力（或阀芯自重）和流体压力使阀门关闭，止回阀阻止液体通过。

各种形式的止回阀，其阀芯座均有阻尼作用，启、闭平稳，可以在有脉冲的情况下使用，但在安装时必须注意阀体外壳上标明的流向，不能装反。

第四章　制冷自动化元件及阀件

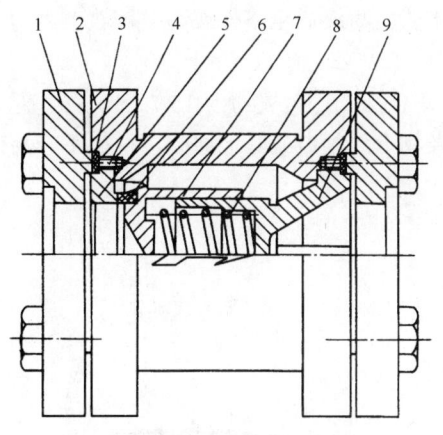

图 4.10　筒式止回阀结构图

1—法兰；2—阀体；3—垫片；4—紧定螺钉；5—阀座；
6—阀芯；7—阀芯套；8—弹簧；9—支承座

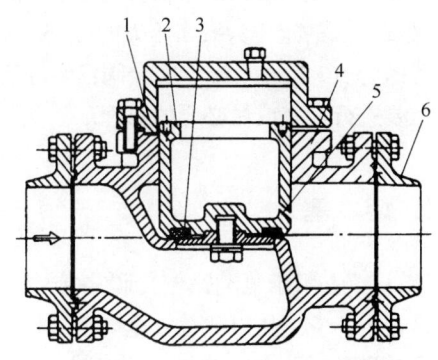

图 4.11　横式气用止回阀结构图

1—阀盖；2—阀芯座；3—阀芯；4—阀体；5—平衡孔；6—法兰

三、安全阀

安全阀是保证制冷设备在规定压力下工作的一种安全设备。安全阀可装在制冷压缩机的排气连通管上，当压缩机排气压力超过允许值时，安全阀开启，使高低压两侧连通，保证压缩机的安全工作。安全阀也常装在冷凝器、贮液器等设备上，以避免容器压力过高而发生事故。安全阀的结构形式很多，但工作原理基本相同，都是以弹簧来锁定压力的调定值。

图 4.12 所示为弹簧安全阀的结构。当设备中的压力超过规定工作压力时，即顶开阀门，使制

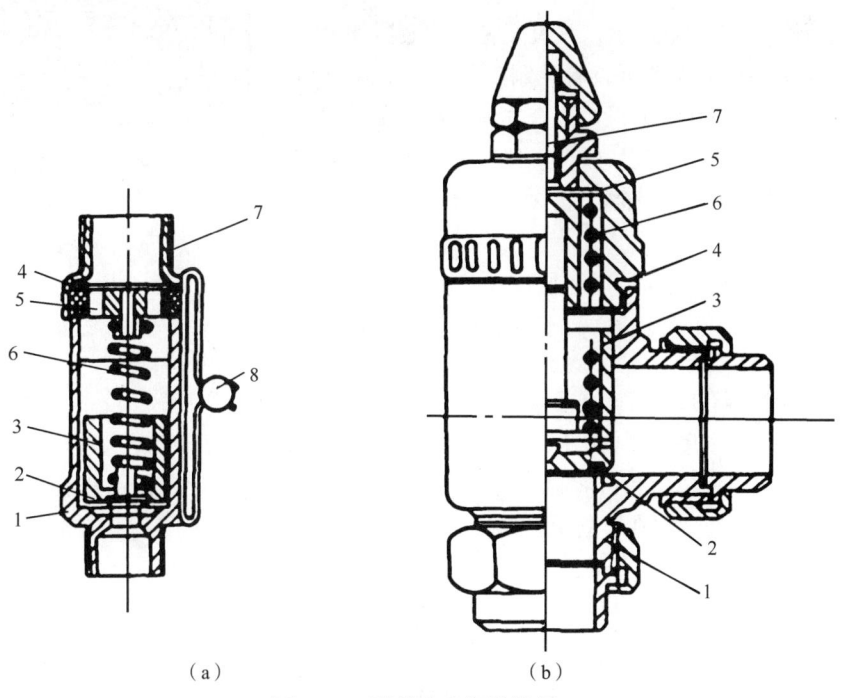

（a）　　　　　　　　　　（b）

图 4.12　弹簧安全阀结构图

1—阀体；2—阀盘；3—阀盘导座；4—垫片；5—弹簧座；6—弹簧；7—调节螺钉；8—铅封

冷剂迅速排出系统。装在高压容器上的安全阀，其排出管应直接通至室外或高空排放，因为氨是有毒的，即使是氟利昂，排入机房内过多也会使人窒息。

一般安全阀的定压为操作压力的 1.05～1.10 倍，对 R12 制冷装置约为 15.7×10^5 Pa，对 R22 制冷装置约为 17.7×10^5 Pa。安全阀已经开启，由于杂物卡住阀口或其他原因，往往不容易保持密闭，需要进行检查或做必要的修理。

四、熔 塞

熔塞主要应用于氟利昂制冷设备或容积较小的压力容器上。它是用以代替安全阀，结构最简单的一种安全设备。图 4.13 为熔塞的安装示意图，熔塞中铸有易熔合金，其熔化温度一般在 75 ℃ 以下。一旦压力容器发生意外事故时，容器内压力骤然升高，温度也随之升高，而当温度升高到一定值时，易熔塞中浇铸的易熔合金即熔化，容器中的制冷剂就排入大气，从而达到保护人身及设备安全的目的。

熔塞的合金熔化后，应重新浇铸或更新，并经与容器试漏后才能使用。

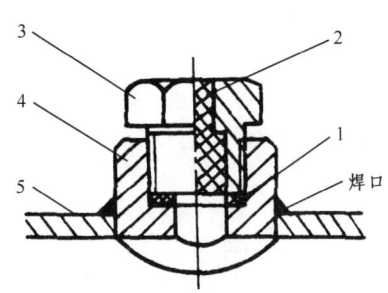

图 4.13 熔塞安装示意图

1—密封垫；2—易熔合金；3—旋塞；4—接头；5—壳体

五、观察镜

观察镜结构如图 4.14 所示，一般安装在贮液器和过滤器之间，从其中心玻璃窗上可以看见制冷剂液体的流动情况。在压缩机运行过程中，如果始终有气泡涌动，说明制冷系统内制冷剂液体供给量不足。如观察到制冷剂颜色发生变化，则说明制冷剂液体含有杂物，需采取过滤措施。

图 4.14 观察镜

本章小结

本章需掌握内容有以下几个方面：
- 热力膨胀阀、温度控制器、压力保护器、控制电磁阀和其他自动控制阀类的作用、结构。
- 自动化和机电一体化是目前制冷装置的发展方向。随着自动控制技术和电子元件的迅速发展，制冷装置的自控装置也在不断更新换代。在城轨车辆空调装置中广泛采用计算机控制。

思考与练习

1. 热力膨胀阀的作用是什么？它安装在什么样的空调与制冷装置中？

2. 简述内平衡式热力膨胀的工作原理。

3. 毛细导管节流有什么特点？其在什么空调与制冷装置中使用？

4. 简述 WT-1226 型温度控制器的工作原理。

5. 分析空调装置不制冷的原因有哪些？应采取怎样的措施？

6. 分析空调装置制冷量不足的原因有哪些？应如何进行处理？

7. 制冷系统中设置油压差控制器的作用是什么？油压差控制器中为什么要有延时机构？

8. 电磁阀根据什么原理工作？有什么用途？直接开启式电磁阀和间接开启式电磁阀分别适用于什么场合？

9. 止回阀在制冷系统中起什么作用？安装时应注意哪些问题？

10. 制冷压缩机一般设置哪些自动保护和安全控制？它们分别起什么作用？

11. 在制冷系统中，属于安全性的继电器有哪些？

第五章　铁路及城轨车辆空调制冷装置

第一节　铁路客车空调制冷装置

一、结　构

1. 空调机组

客车空调机组各零件组装在一个不锈钢板制成的箱体内，加盖板后形成一个整体。空调机组的主要部件包括全封闭制冷压缩机 2 台、冷凝器 2 台、毛细导管 2 组、蒸发器 1 台、气液分离器 2 台、干燥过滤器 2 个、电加热器 1 台、离心风机 1 台、轴流风机 1 台（KLD40 系列为 2 台）等。

箱体分为室内侧和室外侧两部分。压缩机、离心风机、电加热器、蒸发器等安装在室内侧；轴流风机和冷凝器等安装在室外侧。空调机组的箱体和上盖全部采用 SUS304 进口不锈钢板制成。组成制冷系统的部件及配管全部用银钎焊连接，构成全封闭的制冷循环系统，作为制冷剂的 R22 封闭在制冷系统内。空调机组的冷风出口在机组的前端部，回风口在机组的底部中间处，新风口在机组后端部和底部后侧。回风口处装有新风调节门和新风过滤网，可在车内回风口处进行新风量的调整和拆装新风过滤网。空调机组蒸发器前设有滤尘网，可在车内回风口处拆装。

空调机组的外形和结构参见图 5.1 ~ 图 5.4，其中图 5.4 所示为 KLD9P 型客车空调机组，用于制冷量相对需求小的行李车、邮政车等车辆。

2. 主要部件

（1）制冷压缩机

制冷压缩机为全封闭式压缩机，是将电动机、压缩机以及润滑系统组装在同一个密封的机壳内。制冷压缩机通过橡胶减振器安装在空调机组箱体内。

（2）室内侧通风机（离心风机）

室内侧通风机为双轴直联多叶片式离心风机，可以强化氟利昂在蒸发器中的蒸发过程，并将经蒸发器冷却降温的空气或经电加热器加热升温的空气送入车内。

（3）室外侧通风机

室外侧通风机为直联轴流式风机，风机的叶轮安装在立式电机上，并采取防水结构。室外侧通风机用于强化氟利昂在冷凝器中的凝结放热过程。

（4）室内换热器（蒸发器）

室内换热器即蒸发器，为铜管套铝肋片的直接蒸发式空气冷却器。一个蒸发器分别用于两个制冷循环回路。低温、低压的气液混合的氟利昂在蒸发器内蒸发，当车内循环空气和新鲜空气混

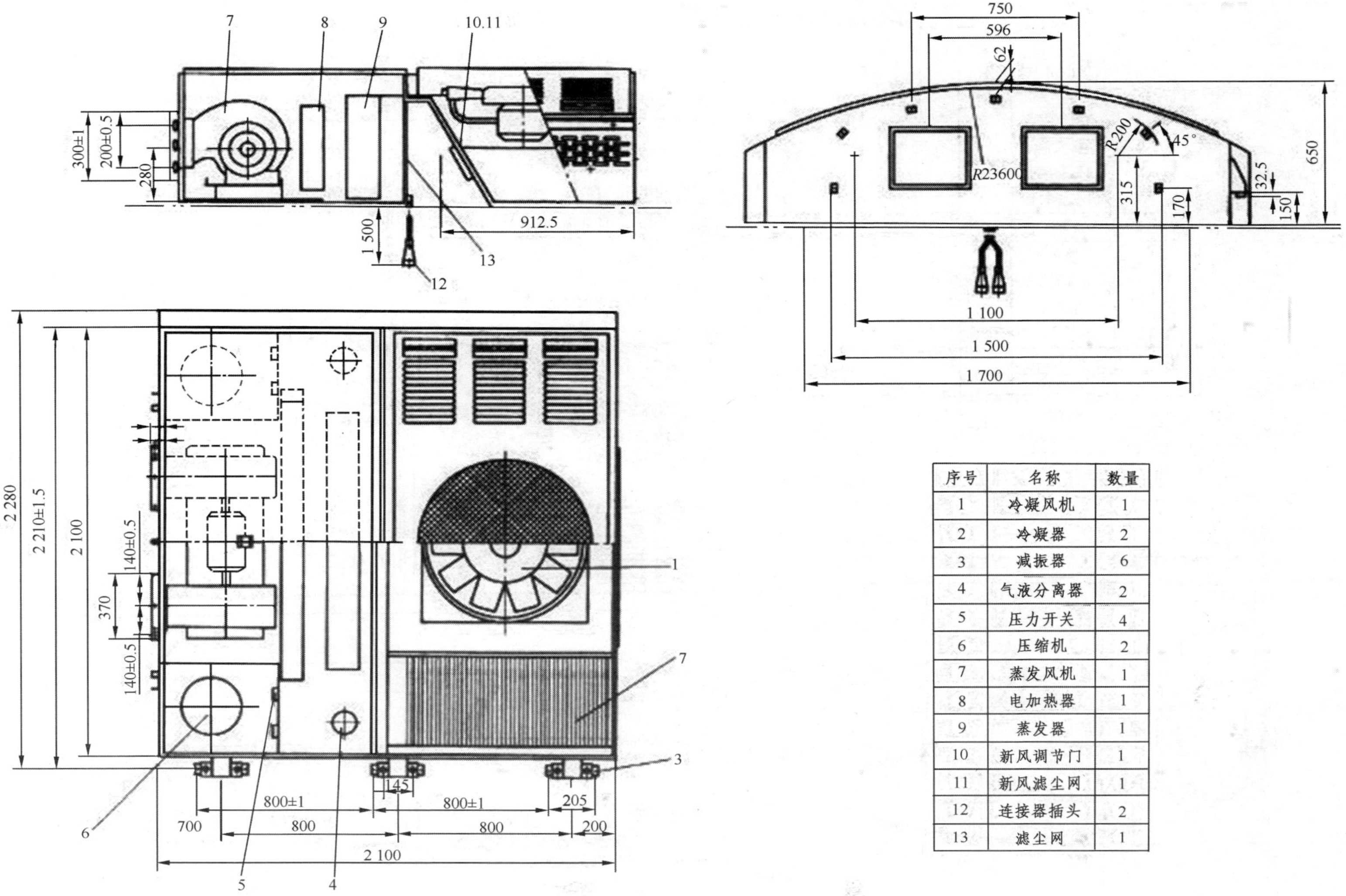

第五章 铁路及城轨车辆空调制冷装置

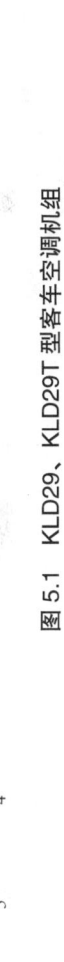

图 5.1 KLD29、KLD29T 型客车空调机组

序号	名称	数量
1	冷凝风机	1
2	冷凝器	2
3	减振器	6
4	气液分离器	2
5	压力开关	4
6	压缩机	2
7	蒸发风机	1
8	电加热器	1
9	蒸发器	1
10	新风调节门	1
11	新风滤尘网	1
12	连接器插头	2
13	滤尘网	1

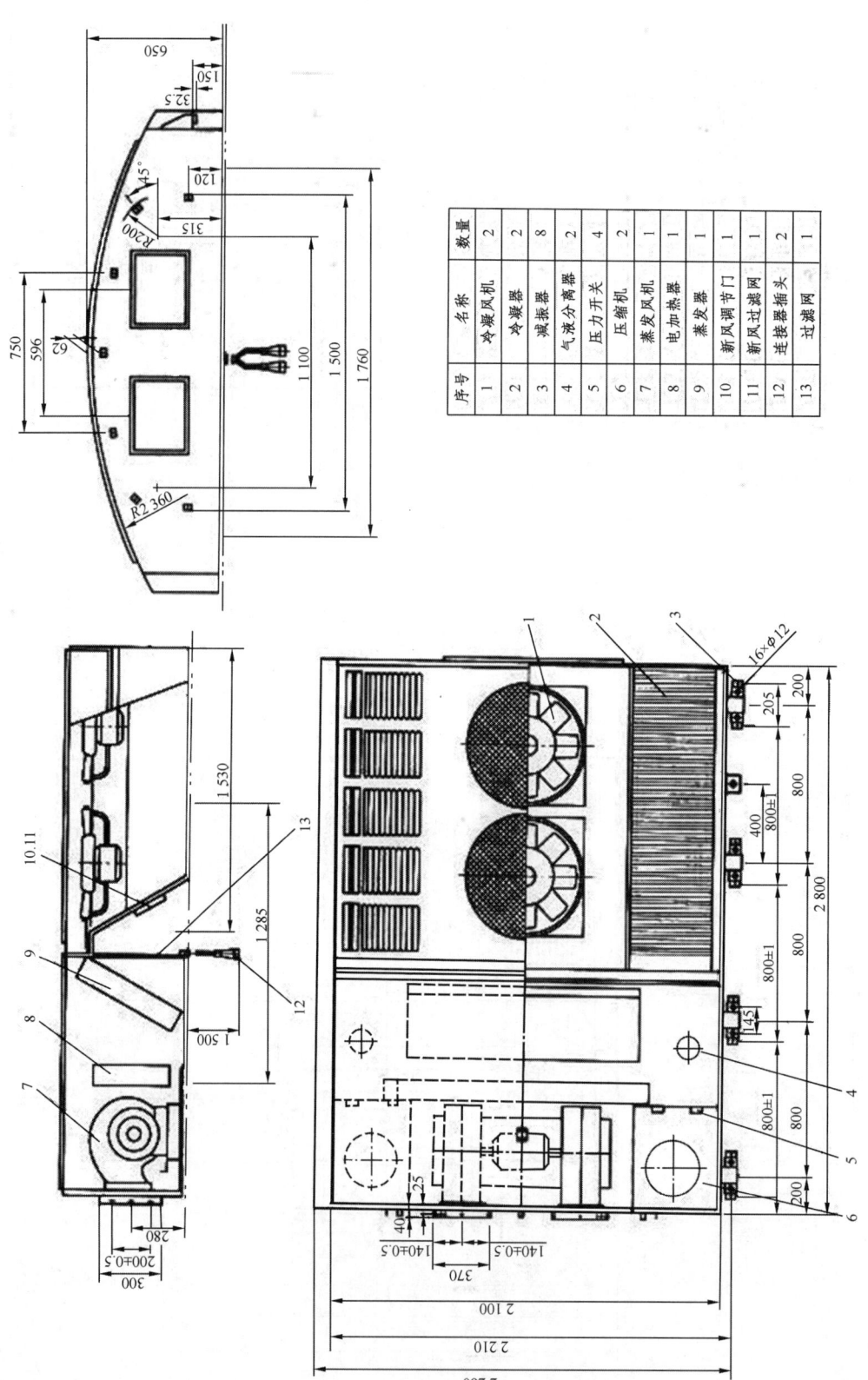

图 5.2 KLD40、KLD40A、KLD40T 型客车空调机组

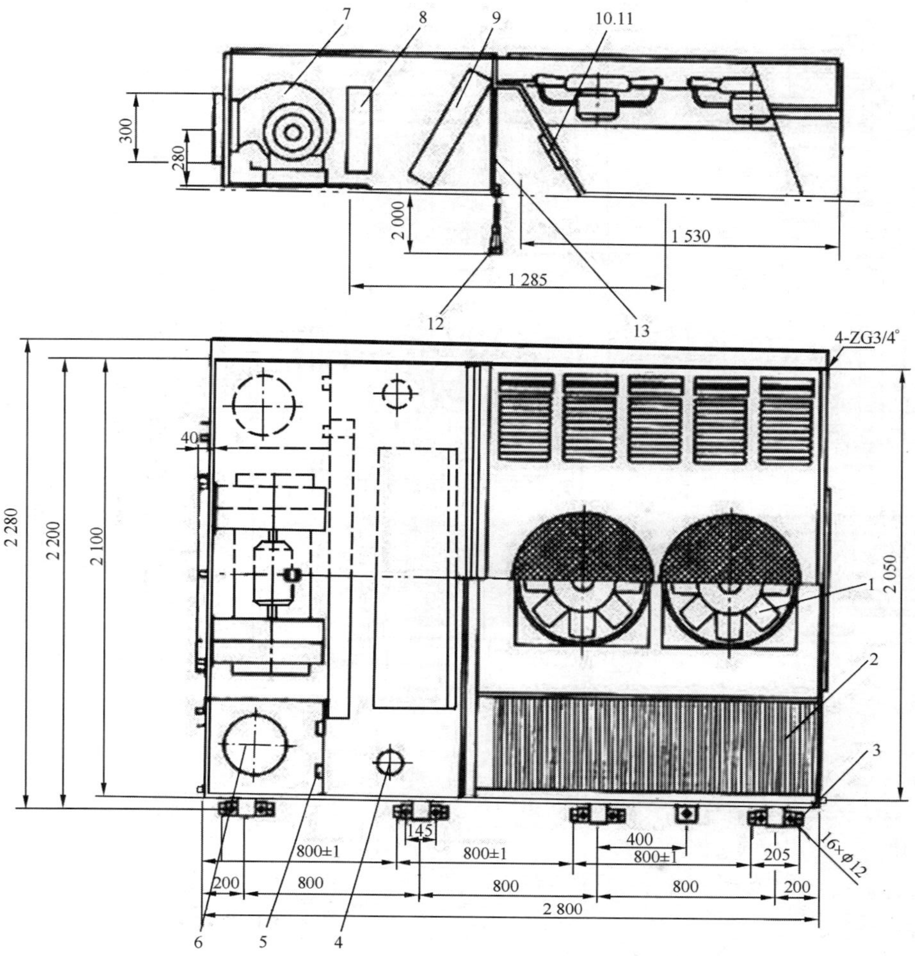

第五章 铁路及城轨车辆空调制冷装置

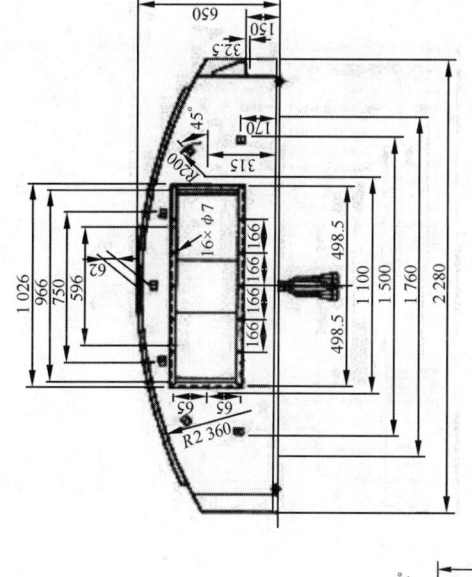

序号	名称	数量
1	冷凝风机	2
2	冷凝器	2
3	减振器	8
4	气液分离器	2
5	压力开关	4
6	压缩机	2
7	蒸发风机	1
8	电加热器	1
9	蒸发器	1
10	新风调节门	1
11	新风过滤网	1
12	连接器插头	2
13	过滤网	1

图5.3 KLD40C型客车空调机组

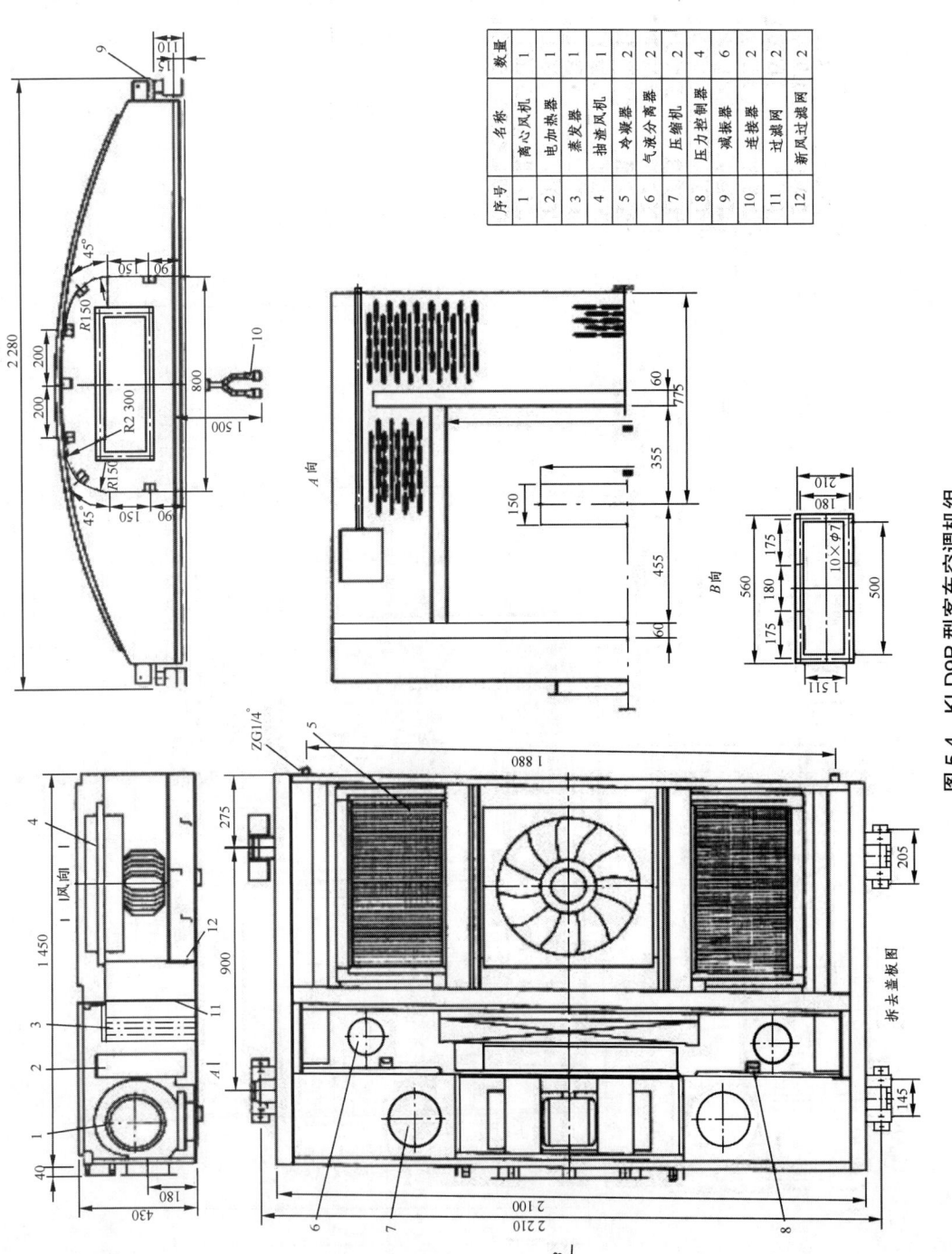

图 5.4 KLD9P 型客车空调机组

合后,通过蒸发器时进行热交换。这时,空气的热量被蒸发器内的氟利昂吸收,温度降低。

(5) 室外换热器(冷凝器)

室外换热器为风冷式冷凝器,其结构形式与蒸发器相同。高温、高压的 R22 气体,通过冷凝器时,在外界空气的强制冷却下,变成常温(约 50 ℃)高压的氟利昂液体。

(6) 毛细导管

为一组内径极小的细长的铜管。当高压液体氟利昂流经这组高阻力管时,起到节流降压的作用。

(7) 气液分离器

将来自蒸发器的氟利昂气体与未蒸发的液体分离出来,只将气体的氟利昂送给压缩机。

(8) 干燥过滤器

将过滤网固定在容器内,并封入干燥剂,过滤氟利昂中的残余杂质,吸取氟利昂中的残留水分。

(9) 电加热器

电加热器的作用主要是为了给送入车内的新鲜空气预热。早期生产的电加热器的结构为不锈钢架式结构,带不锈钢绕片的电热管固定在框架内。框架上装有温度继电器和温度熔断器,用于防火保护。电热元件采用优质电热丝绕成螺旋形,保持在不锈钢管的中心。

(10) 高压压力开关

当制冷系统的压力异常高时,高压开关动作,停止压缩机的运转,保护制冷系统。高压开关的复位方式为自动复位。

(11) 低压压力开关

当制冷系统的压力异常低时,低压开关动作,停止压缩机的运转,保护制冷系统。低压开关的复位方式为自动复位。

(12) 低温保护器

在室内换热器吸入空气温度很低的情况下运转压缩机时,制冷剂不能全部汽化,液状制冷剂进入压缩机后,有可能导致压缩机损坏。所以,当室内换热器吸入的空气温度低于 18 ℃ 时,低温保护器就会动作,从而停止压缩机的工作。

(13) 过电流继电器

过电流继电器用来保护压缩机。当压缩机电机过负荷或缺相运转时,压缩机的工作电流将超过规定值,这时,过电流继电器的接点断开,使电磁接触器开路,起到保护压缩机的作用。

3. 电气控制

电气控制柜安装在车上的配电室内,通过它控制车顶上的空调机组。控制柜内有各种空气开关、转换开关接触器、继电器、计时器、温度调节器等组成保护和控制电路。详见各型客车空气电气控制柜使用说明。

二、工作原理概述

1. 制冷系统的工作过程

客车空调机组制冷系统流程如图 5.5 和图 5.6 所示。

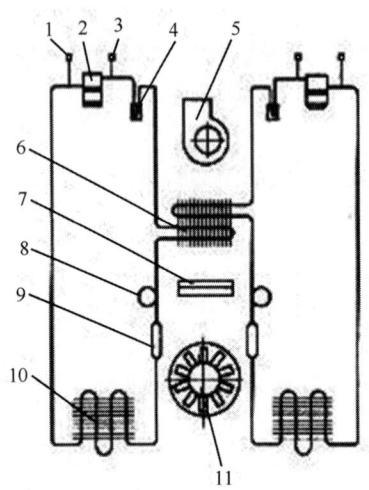
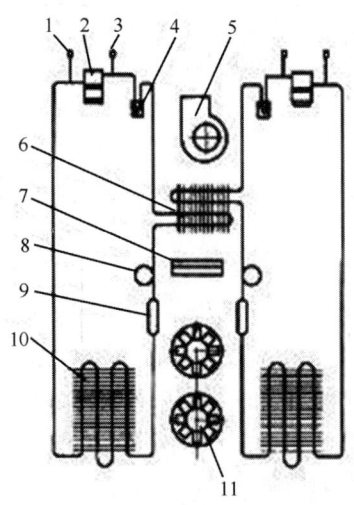

图 5.5 KLD29 系列客车空调机组制冷系统图
1—高压开关；2—压缩机；3—低压开关；4—气液分离器；
5—通风机；6—蒸发器；7—电加热器；8—毛细导管；
9—干燥过滤器；10—冷凝器；11—冷凝风机

图 5.6 KLD40 系列客车空调机组制冷系统图
1—高压开关；2—压缩机；3—低压开关；4—气液分离器；
5—通风机；6—蒸发器；7—电加热器；8—毛细导管；
9—干燥过滤器；10—冷凝器；11—冷凝风机

由压缩机压缩成高温、高压的 R22 蒸气，进入风冷冷凝器，经外界空气的强制冷却，冷凝成常温、高压的液体，进入毛细导管节流降压，变成低温、低压的气液混合氟利昂，然后进入蒸发器，吸收流过蒸发器的空气的热量，蒸发成低温、低压的蒸气，再经过气液分离器，被压缩机吸入，完成一个制冷循环。压缩机不停地工作，达到连续制冷的效果。

车内的空气通过蒸发器时，空气中的水分冷凝成水滴，被引到车外而起除湿作用。

2. 降 温

车内的循环空气及由新风道引入的新鲜空气，由机组的通风机吸入，在蒸发器前混合，通过蒸发器得以冷却，并由机组前端部出风口送入车顶通风道各格栅，向车内吹出冷风。在制冷系统连续工作下使车内温度逐渐降低，并由温度调节器自动调节车内空气温度。冷凝器的冷凝借助于轴流风机，从机组上吸进外界环境空气，经过冷凝器后，向客车两侧枕木方向排出。

3. 升 温

由新风口引入的新鲜空气及车内循环空气，被机组的通风机吸入，在电加热器前混合，通过电加热器加热。被加热的空气，由通风机送入车内风道各格栅，向车内送热风，使温度徐徐上升，并由温度调节器自动调节车内空气温度，保持车内温度适宜。

本机组的加热工况，主要是用于在寒冷季节对送入车内的新鲜空气进行预热。

三、安装与操作

1. 安 装

① 防水密封垫的安装。将防水密封垫安装好，先在防水密封垫的安装槽内均匀地涂上密封

胶，再将密封垫放入槽中。为了防止雨漏入车内，施工时要确保密封垫粘接处的密封性。

② 防风密封垫的安装。

③ 空调机组的吊装。吊运空调机组必须使用专用吊具，在机组两侧吊座处将机组水平吊起，缓缓落至车顶安装座处。机组减振器与车顶上空调机组安装座之间若有间隙，应插入调整板（用户设备）进行调整，以确保空调机组保持水平位置，（注意：严禁用螺栓强行连接，以免损坏减振器。）然后用螺栓（用户设备）将空调机组固定好。

④ 罩板的安装。利用空调机组原配螺栓，将罩板（KLD29S、KLD40S 为减振器罩）安装到空调机组两侧。

⑤ 风道的连接。为方便施工操作，应在机组装车以前将出风软风道（用户设备）与机组出风口法兰连接。为防止漏水，应先在机组出风口法兰与软风道之间涂上防水密封胶，然后用压铁（用户设备）压紧，谨防雨水进入风道内，最后，将保护软风道的防护罩（用户设备）与空调机组的前端板及车顶连接好。至此，车顶上作业已全部完成。

⑥ 空调控制柜的安装。将空调机组的电气控制柜安装在配电室内，并固定牢靠。

⑦ 接线与电气连接器的安装。将电气连接器插座侧的电线按线号要求，接到控制柜内的各接线端子上；将电源输入线接到控制柜内相应的接线端子上；将电气连接器空调机组侧的插头与车体侧的插座连接好，并确保连接妥当。

⑧ 在风机运转下进行淋雨检查，雨水不得从新风道和防水密封垫处漏入车内

2. 运转前的检查

在运转空调机组之前，必须对下列各项进行检查，在确保没有问题之后，方可开始运转。
① 配线用的电气连接器是否确实接好。
② 电气回路是否正常。
③ 主回路及控制回路的绝缘电阻是否均正常。
④ 对于装有防雪盖的空调机组，制冷系统运转前，是否已将防雪盖拆下。
⑤ 通风机的叶轮是否碰风筒的内壁。

3. 运转确认

室内通风机运转时，确认一下车内是否有风吹出，风量极小时，可认为是风机反转，应将电源相序调整正确，即将三相中的任意两相对调。（注意：空调机组出厂时各电机的相序已调好，勿随意调换。）需确认是否有异常振动和异常噪音。以下几方面均应确认和注意：

（1）送风均匀性的调整

车内各出风口的送风量必须均匀，否则将影响制冷效果及车内舒适性。可通过对车内出风口的调整，保证客车室内送风均匀。

（2）新风量的调整

在空调机组的回风口处装有新风调节门，其上有一个可以改变调节门开度的调节手柄，松开调节手柄上的锁紧螺母，扳动调节手柄，将新风量调节至所需要的程度，并将锁紧螺母重新锁紧。

（3）室外通风机的运转

应确认室外冷凝风机的运转是否正常，从上往下看，风机叶轮逆时针方向旋转时为正转。

（4）制冷运转

全制冷状态时，吸入和吹出的空气温度差为 8~10 ℃ 时为正常。应确认是否有异常振动、异常噪音，同时注意电流表读数。用电流表测定压缩机运转电流值在制冷剂泄漏判定线以下时，可判定为制冷剂泄漏。

（5）加热运转

全加热状态时，吸入和吹出的空气温度差为 7~9 ℃ 时为正常，同时注意电流表读数应在正常值范围内。

4. 空调机组的安全运行

安全运行的含义，一方面指空调机组的安全运行，另一方面指对行车安全的影响。

（1）空调机组的安全操作

空调机组的操作和管理作业，必须由掌握制冷技术和电气技术的工人来担任。开机之前，必须认真检查电气系统的安全性，严格按照电工操作规则操作。在进行电气控制柜的检修时，必须切断电源，严禁带电作业。

（2）空调系统的保护措施

为了确保空调机组可靠、安全地工作，空调机组在制冷系统和电气系统方面具有以下保护措施：

① 电源有过电压和欠电压保护。
② 压缩机有空气开关保护、压力开关保护、过电流保护、低温保护、延时启动保护。
③ 风机有热继电器保护。
④ 电加热器有空气开关、温度继电器及温度熔断器保护。

当空气机组出现故障时，必须查明原因，排除故障后才允许重新启动，严禁带故障强行启动。

（3）低温运转

蒸发器吸入的空气温度约为 18 ℃ 时，压缩机就应停机，以防损坏压缩机。如果在试运转时或迫不得已需要启动压缩机时，可利用电加热器先提高环境温度，再行运转。

（4）再次运转

在短时间内，勿使室外风机或压缩机反复启动、停止。由于启动电流将加快电机的绝缘老化和电磁接触器等配电盘电器元件的接点消耗，所以再次启动时一定要间隔 3 min 以上。

（5）使用加热继电器的注意事项

加热继电器的工作可靠性，将直接影响到列车的行车安全。加热继电器工作不可靠或操作不当，将有可能引起列车的火灾事故。在加热运转的操作过程中，必须注意以下几点：

① 通电前的检查：
 a. 检查电热继电器电路中各处接线是否完好。
 b. 检查温度继电器、温度熔断器以及其他保护装置是否正常。
 c. 检查通风机的接触器、热继电器是否良好。
 d. 将电热管上和周围的附着物及其他杂物清理干净。
② 开机顺序：先开通风机，确认通风机工作后，方可开电热运转。
③ 开机后的检查：

a. 检查通风机工作是否正常。

b. 注意观察电热器的工作情况及工作电流。

④ 关机顺序：先断电热器，让通风机继续运转 3 min 以上方可关断通风机。

该连接插头为 20 芯与 26 芯航空插头，固定在车门走廊顶板内，在吊机组时可将其摘开。该插头结构紧凑，通过电流大。应特别注意防潮湿，冲洗机组时一定要防止水进入插头，以免造成各线间的短路，烧毁插头，使制冷机组无法正常工作。

各线与插针为压紧或用锡焊焊接的。当出现故障需拆卸插针时，应使用专用套环工具，从针头部插下，压下卡子的倒刺才能拔出插针。

第二节 城轨车辆空调与制冷装置

一、城轨车辆空调装置的组成

车辆空调系统的作用就是使客室内的温度、相对湿度、空气流动速度及洁净度（主要指尘埃及二氧化碳含量）保持在规定的范围内，为乘客创造舒适的乘车环境。

一般车辆的空调系统主要由通风系统、制冷系统、加热系统、加湿系统以及自动控制系统五大系统组成。考虑到城轨车辆实际运行区域的气候条件，有些车辆可不设专门的加热及加湿系统。

通风系统的作用是将车外新鲜空气吸入并与车内再循环空气混合，在滤清灰尘和杂质后，再输送和分配到车内各处，使车内获得合理的气流组织。同时将车内污浊的空气排除车外，使车内的空气参数满足设计要求。

制冷系统的作用是在夏季对进入车内的空气进行降温、减湿处理，使车内空气的温度与相对湿度维持在规定的范围内。夏季，通风机将吸入的车内外的混合空气经过蒸发器冷却后送入车内，以达到降温的目的。由于蒸发器表面的温度通常低于空气的露点温度，使得空气中的部分水蒸气凝结成水滴，因此，空气在通过蒸发器冷却的同时也得到了减湿处理。

空气加热系统的作用是在冬季对进入车内的空气进行预热和对车内的空气进行加热，以保证冬季车内空气的温度在规定的范围内。

空气加湿系统的作用是在冬季车内空气相对湿度较低时对空气进行加湿，以保证冬季车内空气的相对湿度在规定的范围内。

自动控制系统的作用是控制各系统按给定的方案协调地工作，以使室内的空气参数控制在规定的范围内，并同时对空调装置起自动保护作用。

二、通风系统

通风系统有机械强迫通风和自然通风两种方式。机械强迫通风系统是车辆空调装置中唯一不分季节而长期运转的系统，因此它的质量状态直接影响到旅客的舒适性和空调装置的经济性。一般城轨车辆采用机械强迫通风方式，依靠通风机所造成的空气压力差，通过车内送风道输送经过处理后的空气，从而达到通风换气的目的。

1. 通风机组

通风机组是通风系统的动力装置，其作用是吸入车外新风和室内回风，并将处理后空气加压，通过主风道等送入客室。它通常由一台双向伸轴的双速电机和两台离心式通风机组成。

2. 送风道、回风道和排风道

车顶的两台空调机组，通过与车体相连的两个吸振消音的连接风道，将处理后的空气送到车顶的主风道内。送风道的作用是将经过处理的空气输送到室内。车辆的风道沿车辆方向分为 3 个，中间大的为主风道，两侧为副风道，主、副风道由隔板分开，隔板上设有一系列调整风量的气孔。主风道的空气经隔板气孔进入副风道，使得两侧风道内的气流稳定地送入客室中。A 车司机室的送风量是通过在司机室天花板上的司机室增压器从副风道中引入，气流方向可以通过位于内顶板上的送风导向器来调节，空气可以直接吹到司机座位区。风道一般用铝合金板或玻璃钢制成，在整个风道外表面均覆盖有足够厚度的隔热材料，以防止风道冷量损失和结霜。

回风道是用来抽取室内再循环空气的。进入回风道的空气，一部分通过设于车顶的 8 个静压排气孔排至车外，另一部分进入空调机组与吸入的新风混合后，经过冷却、过滤，由离心风机送入主风道，这样就在客室内形成空气循环，达到调节空气温度、湿度的目的。

排风道，即排风口与车顶静压排风器间的通道，用以排除车内污浊空气。

3. 新风口、送风口、回风口及排风口（见图 5.7、5.8）。

（1）新风口

新风口即车外新鲜空气的吸入口。新风口一般装有新风格栅，以防止杂物及雨雪进入车内；另外还设有新风滤网和新风调节装置。新风调节装置由一个 24 V 直流电机驱动新风调节门，调节进入客室的新鲜空气量。

（2）送风口

送风口是用来向客室内分配空气的。送风口大多装有送风器及风量调节机构，它不但使客室内送风均匀、温度均匀，达到气流组织分布合理的效果，还可以根据需要来调节送风量的大小。送风口处一般也装有送风滤网。

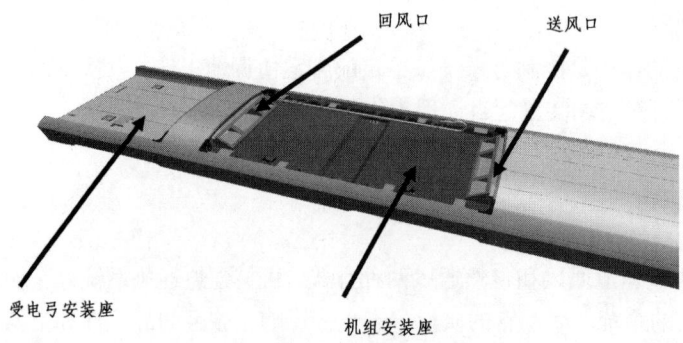

图 5.7　车体空调机组安装座及气流口

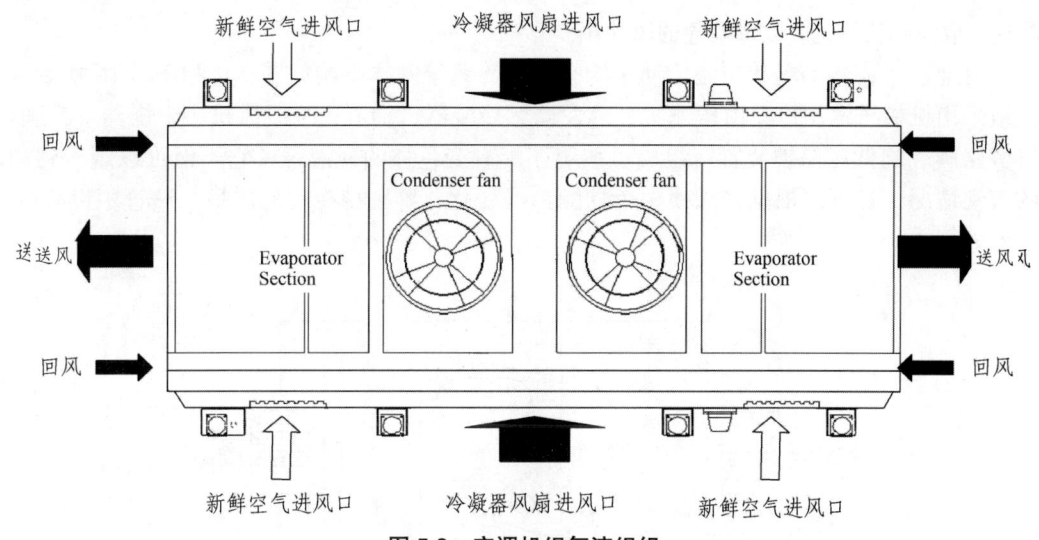

图 5.8 空调机组气流组织

（3）回风口

回风口是室内再循环空气的吸入口。正常情况下，客室内一部分空气应作为回风。回风与新风混合前是在客室中被充分循环过的，与新风混合过滤后，通过蒸发器入口进入。应设置调节挡板，用于调节新风、回风的混合量（比例）。

（4）排风口

排风口是用来将客室内废气和多余的空气排出车外，即从车内的长椅下，经内墙板后侧导向车顶，由车顶静压排风器排出车外。

（5）应急通风系统

每辆车配有 1 台紧急逆变器，在交流辅助电源设备故障情况下，应急通风系统应立即自动投入工作，向客室、司机室输送新风，维持 45 min 紧急通风。应急供电由蓄电池供给，并经因直流/交流逆变器。当交流辅助电源供电正常时，空调系统自动转入正常工作状态。

三、制冷系统

现代城轨车辆都设有空调装置，一般每车设有两个集中式的空调单元，分别安装在车顶的两端。为了使车辆的外形轮廓不超出车辆静态限界，特在车顶两端设计了两个专用于安装空调单元的凹坑，并在安装空调单元的机座上加装橡胶垫以减小振动的影响。

每个空调单元的控制与监控都是由设在每辆车的电气柜中的空调控制单元实施自动控制、自动调节以及整列车的制冷压缩机的顺序启动的，以免多台压缩机同时启动时启动电流过大而造成事故。

空调系统的电源是由 A、B、C 车每辆车的辅助逆变器提供，其中 A 车的逆变器提供控制系统的电源，B 车的逆变器承担 A、B、C 各一个单元的空调机组的电源，而每节车的另一个单元的空调机组则由 C 车的逆变器供电，这样可避免因一个逆变器故障而造成单节车的空调机组全部停机。

另外，每节车还设有一台紧急逆变器，用于在 1 500 V 直流供电中断时，将列车蓄电池直流电源逆变成三相交流电,以供紧急通风使用。

上海地铁直流传动车和交流传动车的空调制冷系统基本结构如图 5.9 和图 5.10 所示。空调机组采用机械压缩制冷,由压缩机、蒸发器、冷凝器、轴流式冷凝风机、干燥器、膨胀阀、热气旁路阀、高低压保护装置等组成。系统还配有变色柱的视液镜,它不但可以观察到制冷剂的流动情况,还可以根据视液镜中色柱颜色的变化,鉴别制冷剂的质量。液管中设有过滤/干燥器。

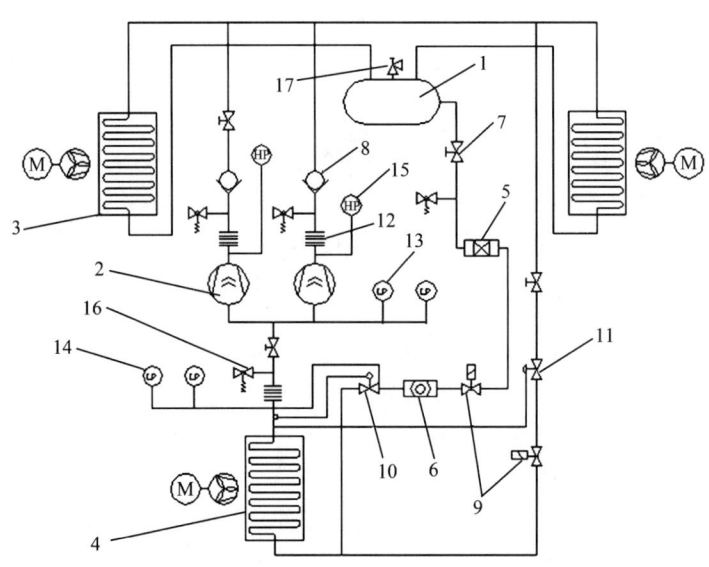

图 5.9 上海地铁直流传动车辆空调制冷循环流程图

1—贮液罐;2—压缩机;3—冷凝器;4—蒸发器;5—干燥过滤器;6—视液镜;7—截止阀;8—单向阀;9—电磁阀;10—膨胀阀;11—热气旁路阀;12—软管;13—压力表;14—低压表;15—高压表;16—限压阀;17—进给阀

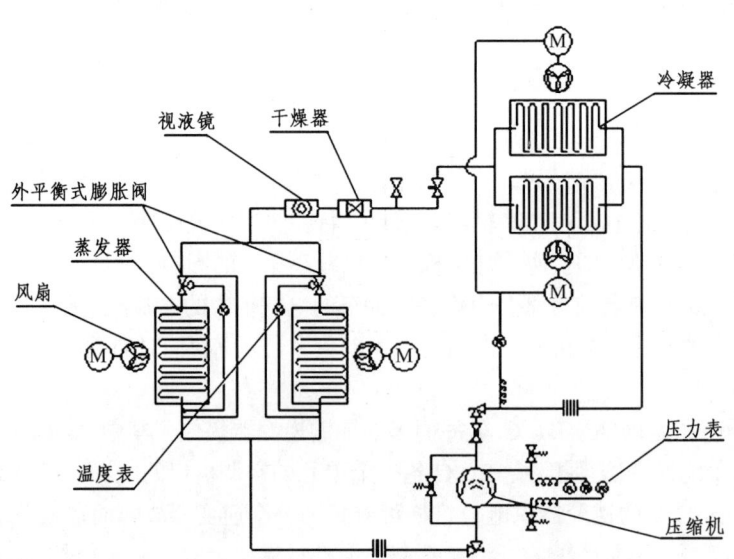

图 5.10 上海地铁交流传动车辆空调制冷循环流程图

1. 制冷系统的工作过程

由压缩机压缩成高温、高压的冷媒蒸气,进入风冷冷凝器,经外界空气的强制冷却,冷凝成常温、高压的液体,进入外平衡式膨胀阀节流降压,变成低温、低压的气液混合冷媒,然后进入蒸发器,吸收流过蒸发器的空气热量,蒸发成低温、低压的蒸气,再经过气液分离器,分离出冷媒气,然后被压缩机吸入,完成一个封闭的制冷循环。压缩机不断工作,达到连续制冷的效果。

车内空气通过蒸发器时,空气中的水分冷凝成水滴,汇集至机组内接水盘,由排水管将水引到车外而起除湿作用。

2. 制冷

车内的循环空气及由新风口进入的新鲜空气,由机组的通风机吸入,在蒸发器前混合,通过蒸发器得到冷却,并由机组出风口送入车顶通风道各格栅,向车内吹出冷风,在制冷系统连续工作下使车内温度逐渐降低,并由温度调节器自动调节车内空气温度。

其他线路车辆上的空调机组的结构与上海地铁基本相同,其主要区别有:① 蒸发器的数量不同。深圳地铁车辆的空调机组采用两端向客室通风,所以机组两端各设一个蒸发器。② 选用压缩机型号不同。上海地铁二号线和广州地铁一号线选用螺杆式压缩机,深圳地铁采用涡旋式压缩机。各空调机组的主要技术参数见表5.1。

表5.1 地铁空调机组主要技术参数

技术参数 \ 地铁	上海一号线	上海二号线	广州	深圳
总送风量(m^3/h)	8 000	8 500	8 500	10 000
新风量(m^3/h)	4 000	3 200	3 200	3 200
客室允许最高温度(°C)	27	27	27	27
客室27°C时的相对湿度	<70%	≤65%	≤65%	≤65%
车外温度参数(°C)	32.5(35)	32.5(35)	32.5(35)	32.5(35)
车外相对湿度	68%(60%)	68%(60%)	68%(65%)	68%(65%)
机组型号	车顶单元式	车顶单元式	车顶单元式	车顶单元式
压缩机型号	活塞式	螺杆式	螺杆式	涡旋式
制冷剂	R22	R134a	R134a	R134a、R407c
制冷功率(kW)	35	40	40	约41
压缩机功率(kW)	14.5			≤22.5

从表中可以看出,制冷剂逐步采用环保型,制冷功率和压缩机功率逐步加大。

四、加热系统

考虑到城轨车辆实际运行区域的气候条件,有些还设置了专门的加热系统。由新风口引入的新鲜空气及车内循环空气,被机组的通风机吸入并在电加热器前混合,通过电加热器加热,温度升高,再由通风机送入车内风道各格栅,向车内送热风,使温度徐徐上升,并由温度调节器自动调节车内空气温度。

五、空调装置的调节及控制

空调机组的工作由微机进行控制,通过微机调节器可控制室温。空调系统中新风口、风道和客室座位下均设有温度传感器,由温度传感器测得的温度值传递到调节器中进行处理。

每节车有一台微机调节器,可控制两个空调单元,也可由司机室集中控制。

1. 运转前的检查

在启动空调机组之前,必须对下列各项进行检查,在确认各部分状态良好后,方可开始启动。
① 配线用电气连接器是否确实接好。
② 电气回路是否正常。
③ 主回路及控制回路的绝缘电阻是否均正常。
④ 各风机的叶轮是否碰风筒的内壁。
⑤ 防止逆相连接。

空调电源(主回路)如果逆相连接,会造成空调机组制冷不正常,所以要注意避免逆相连接。

2. 运转确认

(1) 离心风机

离心风机运转时,首先应确认车内是否有风吹出,风量极小时,应检查风机是否反转,如果反转,请将电源相序调整正确,即将三相中的任意两相对调,(注意,空调机组出厂时各电机的相序已调好,请不要随意调换。)然后再确认是否有异常振动和异常噪音。

(2) 送风均匀性的调整

车内各出风口的送风量必须均匀,否则将影响制冷效果及车内舒适性。可通过对车内出风口导风板的调整,保证客室内送风均匀。

(3) 轴流风机

确认室外轴流风机的运转是否正常。

(4) 制 冷

全制冷状态时,吸入和吹出的空气温差为 8~10 ℃ 时为正常,并确认一下是否有异常振动和异常噪音;同时用电流表测定压缩机运转电流值,如果运转电流值过小,可判定为制冷剂泄漏。

(5) 加 热

全加热状态时,吸入和吹出的空气温差为 7~9 ℃ 时为正常,同时注意电流读数。

(6) 车内温度在 20 ℃ 以下时的低温运转

当蒸发器吸入的空气温度在 20 ℃ 以下时,即为低温运转。此时,由于可能在蒸发器上引起结霜现象,从而导致对压缩机造成损伤,所以避免在这样的条件下运转。

如果在不得已的情况下必须启动时,车内温度在 10 ℃ 以上时运转 2~5 min,车内温度在 0~10 ℃ 时运转 2~3 min。

（7）再启动

在短时间内启动刚刚关闭的压缩机或风机时，启动电流会过早造成电动机的绝缘不良、电磁接触器的接点损耗，所以再启动一定要在停机后 2~3 min 以后（正常线路上运行过断电区的情况除外）。

3. 空调机组的安全操作

（1）操　作

空调机组的操作和管理工作，必须由懂得制冷技术和电气技术的工人来担任。开机之前，必须认真检查电气系统的安全性，严格按照电工操作规则进行操作。在进行电气控制柜的检修时，必须切断电源，严禁带电作业。

（2）保护措施

为了确保空调机组可靠、安全地工作，空调机组在制冷系统和电气系统方面具有以下保护措施：
① 电源有过电压和欠电压保护。
② 压缩机有空气开关、压力开关、过电流、低温、延时启动等保护。
③ 风机有热继电器保护。
④ 电加热器有空气开关、温度继电器及温度熔断器保护。

当空调机组出现故障时，必须查明原因，排除故障后才允许重新启动，严禁带故障强行启动。

4. 使用电加热器的注意事项

电加热器的工作可靠性，将直接影响到列车的行车安全。如电加热器工作不可靠或操作不当，将有可能引起列车的火灾事故。在加热运转的操作过程中，必须注意以下几点：

（1）通电前的检查
① 检查电加热回路中各处接线是否完好。
② 检查温度继电器、温度熔断器以及其他保护装置是否正常。
③ 检查通风机的接触器、热继电器是否良好。
④ 将电热管上及其周围的附着物及其他杂物清理干净。

（2）开机顺序

先开通风机，确认通风机工作后，方可开电热运转。

（3）开机后的检查
① 检查通风机工作是否正常。
② 注意观察电加热器的工作情况及工作电流。

5. 顺　序

先断电热器，让通风机继续运转 3 min 以上方可关断通风机。

广州地铁一号线车辆的空调机组由空气处理室和压缩机/冷凝器室两部分构成，并被组合在一个不锈钢制的箱体内，通过 4 个安装座，与减振垫一起被固定在车顶上。包括连接软风道在内的尺寸为：长×宽×高为 2 950 mm × 1 850 mm × 455 mm，每台机组的质量为 889 kg，如图 5.11 所示。

空气处理室包括的主要部件有：回风挡板、新风调节挡板、蒸发器、送风机、紧急逆变电源、制冷管路电磁阀、热力膨胀阀、空气挡板调节用电磁阀、温度传感器、新风气动风缸、回风气动风缸、新风百叶窗、新风过滤网（金属材料）、混合空气过滤器（无纺布材料）等，如图 5.12 所示。

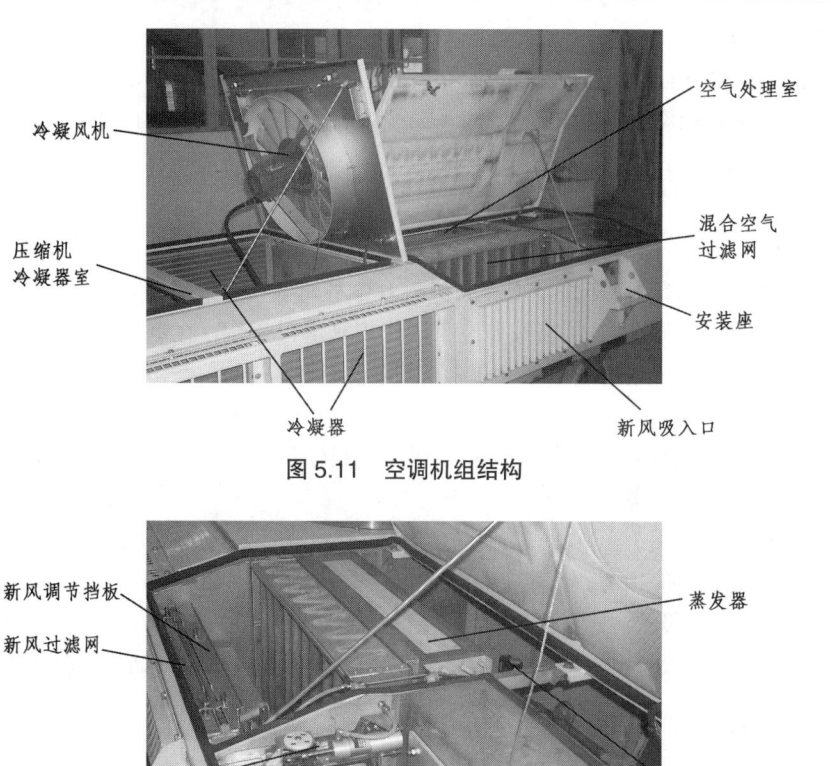

图 5.11 空调机组结构

图 5.12 空气处理室

压缩机/冷凝器室包括的主要部件有：1 个螺杆式压缩机、2 台冷凝风机、2 个冷凝器、4 个压力开关、1 个压缩机卸载阀、贮液器、干燥过滤器、湿度/流量显示器，如图 5.13 所示。

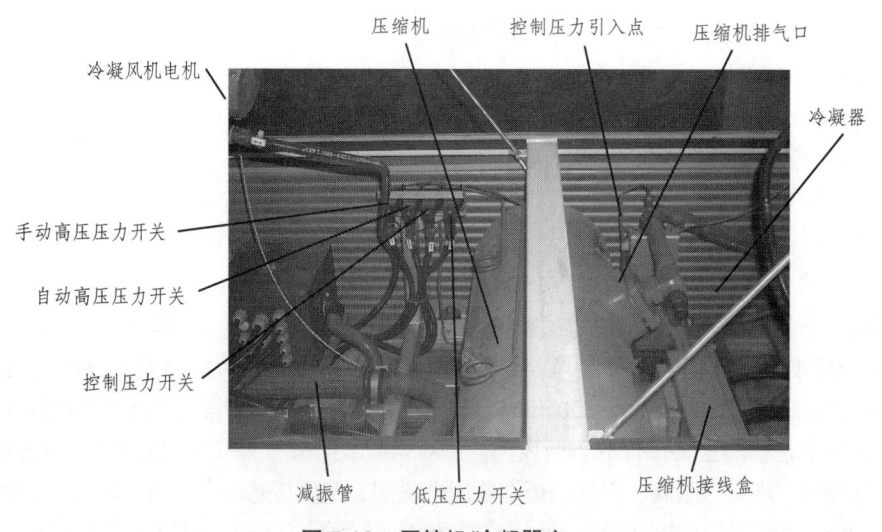

图 5.13 压缩机/冷凝器室

（1）制冷压缩机

制冷压缩机的作用是将来自蒸发器的低温、低压气态制冷剂压缩成高温、高压的气体。

空调机组的制冷压缩机采用的是全封闭螺杆式压缩机，压缩机、螺杆机构及供油系统组装在一个密封的机壳内。螺杆式压缩机具有结构简单、易损件少、压力比大、对湿压缩不敏感、平衡性能好等特点。

空调机组采用的是双螺杆制冷压缩机，机体内装有一对相互啮合、具有旋向相反的螺旋形齿的转子。其齿面凸起的转子称阳转子，齿面凹进的转子称阴转子，齿槽、机体内壁面和端盖等共同构成了工作容积。

由于螺杆具有较好的刚性和强度，吸、排气口又无阀片，故一旦液体制冷剂通过时，不容易产生"液击"。

（2）冷凝器和冷凝风机

冷凝器为主要的热交换设备，高压、过热的制冷剂蒸气在冷凝器中放出热量后，凝结成饱和液体或过冷液体。

车辆用空调装置采用的是空气冷却式冷凝器，制冷剂在管内冷凝，空气在管外流动，制冷剂放出的热量被空气带走。检修过程中需定期清扫和清洗冷凝器，其目的是增强换热器的传热系数，提高制冷剂和管壁间的换热系数，保证机组的正常运行和设计的制冷量。

为了增强换热时的空气流动循环，空调机组采用强迫通风的对流冷却，并通过两台轴流式风机来强化制冷剂在冷凝器中的凝结放热过程。

两台轴流式风机通过引接高压处的压力，由控制器根据压力变化情况来控制风机的启停和运转台数。

（3）蒸发器

制冷剂在蒸发器内吸热汽化，由液态变成气态。在蒸发器中，来自膨胀阀出口处的制冷剂，通过分配器从管子的一端进入蒸发器，吸热汽化，并在到达另一端时让制冷剂全部汽化，从而吸收管外被冷却空气的热量，空气的热量被蒸发器内的制冷剂吸收后温度降低，达到冷却空气的目的。

（4）送风机

送风机为两台离心式风扇，兼有吸风和送风的双重功能。一方面，通过新风格栅吸入新风，使它与回风混合；另一方面，将经过蒸发器冷却、减湿后的空气通过风机输送到客室的送风管道中，并被送到客室内，达到调节客室温度、湿度的目的。

（5）热力膨胀阀

膨胀机构位于冷凝器之后，它使从冷凝器来的高压制冷剂液体在流经膨胀机构后，压力被降低而进入蒸发器。它除了起节流作用外，还起调节进入蒸发器制冷剂流量的作用。通过膨胀机构的调节，使制冷剂离开蒸发器时有一定的过热度，可避免制冷剂液体进入压缩机。

广州地铁一号线空调机组的膨胀阀采用的是外平衡式膨胀阀，它是通过蒸发器出口处制冷剂蒸气过热度的大小来调节阀口的开度。当蒸发器负荷变化时，可以自动调制制冷剂液体的流量，以控制蒸发器出口处制冷剂的过热度。该膨胀阀过热度的设定值为(10 ± 3) K。

当实际过热度高于设定点时，热力膨胀阀会让更多的液体制冷剂流入蒸发器；同样的，当实际过热度低于设定点时，热力膨胀阀会减小流入蒸发器的制冷剂流量。过热度调节弹簧的张力可进行调节，静态过热度通过旋转螺母来调节，顺时针转动螺母可增大过热度，逆时针转动螺母可减小过热度。

（6）阀　件

每台空调机组用的阀主要包括：压缩机的卸载阀、制冷管路上的液管电磁阀和手动截止阀、控制压缩空气风缸的组合电磁阀。

卸载阀为压缩机的能量调节阀,通过控制压缩机的排气量来控制制冷系统的制冷量。

液管电磁阀用于自动接通和切断制冷回路,它是由 110 V 电源来启闭的截止阀。电磁阀的开启是依靠线圈通电产生的电磁力,并依靠弹簧和阀芯的自重来关闭。其装在膨胀阀之前的液管上,与压缩机联动,当压缩机启动时,电磁阀打开供液管。当压缩机停车时,电磁阀切断供液管路。

手动截止阀是装在制冷管道上的阀件,在制冷系统需要检修和分解时起着接通和切断制冷剂通道的作用。

列车上的 T09 阀开启和切断空调机组空气调节挡板驱动风缸的压缩空气,而空调机组内的组合电磁阀是由控制系统来控制其电源供给,从而控制着新风、回风风缸的压缩空气供给情况。

（7）贮液器

用于贮存由冷凝器来的高压液体制冷剂,以适应工况变化时制冷系统中所需制冷剂量的变化,并减少每年补充制冷剂次数。在贮液器的中部设有一个可视液面的浮球,机组运行到稳定状态后,若制冷剂充足则视镜中的小球应上浮。

（8）干燥过滤器

制冷系统在充灌制冷剂前难以做到绝对干燥,总含有少量的水汽。当制冷循环系统中存在水分时,一旦蒸发温度低于 0 ℃,便会在节流机构中产生"冰堵",影响系统的正常运行。

干燥过滤器中的干燥剂用来吸收制冷循环系统中的水分,过滤器用来清除系统中的一些机械杂质,如金属屑和氧化皮等,以避免系统中出现"冰堵"和"脏堵"。

（9）流量/湿度指示器

用来显示系统运行时的制冷剂量和流动情况,而示镜中心部位的圆芯则用来指示制冷剂的含水量。当圆芯纸遇到不同含水量的制冷剂时,其水化合物能显示不同的颜色,从而根据纸芯的颜色来判断含水的程度。纸芯的颜色变化可显示出制冷剂的含水量情况:正常、警示、超标,当纸芯的颜色为紫色时表明正常,当纸芯颜色开始偏红时说明系统中制冷剂的含水量已到了需加强跟踪的警示位置,一旦纸芯颜色为粉红色时必须尽快更换干燥过滤器。

检修中,在制冷系统运行情况下,若流量指示器中有气泡出现,则必须确认管路是否有堵塞的问题。若制冷剂量不足,需及时补加制冷剂,否则容易导致系统因低压问题出现的故障。

（10）压力开关

广州地铁一号线空调机组共设有 4 个压力开关,分别为 2 个高压压力开关,1 个控制压力开关,1 个低压压力开关。当制冷系统的压力异常高时,高压压力开关动作,使压缩机停止运行,从而避免了意外事故的发生和设备的损坏。根据压力动作值的不同设置,高压开关设有自动复位和手动复位两种,如表 5.2 所示。

表 5.2　压力开关的设定动作值

手动复位的高压开关	关	（22.5 +0/−1.6）bar（g）
自动复位的高压开关	关	（20.0 + 0/−1.6）bar（g）
低压压力开关	关	（0.5 ± 0.3）bar（g）
	开	（2.0 ± 0.3）bar（g）
控制压力开关	关	（8.0 ± 0.8）bar（g）
	开	（11.0 ± 0.8）bar（g）

（11）温度传感器

空调系统分别在客室、新风入口、送风管道处设有温度传感器，用于监测客室温度、环境温度和已处理空气的温度，并通过对温度采样值的判断来控制空调机组的运行模式。广州地铁一号线空调机组的温度传感器采用的是 NTC 型，这种传感器的温度与电阻呈负曲线关系，即温度值愈高电阻值愈低，如表 5.3 所示。

表 5.3 温度传感器电阻值与温度的对应关系

°C	0	1	2	3	4	5	6	7	8	9	10
-20	40 535	51 450	54 550	57 850	61 400	66 200	69 250	73 600	78 200	83 160	88 600
-10	27 665	29 215	30 065	32 620	34 490	36 475	38 590	40 845	43 245	45 805	48 635
0	16 325	17 185	10 095	19 055	20 080	21 165	22 310	23 630	24 825	26 200	27 665
0	16 325	15 515	14 750	14 025	13 345	12 695	12 085	11 505	10 960	10 440	9 960
10	9 950	9 485	9 045	8 625	8 230	7 855	7 500	7 160	6 840	6 535	6 245
20	6 245	5 970	5 710	5 460	5 225	5 000	4 706.5	4 583.5	4 388.5	4 203.5	4 028.5
30	4 028.5	3 861.5	3 701.5	3 548.5	3 403.5	3 265	3 133.5	3 008.5	2 888.5	2 773.5	2 663.3
40	2 663.3	2 550.5	2 458.5	2 363.5	2 271.5	2 185	2 100.5	2 020	1 945	1 871.5	1 801.5
50	1 801.5	1 733.5	1 670	1 608.5	1 549.5	1 493	1 439	1 387	1 337.5	1 289.5	1 244
60	1 244	1 200	1 158	1 117.5	1 078.5	1 041.5	1 005.5	971	938	906.5	876
70	876	846.5	818	791	765	739.5	715.5	692	670	648.5	627.5
80	627.5	607.5	588.5	570	552	535	518	502	486.85	472	457.65
90	457.65	443.85	430.5	417.65	405.15	393.35	381.65	370.5	359.65	349.35	339.15
100	339.15	329.5	320.15	311	302.15	293.65	285.5	277.5	269.85	262.5	255.15
110	255.15	248.35	241.5	235	228.65	222.5	216.65	210.85	205.35	200	194.65
120	194.65	189.65	184.85	180	175.3	170.85	166.55	162.35	158.25	154.3	150.47

六、城轨车辆空调机组的工作原理

1. 制冷循环的基本原理

制冷循环：制冷剂在制冷回路中循环流动，并且不断地与外界发生能量交换，即不断地从被冷却对象中吸取热量，向环境介质排放热量。为了实现制冷循环，必须消耗一定的能量。

在制冷方法中，液体汽化制冷应用最为广泛。车辆空调机组采用的是蒸气压缩式制冷，它属于液体汽化制冷。

空调用蒸气压缩式制冷系统的原理：其主要由压缩机、冷凝器、膨胀阀、蒸发器等部件组成，并用管道将其各部件连成一个封闭的系统。液态制冷剂通过制冷系统回路的不断循环产生，在蒸发器内蒸发，并与被冷却空气发生热量交换，吸收被冷却空气的热量后汽化成蒸气，随后压缩机不断地将产生的蒸气从蒸发器中抽走，并压缩制冷剂，使其在高压下被排出。经压缩后的高温、高压蒸气在冷凝器内被周围的空气冷却，凝结成高压液体，利用热力膨胀阀使高压液体节流，节流后的低压、低温湿蒸气进入蒸发器，再次汽化，吸收被冷却空气的热量，如此周而复始。

广州地铁一号线空调机组采用的是 R134a 制冷剂，它是一种环保型的制冷剂，属于中温制冷剂，其标准沸点为 -26.2 ℃，凝固温度为 -101 ℃，热力性能与 R12 接近。

2. 空调机组的制冷过程

如图 5.14 所示，制冷剂 R134a 蒸气在压缩机内被压缩，成为高温、高压的气体，然后被分成两路，经两侧风冷冷凝器的冷凝、冷却，通过冷凝风机吸入外界空气来强化对流，增强换热效率，且由控制压力开关来控制冷凝风机的运行台数，使经过冷凝器后的制冷剂成为常温、高压的液体，液体制冷剂进入贮液筒、干燥过滤器、流量显示器后，再次被分成两路，每一路都先通过液体管路电磁阀到达热力膨胀阀。制冷剂在膨胀阀中被节流降压，变成低温、低压的气液混合状态，液体制冷剂在蒸发器管内吸收热量，由液态蒸发变成气态，气态的制冷剂被再次吸入到压缩机，重新被压缩，压缩机的不断工作和系统的往复循环，达到连续制冷的效果。

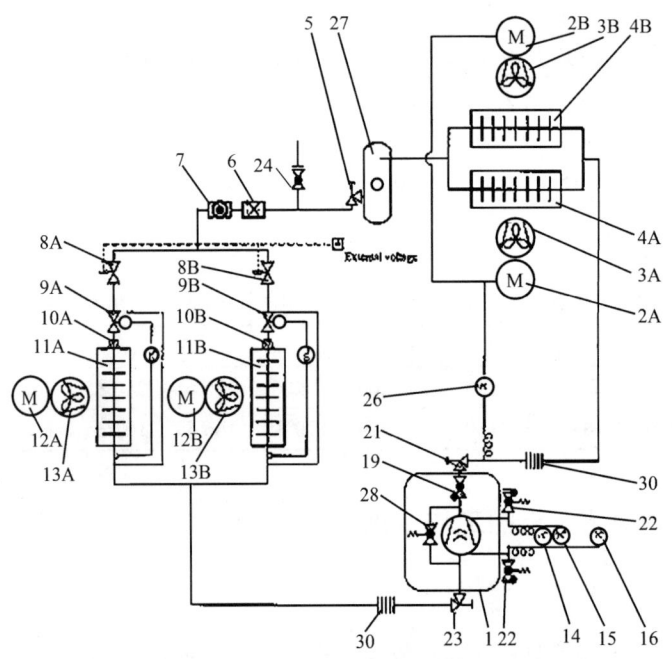

图 5.14 空调机组制冷过程

1—压缩机；2A、2B—冷凝风机电机；3A、3B—冷凝风扇；4A、4B—冷凝器；5—角阀；6—干燥过滤器；7—流量/湿度显示；8A、8B—液体管路电磁阀；9A、9B—热力膨胀阀；10A、10B—分配器；11A、11B—蒸发器；12A、12B—通风机风扇；13A、13B—通风机电机；14—高压压力开关；15—手动复位高压压力开关；16—低压压力开关；19—压缩机内止回阀；21—压缩机排气端截止阀；22—压缩机针阀；23—压缩机吸气端截止阀；24—充注阀；26—控制压力开关；27—制冷剂贮液筒；28—压缩机内平衡阀；30—减振管

在制冷状况下，通过蒸发器的空气在蒸发器外被冷却，空气中的水分冷凝成水珠，通过机组上设置的排水孔排到车顶上，最终通过设置在车顶两侧的排水道排到车下。

3. 空气处理过程中的空气状态变化

空调系统采用的是上送侧回式送风方式。车外的新风通过新风口的挡水百叶窗和金属过滤网被吸入,并与部分来自客室的回风混合后被过滤,空气被过滤后进入蒸发器,经过降温、去湿,被送风机送到风道内,然后沿车上的送风道、送风口到客室。客室内的一部分空气从座椅下方及车内墙板的后面导向车顶排出车外,另一部分通过回风道成为回风,变成循环空气。

在蒸发器内被冷却、除湿了的空气通过机组的两台离心通风机吸入后,被输送到客室的送风道中,并通过风道均匀地分配到整个车厢中。

通过司机室的连接风道,与司机室相邻的空调机组将部分已处理的空气直接送到司机室。司机室内配有的独立风机可用来调节风量大小,通过顶部的旋钮来调节风量。风量调节范围设有三级,送风方向通过可调叶片调节。

4. 紧急通风原理

若空调机组运行所需的三相电源失效,制冷系统将不再运行,从而使得正常通风系统无法保持。为了保证客室内乘客的安全性,空调系统运行转为紧急通风模式时,由设在机组内的 DC/AC 静态逆变器将蓄电池的 110 V 直流电逆变为三相 100 V、38 Hz 的交流电源,供给空调机组通风机,新风量比正常通风时减少一半。通过空调机组可以提供客室和司机室通风 45 min,且保证每节车的总风量不少于 4 000 m^3/h。

应急通风时,回风调节挡板被关闭,新风调节挡板处于全开状态,即在紧急通风时客室里的空气仅由新风组成。

七、空调机组的功能测试

机组装车前,至少需要完成下述功能测试:
① 测试温度传感器,根据 NTC 温度传感器与环境温度对应关系的测量表,测量其电阻值是否达到要求。
② 检查冷凝器风扇电机的转动方向,正常时空气必须通过冷凝器被吸入。检查循环空气、新风挡板的功能。
③ 检查冷凝器和蒸发器断面水的排泄情况,尤其应避免蒸发器断面的阻塞物,因为它可能会影响水排泄。
④ 检查制冷系统,管路有无"冰堵"和严重的结霜现象,并确定运行时制冷剂视液镜无气泡,显示为"干燥"。
⑤ 机组需提供的制冷效果应达到:蒸发器进入端和出口端的空气温度差约大于 15 K。

本章小结

本章主要介绍了 KLD 系列新型铁路客车空调与制冷装置和以广州地铁一号线车辆空调与制冷装置为代表的城市轨道交通车辆空调与制冷装置的组成、工作原理及检查与操作。重点掌握该两种空调与制冷装置的结构、工作过程、检查与操作。

思考与练习

1. KLD 型空调与制冷装置通常由哪几大系统组成？各系统的作用是什么？
2. 简述 KLD 型空调与制冷装置日常检查和操作的内容。
3. 广州地铁一号线车辆空调与制冷装置通常由哪几大系统组成？各系统的作用是什么？
4. 简述广州地铁一号线车辆空调与制冷装置故障检查的方法与步骤。
5. 空调装置不制冷的原因有哪些？应采取怎样的措施？
6. 空调装置制冷量不足的原因有哪些？应如何进行处理？

第六章 通风系统、空气加热和加湿系统

铁路客车的通风系统是客车空调与制冷装置的重要组成部分,其作用是将经过处理的空气输送和分配到客车车厢内并形成合理的气流组织,同时将室内污浊的空气排出室外,使室内空气参数满足设计要求。通风系统是客车空调与制冷装置中唯一不分季节而长期运转的系统,因此,它的质量状况将直接影响到旅客的舒适性和空调与制冷装置的经济性。

旅客列车在冬季运行时,由于外界温度与室内设计温度相差很大,以及车体热损失的原因,车上必须安装空气加热装置。空调客车加热系统由两部分组成,一部分是对送入车内空气的预热,另一部分是对车体热损失的补偿。

由于冬季室外温度较低,在经过空气加热后,相对湿度常常不足以满足旅客的舒适要求。为此需进行空气加湿。空气加湿的方法可归为两类:一类是将水蒸气混入空气进行加湿,即等温加湿;一类是通过水吸收空气中的显热汽化进入空气的加湿,即等焓加湿。

第一节 通风系统概述

20 世纪 50 年代以来,随着我国铁路客车技术的发展,先后采用了以下 4 种通风系统:

一、自然通风系统

新中国成立初期,我国铁路客车没有空调机组,通风采用安装在车顶的数量较多的自然通风器。当车辆运行时,车外气流在通风器迎风面形成正压,背风面形成负压,而车内压力接近于大气压。这样,在车内、外空气压力差的作用下,车内空气经自然通风器调节器的缺口排出车外,车外新鲜空气由开启的窗户或门窗缝隙进入车内。在无风及停车时,如车内温度高于车外温度,自然通风器仍有通风作用。采用自然通风系统时,车内外换气量小,尤其在冬季,车内空气品质很差。这种形式主要用于 21 型车、部分 22 型车和部分 25B 型车。

二、机械强迫式通风系统

目前我国绝大部分普通空调客车采用这种通风系统。通常由离心式通风机、风道、风口、空

气过滤器、排风装置等组成。在卫生间及储藏间等位置的车顶仍然安装有自然通风器。

机械强迫式通风系统有以下类型：

按通风机在系统中安装的位置分，通风机放在空气处理室前面的为压出式系统，放在空气处理室后面的为吸入式系统。

按通风系统中通风机使用情况分，送风和回风共用一台通风机的叫作单风机系统，分别设有送风机和回风机的叫作双风机系统。

三、高速诱导通风系统

硬卧和双层客车由于受空间限制，采用高速诱导通风系统。这种通风系统是利用诱导器使二次风在室内就地循环，不必集中处理和主风道输送，所以风管尺寸小，设备紧凑。诱导器通常布置在车窗下方，紧靠侧墙。诱导空调系统如图 6.1 所示。

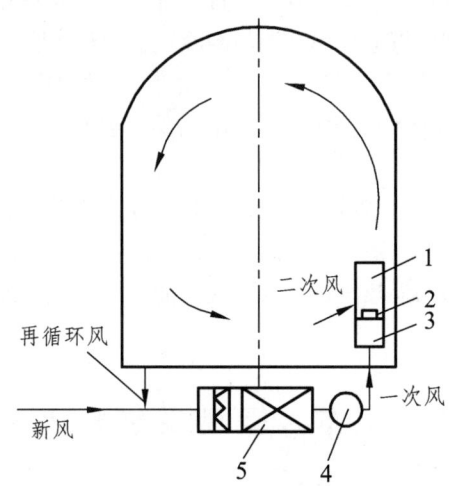

图 6.1 诱导空调系统
1—混合箱；2—喷嘴；3—静压室；4—通风机；5—集中空气处理箱

四、高速动车组通风系统

与普通空调客车一样，高速动车组通风系统的基本组成部分也包括通风机、新风系统、回风系统、送风系统和排风系统。但是动车组的通风系统除了给乘客提供新鲜空气外，还要保证车厢内具有适当的气压。当高速列车通过隧道或与其他列车会让时，车体表面将受到变化幅度正负数千帕的瞬时压力。当压力波动反应到车厢内，即车内空气压力的变化量及变化速度超过一定值时，就会刺激旅客的耳鼓膜，引起耳胀耳痛，从而影响乘客的舒适性。为了解决这个问题，除了提高车体的气密性，使车内压力不受车体外部压力变化的影响以外，还需安装空气压力波动控制装置，以便在车外压力变化时，调节进排气口的工作状态，防止车内压力变化过大，并保持一定的正压。例如，CRH_2型动车组在各车厢的地板下进（排）气口安装 1 台给排气一体型连续换气装置，使压力变化的最大值不超过 1 000 Pa，压力变化率不超过 200 Pa/s。

第二节 机械强迫式通风系统

机械强迫式通风系统是由通风机组、风道、风口、空气过滤器等组成的。

如图 6.2 为客车空气调节装置中最常用的机械强迫通风系统示意图。在通风机组的作用下，室外新鲜空气经进风口进入车内，首先经滤尘器过滤并与回风混合后送入空气处理室，然后经过蒸发器冷却或者由电预热器预热，送入主风道，再由各送风口均匀地送入室内。室内空气的一部分，经回风口、回风道再被通风机吸入作为再循环空气重复使用；另一部分则经由排风口和排风扇排出车外。

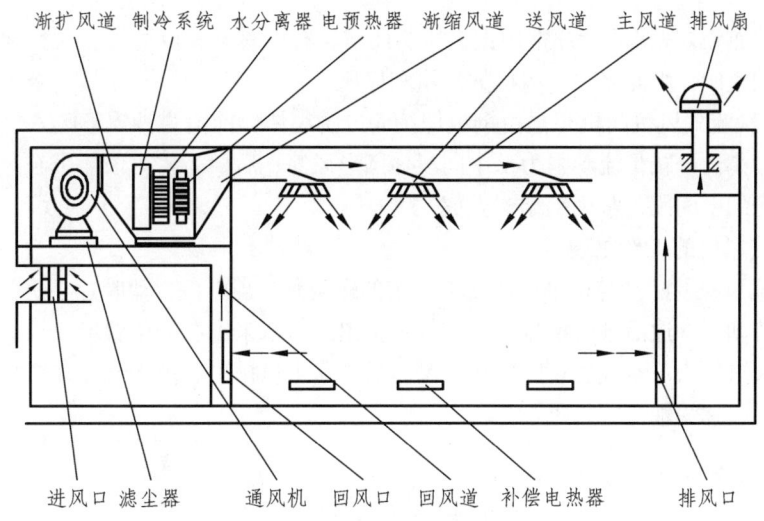

图 6.2 机械强迫通风系统示意图

一、通风机组

通风机组是通风系统的动力装置。其作用是吸入车外新风和室内回风，并将处理后的混合空气加压，通过主风道等送入客室。一般安装在车辆端部顶板上部空间，也可以安装在车下部，其安装处所主要取决于空气处理设备的位置。由于空间位置的限制，车辆空调系统一般都采用两台通风机并联使用，一台双轴伸电动机放在两台通风机中间。

常用的通风机有轴流式、离心式和贯流式 3 种。在车辆通风系统中常常采用离心式风机送风，排风机、冷凝风机采用轴流式风机。

为了减少通风机及其驱动电动机所产生的噪音传入车内客室，通风机组在安装时，应采用有效的隔音减振措施：一是在通风机组的安装座上加装橡胶减振器；二是在通风机机壳上敷设阻尼涂料；三是在主风道与通风机相连接的风管处采用帆布或人造革制作的软风道。

1. 轴流式通风机

（1）轴流式风机的结构特点

轴流式风机主要由叶片、机壳、吸入口、扩压段及电机等组成，其基本结构如图 6.3 所示。

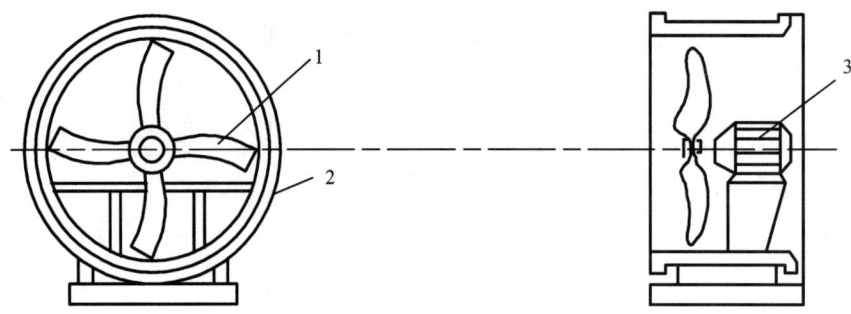

图 6.3 轴流式风机
1—叶片；2—机壳；3—电机

① 叶片。轴流式风机的叶片常用钢板压制而成，有机翼型、板型等。大型轴流式风机的叶片安装是可以调整的，由此来改变风机的流量和风压。

② 机壳。轴流式风机的机壳是由钢板焊接而成的筒体，前段为钟罩形吸入口，用来避免进风口风道突然缩小，以减少流动阻力；中间段为圆形风筒；后段为扩压段。带有叶轮轮毂的电机机座安装在机壳的中间段，常用钢结构做成。

（2）轴流式风机的工作原理

由于轴流式风机的叶片与机轴中心线有一定的螺旋角，当电机带动叶片在机壳内转动时，空气一边随叶轮转动，一边沿轴向推进；当空气被推出后，原来占有的位置形成局部低压，促使外面的空气由吸入口进入。空气通过叶轮压力增高后，从出口排出。由于气体在机壳中的流动始终沿轴向进行，所以称为轴流风机。

2. 离心式通风机

（1）离心式风机的结构特点

离心式风机的主要部件有风机吸入口、叶轮、机壳和机座等，其基本结构如图 6.4 所示。

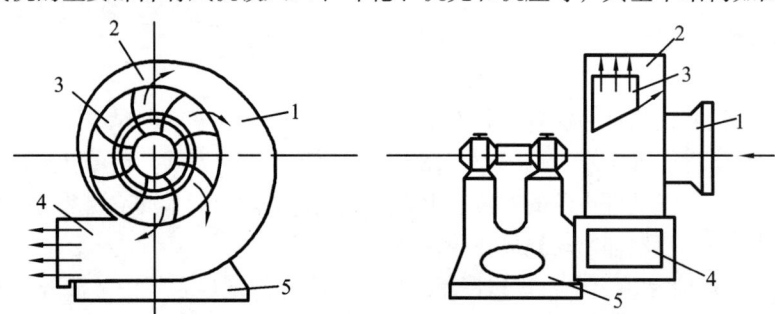

图 6.4 离心式通风机构造
1—吸气口；2—机壳；3—叶轮；4—排气口；5—机座

① 吸入口。如果风机进口未接引风管，可直接从大气中进风。这时一般应装设吸入口（又称集流器），使气流能以损失最少的方式均匀地流入机内。风机吸入口有圆筒形、圆锥形和圆弧形三种，前两种阻力较大，制作方便；后一种阻力小，但制作较复杂。

② 叶轮。离心式风机的叶轮由前盘、后盘、叶片和轮级组成。根据叶片出口安装角度的不同，有前向叶型、径向叶型和后向叶型 3 种形式。叶轮固定在机轴上，由电机带动旋转。车辆空调设备中，使用前向叶片离心式通风机用于车内通风装置。

③ 机壳。中、低压风机机壳常用钢板焊接或咬口成对数螺旋线形的壳体，并且机壳截面积逐渐扩大。

④ 机座。机座由型钢焊制，用来支承风机。机座上装有轴承，支承风机转轴。

(2) 离心式风机的工作原理

当电机带动机轴上的叶轮旋转时，叶片间的气流在离心力的作用下，由叶轮中心甩向边缘并获得动能和压力能。同时，叶轮中心所产生的负压区促使后续气流连续不断地进入风机。气流从叶轮流出后进入机壳，在机壳排出管的扩压作用下将部分动能转变为压力能，最后以高压沿切线方向送入排气管路或房间。

(3) 轴流式风机与离心式风机相比的特点

① 轴流式风机机构简单，耗用金属少。

② 轴流式风机风压低，流量大。多用于无需设置管道以及风道阻力较小的通风系统。

③ 轴流式风机可以反转，反转时风向随之改变，风量、风压也有所降低，但离心式风机降低更明显。

3. 贯流式风机

(1) 贯流式风机的结构特点

贯流式风机由叶轮和机壳等组成，其基本结构如图6.5所示。

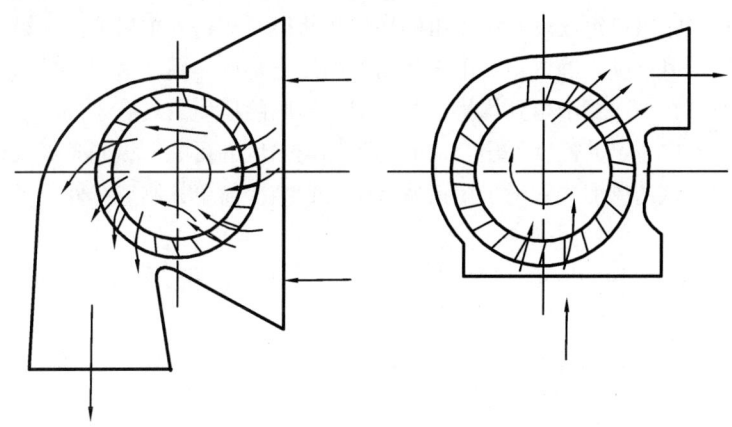

图 6.5 贯流式风机示意图

(2) 贯流式风机的工作原理

贯流式风机是将机壳部分地敞开，使气流直接径向进入风机，气流横穿叶片两次。某些贯流式风机在叶轮边缘加设不动的导流叶片，以改善气流状态。

贯流式风机有小风量、低噪音、压头适当、制造简单、价格较低，以及安装上便于与建筑物相适合的明显优点。

二、通风管道

通风管道的作用是输导空气。在送风系统里，依靠风道，把处理好的新鲜空气输送到客车车厢内；在排风系统里，依靠风道，把需要排出的污浊空气输送至车外。这种用以输送空气的管道可以由各种不同的材料制成，也可以有很多不同的构造和断面形式。风道的形状和布置将直接影响车内气流组织和空调效果。在客车空调与制冷装置中，风道应满足经济、耐腐蚀、隔热性好、质量轻和易于加工等方面的要求。常用的材料有镀锌铁皮、铝合金板、玻璃钢和胶合板等。

1. 主风道、回风道及排风道

（1）主风道

主风道的作用是将经过空气冷却器或预热器处理后的空气输送到客室内。

主风道的截面一般有圆形和矩形两种。由于矩形风道与客车内的装饰容易协调，而且占用空间少，安装又方便，所以在客车上采用较多；对于高速诱导空调与制冷装置，由于风速高，而风道直径又较小，为了减少空气流动阻力，宜采用圆形风道。另外，按风道截面沿长度方向是否变化，有变截面和等截面风道之分。

在主风道中常装有调风机构，用以调节通过风道的风量，达到向每个送风口均匀送风的目的。其结构形式根据风道截面形状而定，调节方式可以手动或自动。

实际运用中，因这种风口风量调节装置操作不方便，不能起到应有作用，客室内存在空气温度沿高度及车长方向的温差较大的现象。为解决这一问题，出现了条缝式均匀送风风道。该风道由中央主风道和静压箱风道组成。空调机组的送风机将风直接送入主风道，在沿主风道前进的过程中，经过主风道出风口进入静压箱。由于静压箱的压力均衡作用，使得在主风道中不同断面上具有不同静压的空气在静压箱中得到均衡，并形成一定的静压值。具有该静压值的空气在条缝送风口转换成动压，形成一定的速度射出，从而达到均匀送风的目的。纵向条缝式送风口设在静压风道的底部或侧部。该送风形式取消了风量调节装置，结构简单，制造维修方便。

（2）回风道

回风道是室内回风使用的风道，一端与回风口相连，另一端与通风机相通。

（3）排风道

排风道是用来排除车内污浊空气的风道，其一端连接排风口，另一端与排风扇相连或与自然通风器相连。

2. 吸风口、送风口、回风口、排风口及其调节板

（1）吸风口

吸风口也称新风口或进风口，是新鲜空气的吸入口。吸风口一般布置在装有通风机端的车门上部，也有设置在车端上部和车顶上部的。吸风口上装有百叶窗和网格，用以防止杂物及雨雪进入车内。在多数吸风口的内侧还装有调节机构，以便根据需要调节新风量，同时在通风机停止运转时，也便于关闭吸风口。

（2）送风口

送风口是用来调节和分配空气的。送风口处一般都装有送风器（散流器），它不但可以使送风均匀，达到室内气流分布合理和温度均匀，而且还可以根据室内的具体要求，调节送风量的大小。集中送风的通风系统，送风口一般都沿车顶棚或侧壁均匀布置。

（3）回风口

回风口是室内再循环空气的入口。客车上的回风口往往设置在通风机端的客室内端壁下部，采用集中回风方式，在小走廊平顶板上开一总回风口，并设延续回风道。包间式客车包间内的回风则经过包间拉门下部或拉门两侧间壁下部的回风口流至走廊，利用走廊作回风道，在靠近一位端的走廊平顶上有回风口，并由回风道将再循环空气引进通风机。

（4）排风口

排风口是排除车内污浊空气的出口。由于外界新鲜空气不断送入车内，为保持车内压力恒定，将与其等量的车内污浊空气通过排风口排出车外。排风口可以是客车上常用的自然通风器（安装在车体上部，利用诱导作用完成通风换气），也可以是加装排风扇的排风装置。

客车排风口一般设在与回风口相对的另一端车顶，客室内的排风口一般也设置在客室内端壁板上，外表面设有通风诱导格栅以增加美观，内部装有铁丝网以防杂物进入风道。

（5）调节板

调节板的作用是调节通过风道的空气流量，其结构根据风道截面形状而定。最简单及应用也较广的调节板是百叶窗式，常用的有圆形、矩形调节板。使用时只要转动手柄，改变调节板角度，即改变空气通过的截面积，进而达到调节风量的目的。客车上调节板的开度均由人工进行调节。

三、空气过滤器

空气过滤器是利用过滤材料把空气中的悬浮粒子除掉的设备。

空气中的尘埃不仅会影响旅客的舒适和健康，而且还会影响空气处理设备的处理效果（如加热器、冷却器的传热效果）。因此，通风系统中必须设置空气过滤器，一般设有新风过滤器、回风过滤器，并且应装在空气处理器的前端，以减少后面各设备的表面积灰。

空气过滤器的作用机理：含尘气流在通过过滤器纤维层时，利用尘粒的重力作用、扩散作用、惯性作用、静电作用以及纤维层的筛滤作用等截留灰尘。

常用的空气过滤器有金属网浸油过滤器、玻璃纤维过滤器、尼龙网过滤器以及聚酯型粗孔泡沫塑料过滤器等。积尘过多会增大空气阻力、影响风量供给和过滤效果，因此，需要对过滤器进行定期清洗和更换。如金属网浸油过滤器，清理时应先将粗大污物从滤网上除掉，然后将滤网放在苏打水里冲洗并漂清、干燥，再用无味过滤器油浸透，晾几小时后（让油滴掉）备用。用聚酯型粗孔泡沫塑料作过滤材料时，需先经过化学处理，通常是在5%浓度的 NaOH 水溶液中浸泡一定时间，把内部气孔薄膜穿透；使用中还应定期清洗，以保证其过滤效果。

第三节 空气加热装置

空气的预热是使空气流过空气预热器来实现的。根据热媒不同，空气预热器有温水空气预热器和电热空气预热器两种。空气的补偿加热则由设在车内两侧地板上面的加热器来完成。根据热媒的不同，加热器也有温水加热器和电热加热器两种。

由于车型及运行地区的不同，空调客车的加热系统也不相同，总的来说供热形式有以下几种：

① 空气预热器和地面加热器均分别采用了温水加热和电加热两种形式。以前德国进口的空调客车采用这种形式，在过渡季节和外温适宜情况下采用电加热采暖，外温较低时再启用燃煤锅炉温水采暖。

② 空气预热用电预热器，补偿加热用温水、电热两种加热器。在我国北方较寒冷的地区运行的部分空调客车采用这种形式，如25B型空调客车。

③ 预热、补偿加热均为电热采暖方式。这是目前大多数空调客车采用的形式，如25G、25Z、25K、25T型空调客车以及CRH_1及CRH_5型动车组。

④ 完全由电热空气预热器供热；如CRH_2、CRH_3型动车组。

⑤ 南方一些温暖地区可采用热泵采暖。

常用的空气预热器有管式温水空气预热器、肋片式温水空气预热器、电热空气预热器等。

一、管式和肋片式空气预热器

1. 管式空气预热器

管式空气预热器的结构如图6.6所示，为一金属制的矩形水箱，上盖可拆卸，箱内装设内径

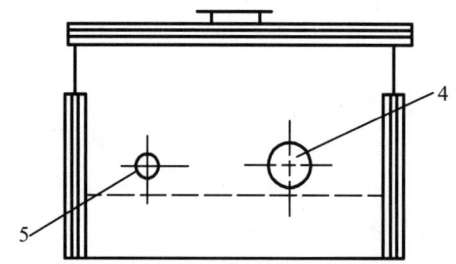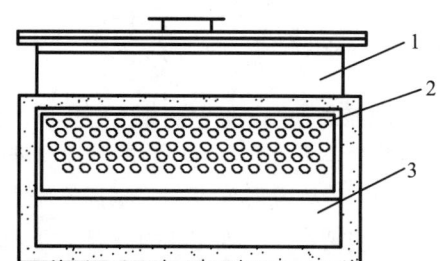

图 6.6 管式空气预热器
1—水箱；2—加热管道；3—旁通风道；4—接锅炉接口；5—热水出口

为25 mm或28 mm的光管多根，箱内为热水，需要预热的空气从加热管道内通过，从而得到加热。夏季增大风量时，可打开旁通风门，以减小阻力。旁通风门还可调节空气预热的温度。

2. 肋片式空气预热器

肋片式空气预热器的结构如图6.7所示，热水在管内流过，空气在管外横向通过。与管式预热器一样，也设有旁通风道和调节风门。因散热管容易锈蚀损坏，故采用铜管或不锈钢管。肋片为套片式，沿空气流动方向有4排肋片管，每排6根共24根。

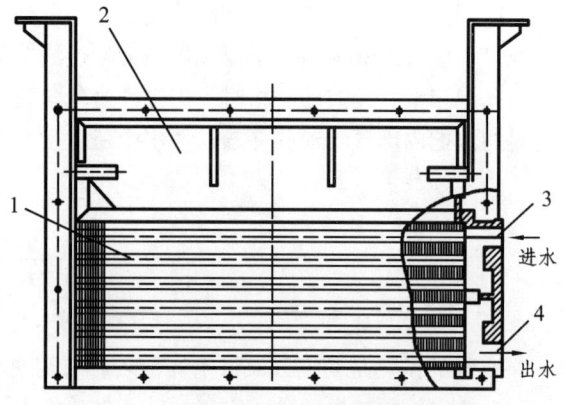

图 6.7 肋片式空气预热器
1—肋片散热管；2—旁通风道门；3—进水管口；4—出水管口

二、电热空气预热器

电热空气预热器由电热元件和框架组成。空调客车上采用的电热元件有多种形式,如电热管式、电热板式、半导体式等几种。

目前较为常见的管状电热元件如图 6.8 所示。其结构是在金属管内,沿管子的轴线方向放入一根螺旋形的电阻丝(镍铬丝),在空隙部分均匀填满具有良好导热性和电气绝缘性的结晶氧化镁粉,并用缩管机将管径轧小,以增加氧化镁粉的密度而使导热系数提高,同时还要保证管内螺旋状电阻丝不致因电热元件受弯曲或碰撞发生偏移而碰及管壁。在电阻丝引出棒出口处浇以硼酸钡的混合物密封,以避免空气中的水分和液体介质侵入氧化镁粉中引起绝缘不良。

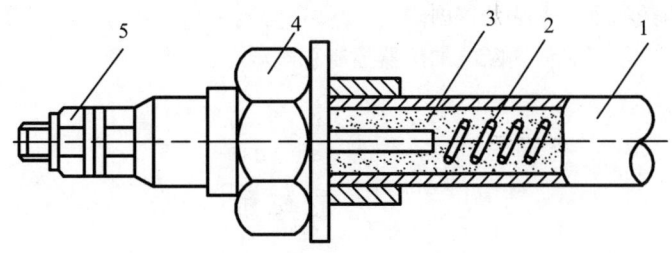

图 6.8 管状电热元件

1—金属管;2—电阻丝;3—氧化镁粉;4—紧固螺母;5—接线螺母

为了提高管状电热元件的换热效果,可在金属管外表面缠上不锈钢绕片,在特别需要防腐的地方(如厕所等),采用在不锈钢管上缠不锈钢绕片。

根据电流热效应原理,电流通过电阻丝会产生热量,然后把热量传给流过的空气。管状电热元件具有表面温度均匀、热量稳定、结构紧凑、控制方便等特点。

与电预热器相接部分的风道,应采用不易燃烧的耐热保温材料。为了保证安全运行,电热空气预热器必须与通风机实现联锁控制,即风机启动后电加热器才工作,还必须与制冷机实现电气互锁。电热元件一般分成两组或多组,通过空调温度控制器根据室内空气温度自动控制其一组工作、多组工作或停止工作。

为了避免供热装置在缺风时表面温度过高,防止火灾等危险发生,在供热装置内安装有两道保险:温度超过 70 ℃,继电器跳开;温度超过 139 ℃,熔断器熔断,从而切断控制电路和主供电回路,使电预热器停止工作。

三、电加热器

电加热器是地面加热器的一种,用以补偿车体的热损失。电加热器运行时要求与通风机联锁而与制冷机互锁。每个电热器内装两组电热元件,各自形成独立回路。工作时通过温度控制器实现自动控制,根据不同的环境温度,可全负荷或半负荷工作。电热器的结构简单,除车种不同,暖气功率有所区别之外,其结构变化不大。

电加热器罩的作用是防止旅客触电、烫伤并保护电热管。电加热器在使用过程中应进行定期检查,以使电热管表面保持干燥和清洁。每年冬季使用前,应在保证电热管干燥、清洁、绝缘良好和接线紧固的前提下进行试验,必须在符合电气标准要求和电热管性能要求时才可正常使用。

如有下列情况时应及时更换：
① 电热管绝缘值下降且低于标准。
② 电热管通电不发热或发热量不符合要求。
③ 电热管表面发红、温度过高，不符合要求。
④ 通电后电热管有闪络等现象发生。

电加热器在使用时应注意以下事项：
① 电热元件的工作电压不得超过其额定电压的 1.1 倍，外壳应有效接地。
② 电热管发生击穿或闪络现象，应及时关闭电源。
③ 旅客不得随意将手伸入罩内触摸电热管等器件。
④ 不能将水或杂物倒入电热器罩内。
⑤ 电加热器停止使用时应切断电加热器控制总电源。

第四节　热泵与加湿器

一、热　泵

凡是可以在外界低温环境下吸取热量，并将其热量"泵"入室内的装置称为热泵。

制冷循环是利用吸取的热量使被冷却对象的温度低于环境温度，从而达到制冷目的。热泵循环与制冷循环的原理一致，其区别仅在于工作的温度环境不同，其目的也有所不同。热泵循环是利用某种工质的状态变化，从较低温度的热源吸取一定热量，通过一个消耗功或热量的补偿过程，向较高温度的热源放出热量。

在热泵循环过程中，按热力学第二定律，高温热源的放热量 Q_H 等于从低温热源吸取的热量 Q_0 加上所消耗的功 W 之和，即：

$$Q_H = Q_0 + W \tag{6.1}$$

因为 $Q_H > W$，所以利用制冷机从低温外气中吸热，而在温度较高的室内空气中放热，比直接利用电能加热所能获得的热量大得多，所以热泵能够节省电能。

热泵循环的性能系数称制热系数（供热系数），用 ε_H 表示。供热系数是评价热泵性能好坏的指标，为供热量与消耗功之比，即：

$$\varepsilon_H = \frac{Q_H}{W} = 1 + \varepsilon \tag{6.2}$$

式中，ε 为制冷系数。可见，热泵的制热系数恒大于 1，表明其经济效果好。

如图 6.9 所示，图（a）为夏季制冷工况，置于空气处理室内的蒸发器，吸收空气中的热量，从而冷却了车内的空气。图（b）为冬季制热工况，经过四通换向阀，转换制冷剂流向。室内蒸发器作冷凝器用，而室外冷凝器作蒸发器用，于是通过制冷剂就将室外空气中的热量转移到了室内。

第六章 通风系统、空气加热和加湿系统

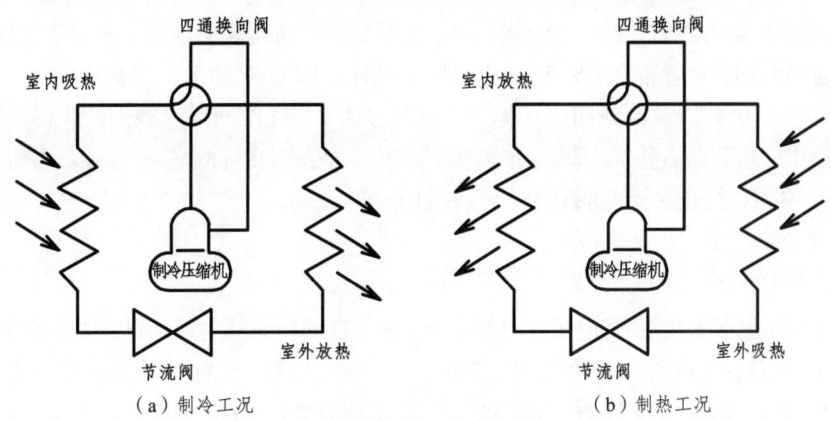

图 6.9 制冷与制热原理

热泵系统中，作为蒸发器的换热器（制冷系统中的冷凝器）有可能表面结霜，堵塞气流通路，恶化传热，所以在系统中应采用适当的融霜措施。

电磁四通换向阀是由电磁阀和四通阀用毛细导管连接而成的一个换向阀系统，其结构如图 6.10、6.11 所示。四通阀有 4 根接管 1、2、3、4 和 3 根毛细导管 C、D、E，阀体内装有滑块和活塞，它们用支架互相构成一体，两端活塞上各有小孔，以使活塞两端能互相通气。1 号管与蒸发器出口连接，2 号管与压缩机吸气管连接，3 号管与冷凝器进口连接，4 号管与压缩机排气管连接，而滑块好像一个三通阀门，可以将 1 与 2 连通起来，也可以将 2 与 3 连通起来。当 1、2 连通时，

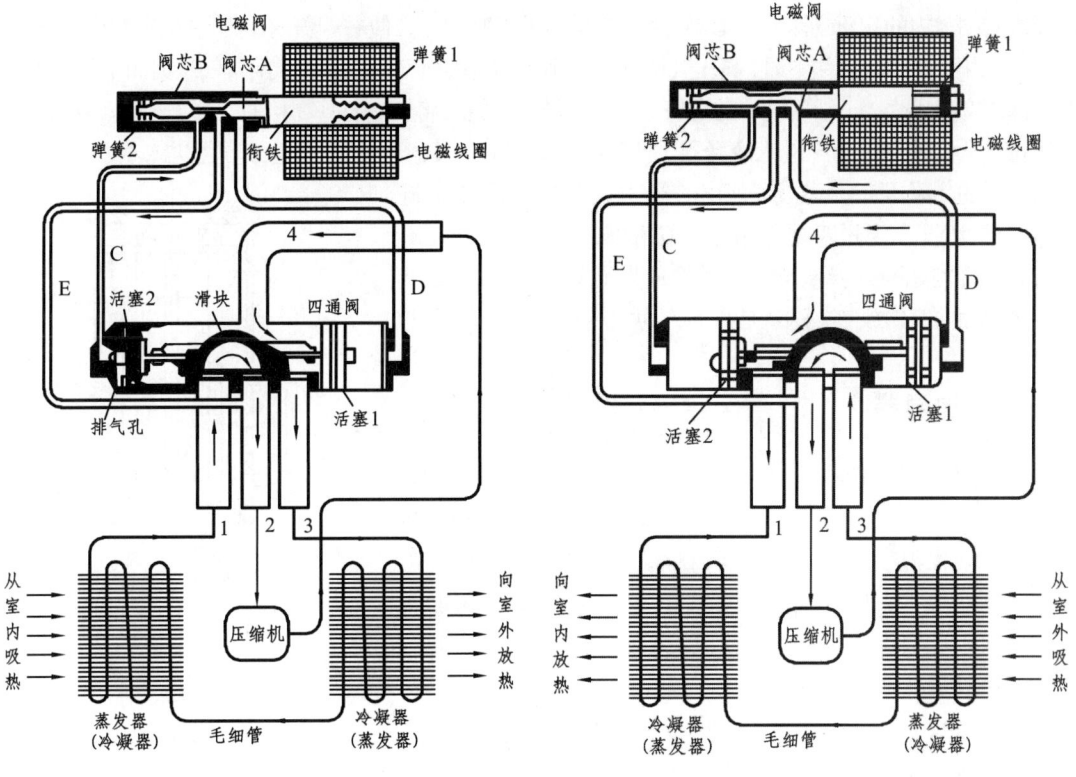

图 6.10 四通换向阀制冷时的工作原理　　图 6.11 四通换向阀制热时的工作原理

3、4就通过四通阀体而连通；2、3连通时，1、4就通过四通阀体而连通。3根毛细导管中，C、D管接在四通阀两端，E管接在管2中。电磁阀由阀体、阀芯A和B、弹簧1和2、衔铁及电磁线圈组成，阀芯A和B以及衔铁连成一体，并一起移动。当线圈通以电源而产生磁场时，衔铁被磁场吸引而动作，阀芯向右移动，阀芯B关闭左阀孔，而右阀孔被阀芯A打开。当断电而衔铁复位时，阀芯A关闭右阀孔，而左阀孔被阀芯B打开。

1. 电磁四通换向阀制冷位时的工作原理

系统制冷时（见图6.10），受电源换向开关的控制，四通换向阀电磁线圈的电源被切断，衔铁在弹簧1的推动下左移，使得阀芯A将右阀孔关闭，而左阀孔打开。这样，C与E管被接通，而D管被关闭而不通。在四通阀体内，除滑块盖住的部分是低压气体外，其他部分都是高压气体。在D管堵住不通的情况下，阀体内的高压气体通过活塞2上的小孔，向四通阀左端盖内充气。因为C管与E管是连通的，而毛细导管孔径又比活塞上的小孔大数倍，因此从小孔流过去的气体迅速涌向压缩机吸气管。同时，由于在活塞2的左面不能建立起高压力，滑块左、右端活塞就形成一个压力差，把滑块与活塞组推向左端位置。此时，管1与管2连通，即制冷剂气体从蒸发器流出被压缩机吸入，管4与管3连通，即压缩机排出的高压气体进入冷凝器。这就是热泵系统在制冷位时的四通阀的状态。

2. 电磁四通换向阀制热位时的工作原理

系统制热时（见图6.11），电源换向开关将四通换向阀电磁线圈的电源接通，线圈产生磁场，衔铁被磁场吸引向右移动，阀芯A打开右阀孔，阀芯B关闭左阀孔，管E与管D连通，管C被堵不通。四通阀右端盖内的高压气体从管D经管E流向压缩机吸气管，使右端盖内压力等于吸气压力。而左端盖内，由于管C被堵住不通，高压气体从活塞小孔向左端充气，使压力升至排气压力而平衡，这样，左右两端产生压力差，活塞就带动滑块一起向右移动。滑块将管2与管3接通，管1与管4接通，压缩机排气从管4经过管1进入冷凝器（即制冷运行时的蒸发器），然后经毛细导管进入蒸发器（即制冷运行时的冷凝器）。从蒸发器流出的蒸气，经管3与管2而进入压缩机吸气管，通过四通换向阀对管路的转向，使原来（制冷运行时）的蒸发器成为冷凝器，冷凝器成为蒸发器，从而实现从室外吸热而向室内放热。这就是我们称为"热泵"的工作原理。

二、加湿器

空气加湿系统仅在某些对车内相对湿度要求较高的客车内安装。在冬季，由于车外空气温度很低，含湿量很小，当空气被加热而温度提高之后，其相对湿度就更低了。而某些客车由于定员少，所以旅客的散湿量也小，这样，有可能使车内空气的相对湿度过低，不能满足舒适性的要求。为此，必须对空气进行加湿处理。

空气加湿设备包括蒸汽加湿设备和喷水加湿设备两种。常见的电极式加湿器是蒸汽加湿设备的一种。

电极式加湿器的结构如图6.12所示，在金属或耐裂陶瓷

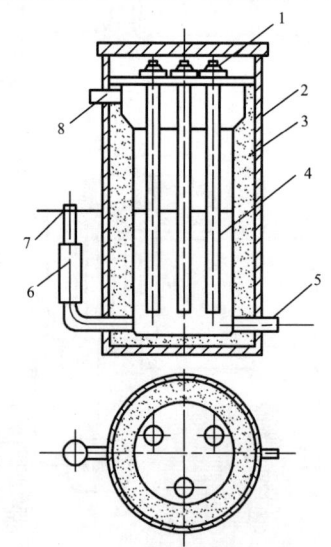

图6.12 电极式加湿器
1—接线柱；2—外壳；3—保温层；4—电极；
5—进水管；6—橡皮短管；7—溢水管；
8—蒸汽出口

做成的圆筒中盛有一定高度的水，将 3 根不锈钢棒或镀铬铜棒插入其中作为电极，与三相电源连接。电极棒通电后，就有电流从水中通过。水相当于电阻，水被加热而产生蒸汽，蒸汽由排出管引至欲加湿的空气中去，直接与空气混合。显然，水位愈高，导电面积愈大，则电阻愈小，电流愈强，发热量愈大。因此，水位的高低决定了产生蒸汽量的多少，水位高度可由溢水管的高低来调节。电极也可以采用两根电极棒，或利用两个同心的不同直径的金属网作为电极。

电极式加湿器在圆筒内无水时电流切断，因此，相对于电热式更加安全，加湿量也容易控制。其缺点是容易积水垢，电极易腐蚀。

本章小结

本章需掌握内容有以下几个方面：
- 通风系统的作用、组成以及空气的加热和加湿设备。
- 离心式与轴流式通风机的工作特点、热泵的工作原理。

思考与练习

1. 简述通风系统的作用。
2. 简述通风机组的组成及其工作原理。
3. 比较离心式与轴流式通风机的优缺点。
4. 简述各风口的作用。
5. 空气过滤器是利用哪些作用机理过滤空气的？
6. 电加热器在使用时需注意哪些事项？
7. 何谓"热泵"？
8. 简述"热泵"采暖的工作原理。

第七章 空调与制冷装置的安装调试及操作

空调与制冷系统是由各种空调与制冷装置组成的封闭系统，空调与制冷装置的正确安装、调试及操作直接影响到空调与制冷系统是否能够安全、正常、长期的运转。本章从制冷装置的安装、管路的连接、系统检漏、制冷剂的充注到制冷系统试运转、运行调试，以及制冷系统在正常运转时的保养与维护等方面作了较为详细的介绍。

第一节 制冷装置的安装和接管

目前铁路客车空调与制冷装置主要采用车顶单元式空气调节装置，即将通风机、制冷压缩机、蒸发器、电加热器和冷凝器置于一个箱体内，组成一个独立制冷加热单元。一般每车安装1~2个单元机组。

一、制冷装置安装的一般原则

① 在保证操作人员安全作业前提下，各设备相互间应尽量靠近，以减少管道尺寸，从而减少管道中的流动阻力损失和冷量损失。同时各设备应远离热源。
② 机组仪表盘的安装位置应便于操作和观察。
③ 冷凝器的位置应高于贮液器，以利冷凝器的出液。
④ 管路布置应合理、规范和美观，尽量减少弯头。对氟利昂制冷系统，应考虑润滑油回流压缩机的问题。
⑤ 需包扎隔热层的管路，应在系统检漏、确认无泄漏后进行。

二、空调与制冷装置安装的特殊性

与其他机械装置相比，空调与制冷装置有其特殊性，安装时必须考虑下列情况：
① 所有设备及其管路均为受压容器，制冷系统为封闭系统，不允许系统内的制冷剂外漏，也不允许环境空气进入系统，因而对设备及管路均要求有一定的强度和严格的气密性。对存放已久、锈蚀严重的设备，必要时应进行强度和气密性试验。

② 设备及管路内必须彻底清除氧化皮、焊渣及其他杂质，以免损坏压缩机气缸或堵塞管道，使制冷系统无法正常运行。

③ 使用氟里昂的设备和管道，安装前和安装中必须保持干燥。

三、部件的安装

1. 压缩机的安装

大修后或新置的压缩机，在安装前应做如下工作：

① 压缩机绝缘性能试验：用 500 V 级兆欧表测量压缩机电机对壳体绝缘电阻，阻值应不低于 5 MΩ，三相绕组电阻值平衡度达不到者更换新品。

② 压缩机排气量试验：将压缩机装于试验台上进行测试，若排气量低于原设计参数的 90%，则更换新品，测量后加一定量规定的冷冻机油。

③ 清洁压缩机，使之外观干净，无局部锈蚀，压缩机机壳除锈、补原色油漆，要求油漆均匀美观。

④ 用平锉打磨压缩机电机引线端子，使之平滑整齐。

然后将压缩机与机座固定，注意放平、防震，保证机组在运行时不产生任何位移或扭曲。

2. 辅助设备的安装

制冷装置的辅助设备主要有冷凝器、蒸发器、贮液器等。在安装前均应确认状态良好。必要时，应进行耐压和检漏试验，并作好清洁处理。在安装时，应在安装支架或吊架上放置胶垫或木垫。应保证在车辆振动和机组运转时，设备不产生任何方向的位移和松动。

贮液器的安装位置应低于冷凝器，安装高度必须保证冷凝器中的制冷剂能顺利流到贮液器中，当冷凝器与贮液器间没有均压管时，冷凝器的底部必须高于贮液器进口阀 300 mm 以上。另外，贮液器上还应装视液镜和进出口截止阀。

蒸发器的安装应保证空气良好对流和制冷剂的顺利回气、回油，并应牢固地安装在固定支架上。

膨胀阀的安装位置应靠近蒸发器，阀体应垂直放置，不能倾斜和倒置。为使感温系统内充注的液体始终保持在感温包内，感温包的位置较阀体应装得低些。

感温包应安装在蒸发器出口的回气管上，距离压缩机回气截止阀 1.5 m 以上，且尽可能选在水平管路段，紧贴管壁并用软质泡沫塑料外包塑料薄膜包扎。回气管外径大于 20 mm 时，应将感温包包扎在回气管水平轴线以下 45° 之间（一般取 30°）。

阀门在安装时，除制造厂商铅封的安全阀外，安装前必须对各种阀门逐个拆卸清洗，清除掉油污、铁锈，并认真检查阀瓣和阀座的接触面是否密封良好。阀门的压力试验分为强度试验和密封性试验。阀门的强度试验是对阀体材料进行承压性能的检验，即试验时阀门的关闭件应为开启状态，使压缩空气从阀体的一端进入，另一端封闭，然后开始升压至试验压力（工作压力的 1.25 倍），达到试验压力后保持一定时间，如无渗漏为合格。阀门的密封性试验是对阀瓣与阀座的密封面、阀盖与阀体的密封垫以及填料作密封程度的检验，其试验压力为阀门的公称压力。用于水、蒸气和空气等介质的阀门，用水作密封性试验。

浮球阀、电磁阀和浮球式液位指示器等，安装前应进行单体动作灵敏度的试验，并检验其密封性。安全阀平时应铅封呈开启状态，不得关闭。

所有阀门必须安装平直，阀门手柄严禁朝下。各种阀的安装方法应掌握低进高出的原则，即工质从阀芯下面对着阀芯而进。若在阀体上标有箭头，则按箭头方向安装。尺寸大的阀应有固定支座，或用管卡固定。电磁阀应垂直朝上安装，不能水平或倒置安装，以免影响阀门的启闭。

四、管路的安装及连接

管道的正确设计、安装和连接，直接关系到制冷系统的性能、运转稳定性和经济性。各管径大小按产品说明书或设备要求规格配备，不应随便更改。

1. 制冷管路用的材料

由于管路与制冷剂、润滑油等直接接触，故应选用不被这些物质所腐蚀或产生其他有害作用的材料。管路材料通常选用紫铜管和无缝钢管，其规格以"外径×壁厚"表示。氨制冷系统均采用无缝钢管，且内壁不得镀锌。氟利昂制冷系统可采用铜管，也可采用无缝钢管，一般管径在 25 mm 以下时，均采用紫铜管；大于 25 mm 时，大多采用无缝钢管，且内壁不宜镀锌。

（1）紫铜管

紫铜管质地较软，韧性好，易弯曲加工，耐腐蚀，管壁光滑，适用于温度低于 250 ℃ 的制冷管路中，在制冷工程中应用广泛。紫铜管安装前应仔细清洗，可用四氯化碳擦洗。如管内残留氧化皮等污物时，可用 20% 的硫酸溶液进行酸洗，然后用冷水冲洗，再用 3%～5% 的硫酸钠溶液中和，最后用冷水冲洗并吹干，封存后待用。

（2）无缝钢管

无缝钢管有热轧无缝钢管和冷拔无缝钢管，制冷工程中常用热轧无缝钢管。国内生产的热轧无缝钢管的外径为 32～63 mm，其质地均匀，强度高，内壁光滑，易于加工。无缝钢管安装前通常用汽油或二氯乙烯清洗，洗净后用压缩空气吹净。

2. 管道加工

（1）切　管

切断紫铜管、铝管时一般都使用管子割刀。使用管子割刀切割，具有管口整齐光洁、适宜扩口的优点。而用手工锯割往往会因操作不当而将铜管夹扁变形，且容易使锯屑落入管内，增加清洗管道的麻烦。

割刀使用方法：将铜管放置在滚轮与割轮之间，铜管的侧壁贴紧两个滚轮的中间位置，使割轮切口与铜管垂直夹紧。然后转动调整转柄，使割刀的切刃切入铜管管壁，随即均匀地将割刀整体环绕铜管旋转。旋转一圈后再扭动调整转柄，使割刃进一步切入铜管，每次进刀量不宜过多，只需拧进 1/4 圈即可，然后继续转动割刀，此后边拧边转，直至将铜管切断。切断后的铜管管口要整齐光滑，适宜胀扩管口。

（2）铜管的扩口

管道的焊接、螺纹连接的全接头连接和半接头连接都需要扩管。采用扩管器（胀管器），可制作铜管的喇叭口和圆柱形口。喇叭口形状的管口用于螺纹接头或不适于对插接口时的连接，目的是保证对接口部位的密封性和强度。圆柱形口则是在两个铜管连接时,一个管插入另一个管管径内使用。

例如,在需要拆卸和检修部位,连接管径小于 22 mm 的紫铜管,可用扩口器将管口做成喇叭口,如图 7.1 所示,用管接头和接管螺母压紧连接。扩管时,首先铜管的扩口端局部退火,使其软化,然后挫平,去掉管口毛刺与飞边,套上接口螺母,用胀管工具胀成喇叭形,然后与接头螺母连接。当旋紧接头螺母时,应轻轻摇动铜管,使喇叭口均匀贴合在接管座与接扣螺母中的锥体之间。扩口时喇叭口处不应有裂纹,否则会产生泄漏。喇叭口的外径尺寸如表 7.1 所示。

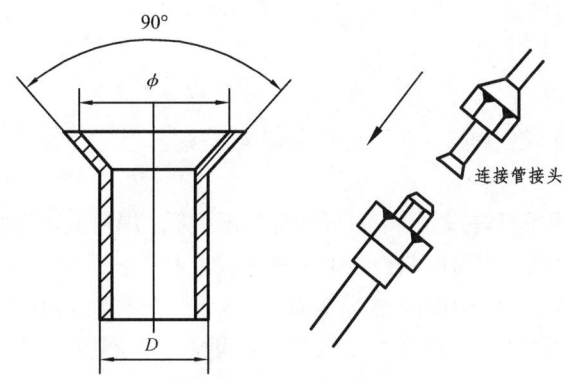

图 7.1 扩口与连接

表 7.1 喇叭口的外径尺寸(mm)

紫铜管外径φ	6	8	9	10	12	16	19	22	25
喇叭口外径φ	9	11	13	13	15	19	23	26	32
允许偏差	0~0.15								

扩胀喇叭口(见图 7.2)时应注意:
① 将铜管放入胀管工具内与管径相同孔径的孔中。
② 铜管管口只需露出喇叭口斜面高 1/3 处,不宜过高。
③ 挤压时,将铜管紧固,慢慢旋转顶压器的旋杆,如过快,则会出现裂缝单偏等现象。

图 7.2 用胀管工具制作喇叭口

(3)管路的弯曲

管路的弯曲是不可避免的,通常可采用标准弯头;自行弯制时有冷弯和热弯两种方法。

冷弯一般在弯管机上进行弯曲,特别是管壁较厚、管径较大的铜管,用弯管机弯曲时不易产生管壁凹陷或皱折。对于管径较小的铜管,冷弯时用手动弯管器即可。使用弯管器弯管时,首先把退过火的紫铜管放入带导槽的固定轮与固定杆之间,然后用活动杆手柄按顺时针方向平稳转动,紫铜管便在稻草内被弯曲成特定的形状。操作时用力要均匀,避免出现死弯或裂痕。铜管的弯曲半径通常为管径 d 的 4~5 倍。

管外径为 57 mm 及以上时,一般应采用热弯。热弯是用火炉或气焊先把管子加热,然后用人工或机械的方法将管子弯曲。

3. 管路连接方式

管路的连接有 3 种方式:焊接、法兰连接和螺纹连接。

(1)焊 接

紫铜管的连接可采用银钎焊或铜焊。银钎焊焊接温度低,焊料流动性好;铜焊则焊接强度高、价格便宜,但因所需温度高,焊接时易产生氧化皮等。

相同直径管子钎焊时,应采用插入式焊接如图 7.3 所示。即将其中一根紫铜管的一端用钢冲模扩口,焊接面用砂布打磨后插入压紧,以免焊料从间隙处流进管内,然后将另一根管子插入。焊接时将管口处加热均匀,撒上硼砂粉,再焊接。

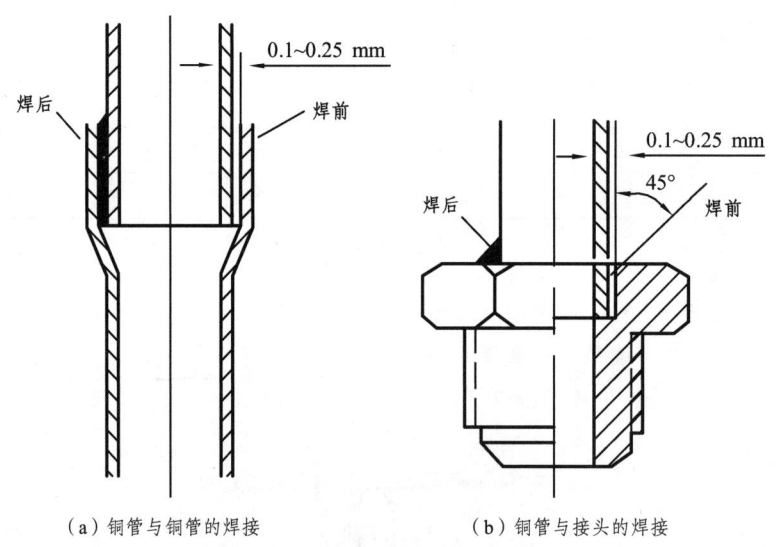

(a)铜管与铜管的焊接　　(b)铜管与接头的焊接

图 7.3　铜管与其配合件的焊接

无缝钢管的焊接一般是,管壁厚度超过 3.5 mm 时可用电焊,管径超过 57 mm 的可用气焊。焊条的成分要和管材相适应,气焊时常用 08 钢气焊条,电焊时用 J422 或 J426 低碳钢焊条。常用对接方式进行焊接,如图 7.4 所示。管口焊前应加工成适当坡口。无缝钢管的螺纹连接直接在管口套丝处用管箍进行连接,安装时,可在螺纹处绕以聚四氟乙烯生料带,严禁使用麻丝与白漆作为螺纹处的密封材料。

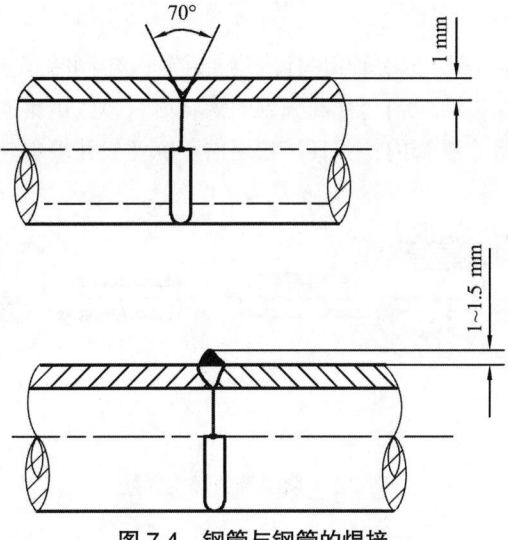

图 7.4 钢管与钢管的焊接

（2）法兰连接

法兰是将管与管件等接合并组成系统的连接件。大管径的管道与设备和阀门连接时应采用法兰连接。工程中常用焊接连接的法兰如图 7.5 所示，无缝钢管的法兰连接如图 7.6 所示，制冷管路用的法兰每副连接盘均有凸凹各一片，在密封面上车出两道沟槽，以增强密封性。在两片法兰中以耐油石棉橡胶板为法兰垫圈，其厚度为 1.5～3 mm。安装时应在垫圈两面涂以润滑脂或石墨粉与机油的调和料，以防止制冷剂漏泄，然后套上螺栓紧固。

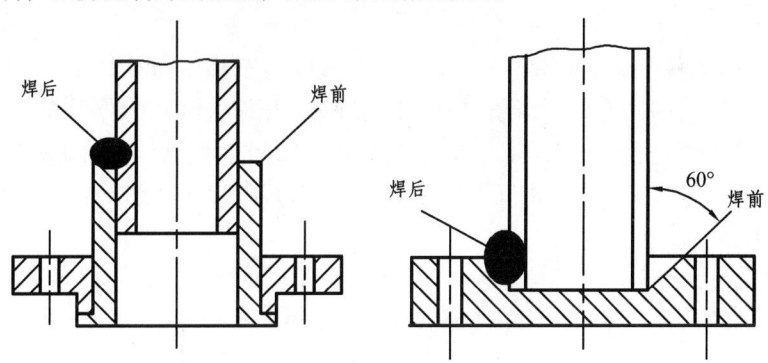

图 7.5 钢管与法兰的焊接

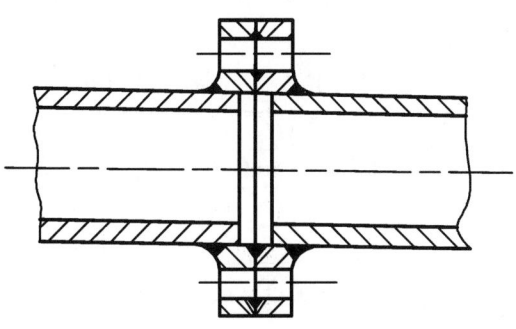

图 7.6 无缝钢管的法兰焊接

（3）螺纹连接

小外径（管径在 25 mm 及以下）管道与设备和阀门连接时可采用螺纹连接，如图 7.7 所示。螺纹连接处应清除干净，涂以氧化铅与甘油调制的糊状填料，或用聚四氟乙烯塑料带作填料，然后进行管道连接。填料不得涂进管内，并且严禁用白漆麻丝代替填料。

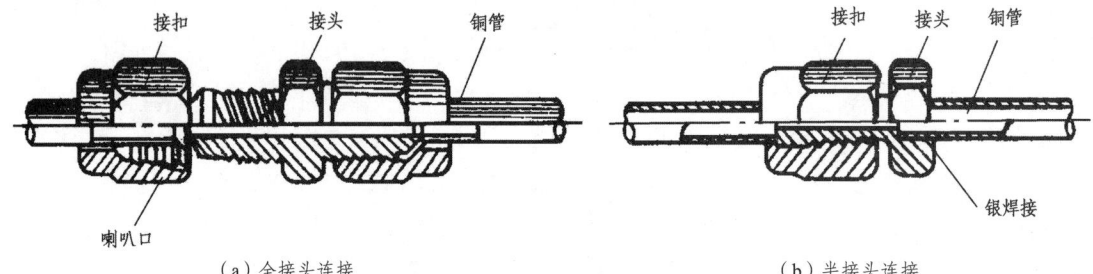

（a）全接头连接　　　　　　　　　　　　（b）半接头连接

图 7.7　紫铜管的螺纹连接

4. 制冷管路的安装要求

管路安装前，必须先清除管内泥沙、铁锈、焊渣、氧化皮等脏物，并保持干燥。管路的布置应有利于工艺流程的要求，并考虑到施工安装及运行管理的方便；应不妨碍压缩机及其他设备的运行及操作管理，不妨碍设备的检修。多台压缩机并联时，应设均压管和均压油，以保证润滑油均匀地返回每台压缩机。从冷凝器（或贮液器）至节流机构之间的输液管道，应尽量减少流动阻力和上升高度，避免因闪发现象而影响节流机构的正常工作及均匀供液。节流机构应尽量靠近蒸发器，以减少冷损。

制冷系统中管道的安装有很多规定，必须满足制冷工艺和设备安装的要求。氨制冷系统管道安装时需注意以下几点：

① 制冷压缩机吸气管道应有一定的坡度和坡向，以防止管道中的液体制冷剂进入制冷压缩机中造成液击现象。为防止吸气管道的干管内液体制冷剂进入压缩机，吸气支管应从干管的顶部接出。

② 制冷压缩机排气管道应有一定的坡度和坡向，以防止排气管道中的润滑油进入制冷压缩机中造成液击现象。排气支管应从排气干管的顶部或斜向接出，以防止管道内的润滑油进入停开的制冷压缩机中。

③ 卧式冷凝器至贮液器的液体管道内液体流速不应大于 0.5 m/s，否则应安装均压管。由冷凝器的出口至贮液器进口处的角形阀的垂直管段，应有 300 mm 以上的高差。在立式冷凝器与贮液器的液体管道间安装阀门时，出口与阀门之间应有不小于 200 mm 的距离。

为了使制冷系统中的制冷剂流动顺畅，制冷管道安装时要注意有一定的坡度和坡向。氨制冷管道的具体坡度和坡向如表 7.2 所示。

表 7.2　氨制冷系统管道的坡度和坡向

部　位	坡度（%）	坡　向
排气管—油分离器的排气管段	0.3～0.5	坡向油分离器
油分离器—冷凝器的排气管段	0.3～0.5	坡向冷凝器
压缩机吸气管段	0.3～1	坡向氨液分离器或低压循环桶
冷凝器—贮液器的出液管段	0.1～0.5	坡向贮液器
液体调节站—蒸发器的供液管段	0.1～0.3	坡向蒸发器
蒸发器—气体调节站的回气管段	0.1～0.3	坡向蒸发器

氟利昂制冷系统管道安装时需注意以下几点：

① 制冷压缩机吸气管道的布置应使润滑油能顺利地随吸气返回制冷压缩机中；吸气管道与制冷压缩机的连接，应根据蒸发器与压缩机的相对位置来确定。为使润滑油能顺利返回制冷压缩机曲轴箱内，吸气管的水平管段应有不小于2%的坡度坡向压缩机。

蒸发器与制冷压缩机在同一水平位置时，其间的吸气管道应做成"U"形弯，以防止停机后液体制冷剂进入压缩机内。蒸发器在制冷压缩机的上方时，蒸发器上部管应做成倒"U"形弯。蒸发器在制冷压缩机的下方时，其吸气立管在负荷最小、制冷剂气体流速最低时能将润滑油均匀地带入制冷压缩机中。

② 制冷压缩机排气管道安装时，水平管段应有不小于1%的坡度坡向冷凝器，以防止润滑油返回制冷压缩机的顶部。制冷系统的直立排气管如管长超过2.5~3 m，为防止管内壁沉淀的润滑油进入制冷压缩机顶部，应在排气管上设存油弯。设有油分离器的排气管可不设存油弯。排气总管在制冷压缩机上方时，制冷压缩机的排气管应从上面接入总管，以防止排气总管中润滑油倒流入停用的制冷压缩机中。

③ 冷凝器至贮液器的液体是靠液体重力流入的，二者应保持一定的高差，其连接管道要保持一定的坡度。冷凝器或贮液器至蒸发器的液体管道上由于安装有干燥器、过滤器、电磁阀等附件，从而产生膨胀阀前压力损失和供液到高处的静液柱损失。同时，由于管外浸入的热量会使制冷剂温度上升，如诸多因素超过制冷剂的过冷度时，将会出现闪发气体，造成膨胀阀供液量不足而降低制冷能力，所以在制冷系统中考虑设置全热交换器，使膨胀阀前的液体制冷剂得到一定的过冷。

为防止环境温度的影响，当液体制冷剂温度低于环境温度时，应采取保温措施。为防止制冷系统停止运行时液体制冷剂流向蒸发器，在系统中没有电磁阀的情况下，应安装倒"U"形液封管，且其高度不小于2 000 mm。

压缩机的排气管道穿墙时不准埋设，可加设套管并留有间隙。管道的安装要平直，尽量避免突然的向上或向下连续弯曲，以减少管道阻力。液体管路上应防止形成气囊，气体管路上应防止形成液囊，以保证系统正常运转。

第二节　制冷装置的检漏和充注制冷剂

一、制冷系统的检漏

将制冷设备通过管路连接后形成一个封闭的制冷系统，对该系统进行的气密性试验称为系统检漏（简称检漏）。制冷系统的气密性是检测和衡量制冷装置质量与安装的一个重要指标，因为系统的泄漏不仅会造成制冷剂渗出或外界空气进入，影响制冷装置正常运行，而且还会造成经济损失，污染环境。因此，制冷设备在交付生产运行前要求调试人员对系统认真检漏，排查各泄漏点。系统检漏是整个调试工作中的主要项目，必须认真负责、细致耐心地进行。

制冷系统的泄漏部位，主要发生在蒸发管路和冷凝管路的焊接处及管路弯头处。由于管路焊接不良、安装不当等原因均可引起系统泄漏。此外，因紫铜管材质问题，如砂眼、过脆或连接部位多次振动后出现裂纹，也会产生漏洞或裂口。

制冷剂的泄漏及泄漏程度不尽相同。较轻微的泄漏可引起制冷量不足、低压压力过低、蒸发器吸热不足等现象；严重的泄漏可造成空调机组制冷不良。若制冷剂漏光，系统中混入空气，压缩机仍运转，则最终会导致压缩机因过热而烧毁。

常用的检漏方法有下列几种。

1. 压力检漏

压力检漏是将具有一定压力的空气或氮气充入制冷系统，使设备和管道受内压，以检查安装、修理后的接头、焊缝、设备、管材等是否有泄漏点，能否满足使用要求。充气压力与制冷系统所用制冷剂相关，如表7.3所示。

表7.3 打压实验压力（表压）

工质名称	高压系统实验压力（MPa）	低压系统实验压力（MPa）
NH3	1.76	1.18
R22	2.45	1.69
R12	1.57	0.98
R13	1.76	1.18

在氟利昂制冷系统中，对含水率的要求较严，打压时最好使用工业氮气。氮气具有无腐蚀、无水分、使用安全、操作方便等优点。尽量不使用压缩空气，因为压缩空气中总含有一定的水分和杂质，可能会对今后的系统工作有影响。严禁使用氧气打压，否则会有爆炸的危险。图7.8所示为采用氮气打压的小型制冷系统充气操作示意图。

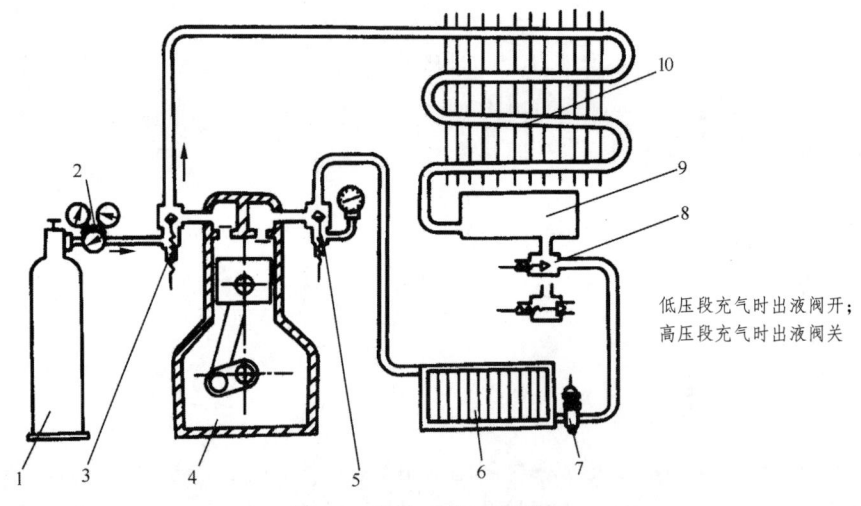

图7.8 制冷系统打压试漏

1—氮气瓶；2—减压阀；3—排气阀；4—压缩机；5—吸气阀；6—蒸发器；
7—膨胀阀；8—出液阀；9—贮液器；10—冷凝器

氮气经减压阀、连接管与排气阀旁通工艺口连接进入系统；逐渐增大减压阀开度，先将压力升到0.3~0.5 MPa，听系统有无严重泄漏声，如有则应立即找到泄漏部位并排除。重复上述操作并将压力加到1.0 MPa后停止充气，当压力平衡后记录各压力表的指示压力及环境温度等参数，保压24 h，在环境温度变化不大的情况下，压力应基本无变化，即认为系统试漏初步合格。关闭出液阀，对高压系统充入氮气，使压力达到 1.6 MPa，当压力稳定后记录各压力表的读数及环境温度，保压 24 h，在环境温度变化不大的情况下，压力基本无变化，则认为系统合格。

制冷系统在气密性试验时，应先进行初步检漏，在保压 24 h 后，如气密性试验不合格，应进行仔细深入的检漏。

2. 声响检漏

声响检漏是在系统静止状态下，听有无微弱的"咝咝"声音，以此来判断是否泄漏和泄漏部位。该方法主要用于检测系统较严重的泄漏点，一般在打压试漏的同时进行。当压力达到 0.3 MPa 左右时，听声响进行判断。

3. 目测检漏

目测检漏是通过目测检查系统连接接头等容易泄漏的部位有无油迹、油滴等存在，以发现泄漏点。该方法主要用于系统运行后的维修检漏。因制冷剂泄漏时总会夹带一些润滑油出来，所以在泄漏处会有油迹。

4. 表压检漏

用低压压力表或复合式压力表的低压部分检查制冷系统的低压压力，若表压压力在 0.483 MPa 以下，即表明制冷剂（R22）不足。因为 R22 在表压压力 0.483 MPa 时的绝对压力是 0.584 MPa，对应的饱和温度为 5 ℃。若饱和温度低于 5 ℃，说明空调工况是不合格的，同时也反映出制冷剂不足。对于前民主德国空调客车或使用 R12 制冷剂的空调机组，低压压力不能低于表压 0.262 MPa，若低压不足表压 0.262 MPa，蒸发温度过低，同样表明制冷剂不足，应进一步检漏。

5. 肥皂水检漏

这是一种在安装、维修中普遍采用且简便易行的检漏方法，特别是中、大型制冷系统，基本上都使用这种方法寻找泄漏点。在打压试漏保压 24 h 后，发现压力有明显下降，说明试漏不合格。将压力提高到打压压力，用毛刷将肥皂液直接涂抹在接头缝隙、焊缝等易漏处，仔细观察该部位是否形成气泡。查出泄漏点应做好标记，若在接头处发现泄漏，应设法旋紧后再次检漏，待全部检漏完毕后，再进行补漏。对于不易直接观察的部位，可利用镜面反射和手电筒检查。检漏结束后，应将所涂的肥皂水擦干，以防腐蚀。

6 浸水检漏

浸水检漏的灵敏度高于肥皂水检漏，这种方法通常用于小型氟利昂制冷机组。当采用浸水检漏时，应拆除系统中不允许接触水的设备（如各种继电器、电器控制设备等）。浸水最好用清洁的温水，因为温水的表面张力小于冷水，容易形成气泡。若再配以较强光源照射，则泄漏部位极易发现。浸水检漏后，应立即用压缩空气将表面吹干，以防止腐蚀金属。

7. 卤素检漏灯和电子检漏仪检漏

卤素检漏灯是以乙醇或甲醇作燃料的喷灯，如图 7.9 所示。氟利昂制冷剂中含有氟（F_2）、氯（Cl_2）、溴（Br）等卤素成分，当它们与灯内灼热的铜皮帽接触，便会产生不同颜色的火焰，根据泄漏量的不同，颜色相应地由微绿变为浅绿、深绿直至紫绿色。R12 泄漏量与火焰颜色关系如表 7.4 所示。

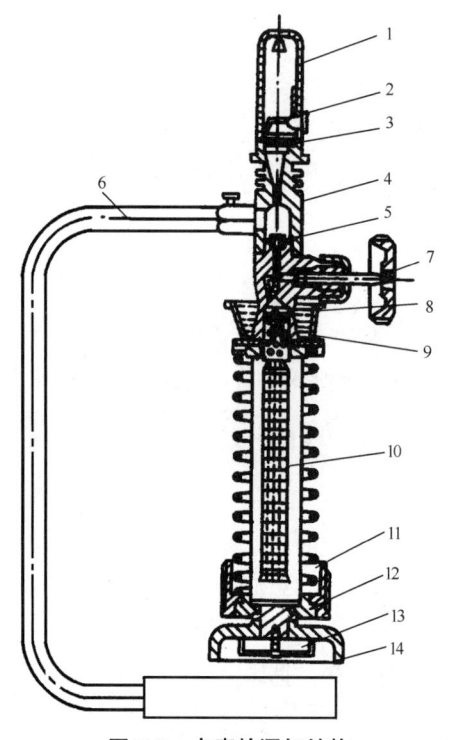

图 7.9　卤素检漏灯结构

1—燃烧口；2—火焰套；3—滤网；4—灯体；5—喷嘴；6—吸气软管；
7—阀针；8—滤网；9—酒精盆；10—灯芯；11—胶木座；
12—垫片；13—空腔；14—底盖

表 7.4　泄漏量与颜色的关系

序号	R12 泄漏量			火焰颜色
	g/月	L/月	mm³/月	
1	4	0.8	0.31	不能检出
2	24	4.8	1.85	微绿色
3	32	6.4	2.47	淡绿色
4	42	8.4	3.23	深绿色
5	114	22.8	8.78	绿紫色
6	163	32.6	12.57	带紫的绿紫色
7	500	100	38.5	紫强的绿紫色

　　使用检漏灯时，先将底盖打开，加入乙醇后，再将底盖盖上并旋紧，将其竖放在平地上。然后在酒精盆内加入乙醇，并点燃，以加热灯体和喷嘴。热量由灯体传给容器，并加热其中的乙醇，使乙醇汽化压力升高，待盆内乙醇快烧完时，微微打开阀杆，让乙醇蒸气从喷嘴喷出，蒸气连续燃烧。喷嘴上有一旁通孔与大气相通，由于喷嘴的高速喷射，使得喷射区内的压力低于大气压力，空气就经旁通孔被吸入。在旁通孔装有一段软管，此软管管口接近各检漏点，缓慢移动，就可检查出是否有氟利昂蒸气渗漏。但在氟利昂大量泄漏时，一般不宜用卤素灯检漏。因为泄漏量大时，氟利昂散布很广，无法判断泄漏点的正确位置，同时燃烧产生的光气容易造成操作者中毒。

　　电子检漏仪又称为卤素检漏仪，是根据氟利昂在电场的作用下极易电离形成离子流，并通过微安电表可检出的原理来检测泄漏部位和泄漏量的，其结构原理如图 7.10 所示。电加热丝 5 将阳极 4 加热到 800 ℃ 左右，在阴极 3 与阳极 4 之间加上直流电压，形成一个电场。从探嘴 10 吸入白金筒内的氟利昂遇到热的阳极，即发生电离而使阳极电流增大，引起微安表 9 的指针偏转。如果将信号经放大器放大后，还能推动蜂鸣器报警或从电流表显示读数。目前国产的电子检漏仪都采用电子放大器将信号放大，其检漏精度为年泄漏量 5 g。卤素检漏仪灵敏度较高，主要用于系统充入制冷剂后的精检，寻找难以发现的漏点。在有卤素物质或其他烟雾污染的环境下不能使用，以免误检。

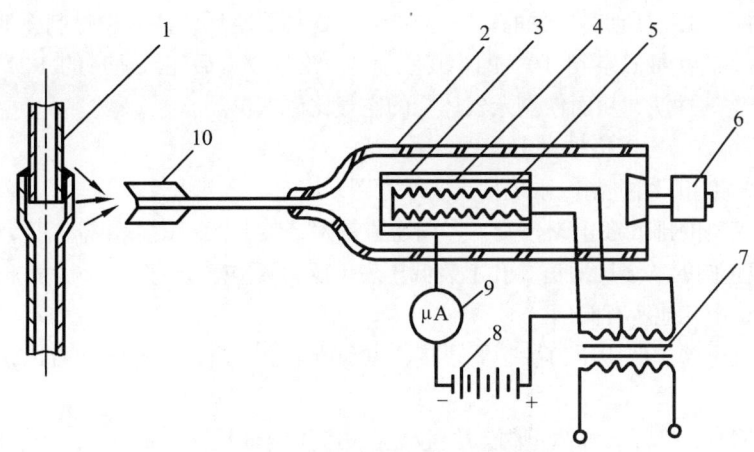

图 7.10　电子检漏仪原理图

1—测漏部位；2—离子管外壳；3—外白金筒（阴极）；4—内白金筒（阳极）；5—加热丝；
6—风扇；7—变压器；8—阴极电源；9—微安表；10—探嘴

8. 真空检漏

制冷系统经压力检漏合格后，还须进行真空检漏。其目的是：① 检查制冷系统在低压状态下的气密性，防止设备和管路有单向泄漏，防止外界空气的不断渗入。若在抽真空过程中系统一直达不到要求的真空度，表明系统有泄漏。② 去除系统中的水分。③ 排除系统内的不凝结气体（空气、氮气等）。

系统抽空有用真空泵和用制冷系统自身的压缩机两种方法。通常使用的是真空泵，它不但能使系统压力降至极低（即极高的真空度），去除系统中的空气和水分，而且还能保护压缩机和电机。制冷系统的绝对压力一般要抽至 700 Pa 以下，24 h 后应基本保持不变。应该指出，真空泵长期使用后，系统中的水蒸气可能进入真空泵的润滑油中，影响其抽空能力，因此润滑油需经常更换。

（1）利用真空泵抽真空

单元式客车空调机组，是由全封闭压缩机组成的制冷系统，如图 7.11 所示。抽真空是借助真空泵来完成的，即：

① 用连接管将带压力真空表的修理阀与真空泵、压缩机连接起来。

② 打开修理阀，开启真空泵，注意观察压力真空表读数的变化，是否向零刻度以下方向移动，如没有，说明系统仍有泄漏。

③ 当真空压力表指针达到或接近 10^{-5} Pa 时，先关闭修理阀，然后停止真空泵运转，抽真空过程结束。

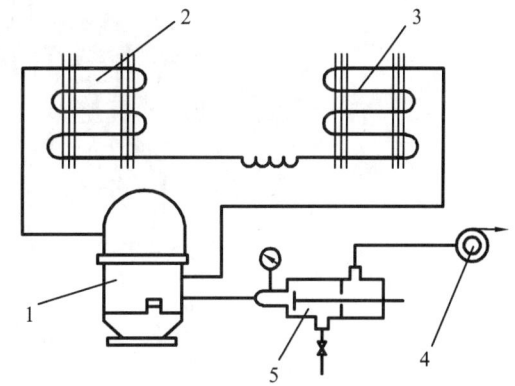

图 7.11　全封闭制冷系统的真空泵抽真空

1—压缩机；2—冷凝器；3—蒸发器；4—真空泵；5—修理阀

制冷系统一次抽真空到规定真空度时，所需时间比较长，尤其是制冷系统只有低压侧充注口时，因毛细导管的节流作用，高压侧真空度达不到要求。若采用二次抽真空法，则可以在较短时间内获得较高的真空度。所谓二次抽真空，是指在一次抽真空后，注入少量制冷剂，使压力真空表恢复到零，然后再次抽真空到 10^{-5} Pa。其原理是一次抽真空后注入适量的 R22 制冷剂，利用 R22 将高压部分空气冲淡，从而使剩余气体中的空气比例减少。

（2）利用系统本身压缩机抽真空

图 7.12 为开启式压缩机制冷系统抽真空示意图。

① 关闭压缩机的排气截止阀，旋下多用通道螺塞，装上锥牙接头和排气管，打开吸气截止阀，并在吸气截止阀的"多用通道"孔上装低压表（压力真空表）。

② 打开系统中其他所有阀门。

③ 将油压继电器、低压压力控制器短接，点动压缩机，看是否有气体排出，并检查有无异常情况。

④ 启动压缩机，打开吸气截止阀。吸气截止阀应缓慢打开，以免系统内的气体来不及排出，造成排气压力过高而引起高压保护。当压缩机连续抽气至排气管听不到喷气声时，可将吸气截止阀开大，并将排气管出口浸入冷冻机油杯中，观察管口的冒气泡情况。

⑤ 若在 5 min 中内无气泡冒出，即可认为系统内的气体已基本抽完，且系统无渗漏。此时，可拆下排气管，用手指按住排气截止阀"多用通道"接口，或拆下锥牙接头，旋上螺塞并拧紧，再将排气截止阀杆反旋退足（关闭"多用通道"），然后停机。

⑥ 若有连续或间断的气泡冒出，说明系统内的剩气未抽完，或有渗漏现象，可继续运转让其磨合一段时间，因为可能是轴封摩擦面不密封而出现渗漏。若气泡依然出现，可采取分段抽空方法，检查每一段的气密性。对怀疑段可检查接头的预紧程度，焊缝是否有空隙等，必要时可向系统充气，检查这段渗漏点。一定要将渗漏点找出补好，方可再继续抽真空。

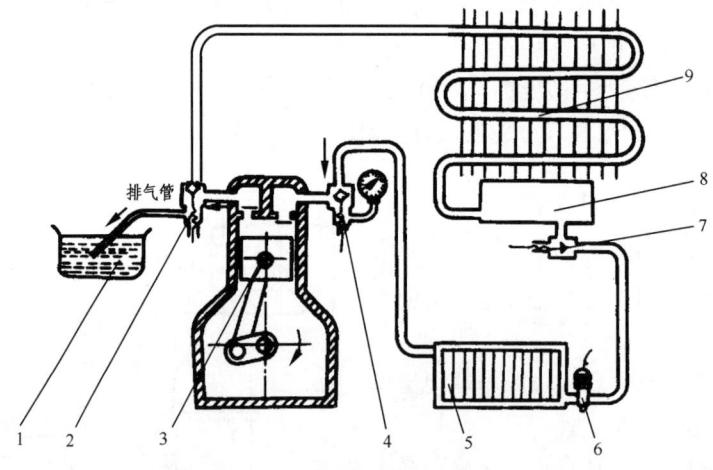

图 7.12 开启式压缩机制冷系统抽真空示意图

1—油杯；2—排气阀；3—压缩机；4—吸气阀；5—蒸发器；6—膨胀阀；7—出液阀；8—贮液器；9—冷凝器

9. 电流检漏

测量压缩机的工作电流也可检查系统是否泄漏。在常温下，5.5 kW 压缩机的工作电流为 9.8 A，3.75 kW 压缩机的工作电流为 6.7 A。当制冷系统泄漏时，压缩机的工作压力和温度都将降低，因此其功率将有明显的下降。功率下降，电流自然也就下降。

二、充注制冷剂

经过压力检漏和真空检漏合格后，应向系统充注制冷剂。在充注制冷剂之前有必要做好相关的准备工作，即充注前，应该对制冷剂质量进行检查。如果制冷剂质量不纯，内含较多的不凝性气体、油和杂质等，是不能直接向系统充注的。如有质量问题，应采取措施进行处理。

对制冷剂质量的检查，可采用下述两种方法进行检测。

第一种方法是测定制冷剂的沸点，如 R12 制冷剂在一个大气压下的沸点为 -29.8 ℃。如果制冷剂质量不佳，含有大量杂质时，它的沸点会发生变化。取一个清洁的硬质小口玻璃瓶（瓶壁不能太薄），放入带有绝热材料的盒内，插入 -40~0 ℃ 的温度计，将制冷剂钢瓶倒置，经过连接管向瓶内注入液态制冷剂，待瓶内液体占一半容积时，即可关闭制冷剂钢瓶阀，使制冷剂在大气压下沸腾汽化。观察温度计在瓶内制冷剂逐渐蒸发冷却时的温度值（即温度值不断下降到恒定值为止），若测得的沸点为 -29.8 ℃，即为 R12 制冷剂。当制冷剂全部蒸发完以后，观察瓶内是否有剩余物和润滑油，以判断制冷剂在使用前是否需要再生处理。

第二种方法是制冷剂杂质含量多少的判断。简单的判断方法是：取一张干净的白纸，对着制冷剂钢瓶的出口，放出一些液体制冷剂，观察它在自然蒸发后剩留在白纸上的痕迹。质量好的制冷剂不会留下什么痕迹，质量差的制冷剂则会在白纸上留下染有颜色的痕迹。试验后如发现制冷剂的质量不好，还应复试一次。

1. 制冷剂充注量的判定

充注制冷剂是制冷设备生产及修理中的重要操作工艺之一。在制冷设备的铭牌或使用说明书上，一般都标有充注制冷剂的品名和充注量，不能随便改换制冷剂或改变充注量。

在安装或维修过程中，制冷剂的充注量可按以下几种方法来判定：

（1）称质量法

将制冷剂钢瓶放在台秤上，充注前先记下钢瓶总的质量。在向制冷系统充注制冷剂的过程中，随时关注台秤的指针，当钢瓶内制冷剂的减少量等于所需制冷剂的充注量时即可停止充注。

（2）测压力法

制冷剂饱和蒸气的温度与压力是一一对应的关系，若已知制冷剂的蒸发温度即可查出相对应的蒸发压力，此压力的表压值可以通过高、低压压力表读出。因此，根据安装在系统上的压力表的压力值亦可判断制冷剂充注量是否合适。

（3）测电流法

以压缩机电机的满载电流值为标准，如测得的电流符合规定值，即表示制冷剂充注量合适。

（4）测温度法

蒸发器进、出口温度之差以及气液分离器出口与蒸发器出口的温度之差与制冷剂充注量有关，可以通过测量上述各点的温度情况来判断制冷剂充注量是否合适。

另外，根据系统的结霜情况也可判断制冷剂充注量是否合适。例如，结霜只限于毛细导管前半段，表明充注量不足；结霜在蒸发器管路上，表明充注量过多；结霜刚好在毛细导管与蒸发器的交接处，表明充注量较合适；若回气管结霜过长或邻近压缩机处有结霜现象，则表明充注量过多等。

2. 充注制冷剂的方法

制冷剂的充注方法有两种：低压充注法和高压充注法。

低压充注法的优点是比较容易控制制冷剂的充注量，安全且不易损坏部件；缺点是，由于充注的为制冷剂气体，充注速度慢，含水量较大，必须经干燥器处理。常用于小型氟利昂制冷系统的第一次充注或对系统制冷剂的补充。

高压充注法的优点是充注的为制冷剂液体，充注速度快，但缺点是较难控制制冷剂的充注量。高压充注法适用于系统经过抽真空处理的第一次充注，特别是大、中型制冷系统。它是依靠钢瓶内制冷剂与系统之间的压力差和高度差使制冷剂液体自行进入系统。需特别注意的是，采用该方法充注时，不得启动压缩机，以免发生"液击"等意外事故。

（1）开启式压缩机制冷系统的高压充注

如图 7.13 所示，将制冷剂钢瓶倒置于磅秤上，用加装了三通修理阀的铜管把压缩机高压排气截止阀的多用通道口与钢瓶连接起来，钢瓶支架的位置尽可能地高于系统贮液器。将铜管与排气截止阀的接头拧松，稍旋开钢瓶阀门，利用高压制冷剂将铜管内的空气排出，待听到喷出的气流声后，立即将接头拧紧，将钢瓶阀门打开。读取磅秤指示的钢瓶质量，同时注意充注工具及磅秤不得承受外力，以免影响读数。顺时针方向旋开压缩机排气截止阀，使多用通道口与制冷系统处于连通状态，制冷剂由此进入制冷系统。

充注时要注意制冷剂钢瓶质量的变化，当达到规定的充注量时，立即关闭钢瓶阀，然后逆时针旋紧排气截止阀，关闭多用通道口，拆下连接铜管，此时充注工作完成。

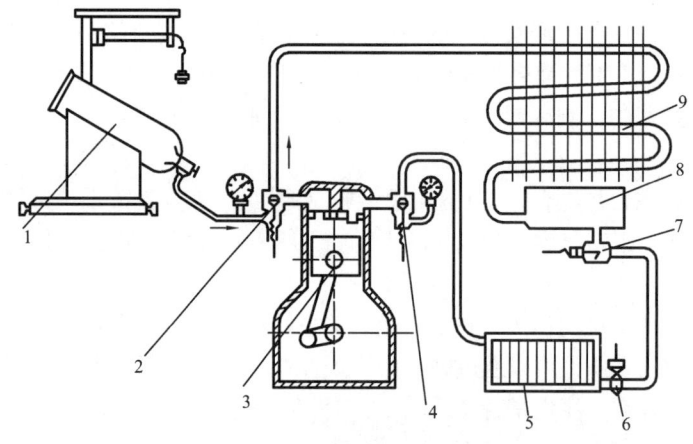

图 7.13 排气口充注制冷剂

1—氟利昂钢瓶；2—排气阀；3—压缩机；4—吸气阀；5—蒸发器；6—膨胀阀；7—出液阀；8—贮液器；9—冷凝器

（2）开启式压缩机制冷系统的低压充注

如图 7.14 所示，将制冷剂钢瓶直立放在磅秤上，将压缩机低压吸气截止阀沿逆时针方向旋紧，关闭多用通道口。连接铜管一端装干燥过滤器后连接在制冷剂钢瓶接口上，另一端则通过三通修理阀与压缩机低压吸气截止阀多用通道口连接。稍稍打开钢瓶阀门，使紫铜管中充满氟利昂气体，再稍稍打开三通换向接头上的接头螺母，利用氟利昂气体的压力将充注管及干燥过滤器中的空气排出，然后拧紧所有接头螺母，将钢瓶阀门打开。记下磅秤所示钢瓶质量。

按顺时针方向旋转压缩机的低压吸气截止阀，使多用通道口和低压吸入管及压缩机处于连通状态,制冷剂即由此进入制冷系统。充注时应注意制冷剂钢瓶质量的变化和低压表压力的变化(一般不超过 98~196 kPa),如压力已达到平衡而充注量还未达到规定值,应先开冷却水(或冷却风扇),待冷却水从冷凝器出水口流出后,再启动压缩机进行充注。开机前应将低压吸气截止阀向逆时针方向旋转,关小多用通道口,以免发生液击(如有液击,应立即停机),然后按顺时针方向慢慢开大多用通道口,使制冷剂进入制冷系统。

当达到规定的充注量时,先关钢瓶阀门,然后逆时针旋转低压吸气截止阀,关闭多用通道口,再立即停下压缩机。

卸下接管螺母、充注用具以及三通修理阀,将原先卸下的锥牙接头、低压表等部件装上并拧紧。

顺时针旋转低压吸气截止阀,使多用通道口与低压表及压力控制器相通(开启的大小以低压表指针无跳动为准)。

(3)全封闭压缩机制冷系统的充注

全封闭压缩机制冷系统一般采用低压工艺口充注,如图 7.15 所示。将装有压力表的三通修理阀一端接压缩机低压工艺管,另一端通过连接管与制冷剂钢瓶连接。

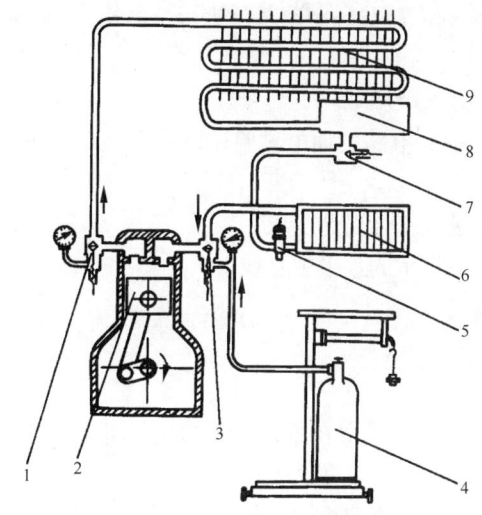

图 7.14 低压段充注制冷剂

1—排气阀;2—压缩机;3—吸气阀;4—氟利昂钢瓶;5—膨胀阀;
6—蒸发器;7—出液阀;8—贮液器;9—冷凝器

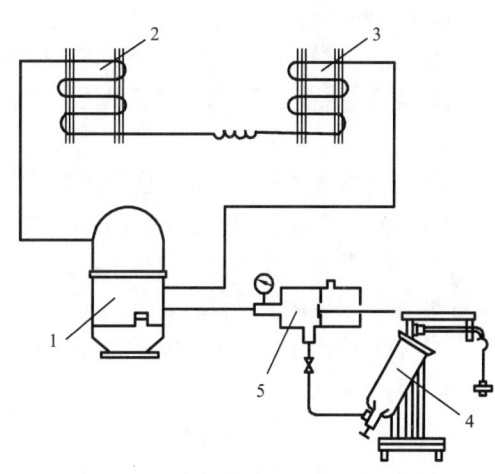

图 7.15 全封闭压缩机制冷剂的充注

1—压缩机;2—冷凝器;3—蒸发器;
4—氟利昂钢瓶;5—修理阀

稍稍开启制冷剂钢瓶并倒置,将连接管内的空气排出,然后拧紧接头螺母,关闭钢瓶阀门,并读取钢瓶质量。开启三通修理阀和钢瓶阀门,使制冷剂徐徐充入制冷系统,当充注量达到规定值时,关闭三通修理阀,然后启动压缩机,观察蒸发器的结霜情况。当制冷剂充注量适当时,冷凝器和吸气管的温度、压缩机的工作电流均在额定范围之内;如充注过量,应放掉多余的制冷剂。充注完成后,先关闭钢瓶阀门,让压缩机继续运行,将钢瓶连接管中的制冷剂抽入制冷系统后,再关闭三通修理阀。之后,在距压缩机工艺管口 20 cm 处,用封口钳夹扁工艺管,用焊锡封口并检漏。

小型全封闭制冷设备制冷剂充注量过多或过少对制冷都不利,尤其是过多更不利,因此在充注氟利昂制冷剂时,充注量要稍少一点为好。另外,充注的制冷剂必须经过干燥、过滤处理。

铁路空调客车的制冷系统采用毛细导管进行节流，此类制冷系统具有结构简单、运转可靠等优点。但因毛细导管属不可调节的节流元件，因此，此类制冷系统中制冷剂充注量对系统性能特别是制冷量有很大影响。

第三节　制冷系统的试运转及调试

制冷压缩机、制冷设备及制冷系统的管道都安装好后，均需要对其进行调试。对制冷压缩机进行拆洗、调试，对制冷系统的其他设备和管道进行清洗、排污和检漏，然后对整个制冷系统的安装质量进行检验，并在系统中充注制冷剂。制冷系统的试运转、调试及运行维护是保证制冷装置正常运行、节省能耗和延长使用寿命的重要环节。

一、启动前的准备和检查工作

为了保证制冷系统试运转工作顺利进行，运行调试前应该对各制冷装置进行全面检查，并需要做好以下必要的准备工作：

① 调试人员应详细了解系统设计、设备构造，检查安装质量。
② 电气系统应在不带负载的情况下先进行供电和控制电路的通电试验，证明各项动作正确无误。
③ 冷却水系统和通风系统应预先单独测定，其流量应符合设计要求。
④ 压缩机曲轴箱内润滑油面高度一般应保持在油面指示的水平中心线上。
⑤ 检查及开启压缩机吸、排气截止阀及其控制阀门。
⑥ 准备必要的测试仪表。
⑦ 氨制冷系统必须准备安全防毒设备。
⑧ 制冷系统的排污。制冷系统内部必须十分清洁，否则残留在系统内部的垃圾将堵塞节流孔、润滑油道，或者拉毛各种摩擦表面。
⑨ 如发现主要设备的出厂时间过长，应根据情况另做检查或拆检（如压缩机等）。

二、启动后的检查工作

制冷系统在启动后，还需要进行以下必要的检查工作。

1. 压缩机的空转试车

当制冷压缩机进行试运转时，应先进行空车试运转。经过拆卸、清洗、检查、测量和调整后，压缩机已装配完毕后就可以进行。因为其可以检查压缩机的装配质量是否良好，安装是否牢固；同时，还可以检查压缩机的润滑系统工作是否正常，油泵压力及供油工作情况是否正常，从而使各摩擦部位通过空转得到初步磨合。

开启式压缩机空转试车的方法是：拆除压缩机气缸盖，取出安全弹簧和吸排气阀组，在每个气缸内的活塞顶部注入少量冷冻机油，再从轴封处的丝堵孔中向轴封器内也注入适量的冷冻机油，旋紧丝堵，用手转动联轴器，使润滑油均匀分布。启动时，先点动压缩机，观察压缩机的启动是否正常，转向是否符合要求。点动后若情况正常，可间歇运转 5 min、10 min、30 min，此时观察油压、油温、声音和振动等情况。在压缩机启动时，操作人员不要站在气缸附近，防止气缸套飞出伤人。机器运转时应有一名操作人员负责看管控制开关，并不得离开，因为一旦机器发生意外故障或情况紧急时，可及时停车，从而防止事故的发生。

制冷压缩机在空转试车时，除正常的机件摩擦声外，不应当有其他的机件敲击声和杂音。油压表指示读数应稳定，气缸体、油泵、前后轴承及轴封等摩擦部位的温升应正常，不应高于室内温度 25～30 ℃。

2. 空气负荷试车

空气负荷试车是在空车试运转正常后进行的，以空气作为压缩对象，用于检查压缩机在有负荷情况下的运转情况，并使压缩机在较低负荷下继续进行磨合。

空气负荷试车前，应先将清洗干净的排气阀组按原来位置装好，并使吸气截止阀与大气相通，排气截止阀和管路的连接通道与大气相通，多用通道口接上压力表。然后接好压缩机的冷却设备，检查压缩机的润滑系统。

启动压缩机后，使所有气缸都参与工作，然后逐渐加载，即逐渐关小排气截止阀通道，并密切监视排气压力表的变化，使排气压力达到 245 kPa 时，保持排气截止阀开度不变，使压缩机在此压力下继续运转数小时后停车。

通过空气负荷试车运转可以检查压缩机阀片装配质量，压缩机润滑油压、油温及轴承温度的变化情况和轴封、气缸盖及连接法兰等处的密封状况。

3. 制冷系统的排污

通过系统吹洗排污可以清除在设备制造、运输，特别是安装过程中可能出现的残留在系统内部的油污、剩水、焊渣和金属氧化物等。氨制冷系统排污时可用空压机或氨压缩机提供压缩空气，压缩空气的压力一般不超过 0.6 MPa。排污口应设置在各设备的最低处。氟利昂制冷系统对内部的干燥要求较高，在排污和试车时不能使用压缩空气，而应使用 0.6 MPa 的氮气进行吹洗。吹污可以分段进行。小型氟里昂制冷系统吹污时，可将经减压后的氮气从压缩机低压端的多用通道进入。若膨胀阀前装有电磁阀时，应将电磁阀开启。当系统排污工作结束后，应将系统中所有阀门（除安全阀外）的阀芯和过滤器拆卸清洗，若发现阀门的密封线被损坏，应及时进行修理或更换。

制冷系统的设备和管路经过空转试车、空气负荷试车和系统排污后，将各设备和管路连接，然后对整个系统进行气密性试验，以排除系统内的空气、水分及不凝性气体，并及时发现系统泄漏处，排除故障。

三、制冷系统的运转调试

为了全面鉴定制冷系统安装或大修后的质量和运转性能，以便为交付验收提供认可依据，在制冷剂充注后，应对制冷系统进行运转调试。

运转调试是制冷系统在工作状态下的全面试运行。在运行前和运行过程中应密切配合机、电、水、仪表等对系统作全面的检查,发现问题的症结所在,并把系统的工况参数调试到等同于设计所要求的工作范围,且达到该系统安全经济的最佳状态。

制冷系统调试的主要任务就是调整系统内的各个参数,使其在经济、合理、安全的条件下运行,以获得最大的制冷量。

制冷系统的运行情况是通过测试压力和温度来反映的。这些压力和温度称为制冷系统的运行参数。标志制冷系统运转状况的参数有蒸发压力和温度、冷凝压力和温度、压缩机的吸气温度和排气温度。

1. 蒸发压力和温度的调试

在间接制冷系统中,蒸发温度应较蒸发器中盐水的温度低 5 ℃,在直接制冷系统中,蒸发温度应较空气冷却室内空气的温度低 10 ℃。

调整蒸发温度,实际上就是通过调整膨胀阀的开启度,从而改变制冷量来满足制冷需求。蒸发温度并不等于冷室的设计温度,而要比所要求的温度低,由于这个温差的存在,才能使蒸发器将冷室的热量带走,温度下降。

调整蒸发温度时,可取下膨胀阀的帽罩,用扳手旋转调节杆,顺时针转动时为压紧弹簧,把阀门关小;逆时针转动时则将阀门开大。实践证明,正常的蒸发压力是白霜结至吸气管道,但吸气截止阀和压缩机体不应结霜,否则,便是膨胀阀的阀门开度未调好。膨胀阀的调试,一般可分两步进行,开始是粗调,即每次调节时可旋转 1 圈左右;当设备接近其运行工况时,再进行细调,每次转 1/4 圈。每调一次后,应使系统运转 10~15 min,待机组稳定后,视不同情况再作调节,直至流量符合要求。膨胀阀的调试是一项细致的工作,往往需花几个小时的时间,因此,必须耐心认真地调试,务求达到预定的要求。膨胀阀调试工作结束后,应将帽罩旋上,并用扳手拧紧,以防制冷剂泄漏。膨胀阀的调试,一般只在分装式制冷设备中进行。

客车的单元式空调机组是由全封闭压缩机组所组成的整体式制冷设备,由于采用毛细管节流,因此不能进行调整。蒸发温度的确定是在连接前根据温度要求对毛细管长度的测定来保证的。

2. 冷凝压力和温度的调试

合理的冷凝温度一般应比冷却水温度高 3~5 ℃。

冷凝温度的高低,主要取决于冷凝器的冷凝面积、冷凝器表面洁净度、冷却水温及流量等因素。调节冷凝温度通常是通过调节冷却水的流量来实现的。对于风冷式冷凝器,则控制冷凝温度在允许的压力值范围内。

3. 压缩机吸气温度和排气温度的调试

压缩机的吸气温度是吸入气缸内的工质气体的温度,其数值应比蒸发温度高 5~15 ℃。影响压缩机吸气温度的主要因素是蒸发温度和吸气管道的长短及绝热状况。

压缩机的排气温度是经压缩机压缩后排出的气体温度,一般要求 R12 系统的排气温度不超过 135 ℃,R22、R717 系统的排气温度不超过 145 ℃,且不低于 70 ℃。影响压缩机排气温度的主要因素是压缩机的吸气温度,吸气温度越高,压缩机排出气体的温度也就越高。

蒸发温度和冷凝温度的获得可以利用敷设在管壁的感温包，直接通过温度计读数；也可通过压缩机吸、排气截止阀上的压力表所指示的蒸发压力和冷凝压力读数来反映。利用蒸发温度和冷凝温度与相应压力的关系，并通过查阅氟利昂制冷剂的压力与饱和温度的对应表，就可求得相应的温度。但应注意，压力表所表示的读数为表压，而压力与饱和温度对应表中所示为绝对压力，查阅换算时应将表压换算成绝对压力，才能得到正确的温度。

四、制冷系统调试中常见的故障

制冷系统调试中常见的故障有压缩机吸气温度过高或排气温度过低、冷室温度降不下来或蒸发排管不结霜等。

压缩机吸气温度过高，主要原因一般是节流阀开启度过小，或者是加进制冷系统内的制冷剂量不足，或者是回气管道绝热层做得不好。节流阀开启度过小，进入蒸发器内的液体制冷剂量就少，因而蒸发器内所形成的蒸气因受热而温度升高，这时应适当地将节流阀开启度增大。如制冷系统注入的制冷剂量不足，也能使蒸发器内的蒸气受热而温度升高，遇到这种情况应向系统内补加适量的制冷剂。如回气管道的绝热层做得不好，外界热量就会传给吸气管内的气体而使气体温度升高，这时应尽量做好回气管道的绝热层。

压缩机排气温度过低，原因可能是节流阀开启度过大，也可能是冷室热负荷过小，或者是压缩机的制冷能力大于冷室热负荷。节流阀开启度过大时，进入蒸发器内的液体制冷剂量将增多，制冷剂会因来不及充分蒸发而形成湿蒸气，湿蒸气被压缩机吸入后，将使压缩机吸气温度降低而造成排气温度过低，这时应将节流阀适当关小一些。当冷室热负荷过小时，由于进入蒸发排管的液体制冷剂不能充分蒸发变成干饱和蒸气，也会使压缩机排气温度过低，遇到这种情况，应适当减少制冷剂供给量。当压缩机的制冷能力大于冷室热负荷时，进入蒸发器内的制冷剂液体未完全蒸发就被压缩机吸入，从而造成压缩机吸气温度低，也使排气温度降低，这时应调节压缩机的控制阀或停开一台压缩机。

冷室温度降不下来，主要原因可能是节流阀开启度过小或过大，也可能是注入系统内的制冷剂量过小，或冷室内的蒸发排管表面积太小，或者是压缩机制冷能力小于冷室冷却设备的传热能力等。当节流阀开启度过小时，进入蒸发器的制冷剂量不足，冷室内空气温度便不易降低，当节流阀开启度过大时，即失去节流能力时，进入蒸发器内的液体制冷剂量便会过多，形成制冷剂压力升高，因而蒸发温度也随之升高，冷室温度也就难以降下来，这时应适当调节（关小）节流阀的开启度。有时当节流阀未打开或有阻塞时也会出现冷室空气温度降不下来。当注入系统内的制冷剂量过少，不能满足排管蒸发量要求时，也会影响冷室内空气温度的降低，这时应经过计算向系统补加适当的制冷剂。当冷室内蒸发排管表面积太小时，冷却物体散发出来的热量不能及时被排管传给制冷剂，冷室温度也就无法降下来，这时应增加排管的表面积。当压缩机的制冷能力小于冷室冷却设备的传热能力，而无法将蒸发排管中的蒸气及时带走时，蒸发排管中制冷剂的压力便升高，从而使蒸发温度也升高，这时应加开压缩机的台数。

蒸发排管不结霜的原因可能是节流阀开启度过小，也可能是排管管路有堵塞，或者是管道连接方式有错误，这些都会使制冷液体不能畅流或通过，结果使这部分排管不能结霜。

制冷系统调试故障是很复杂的，产生的原因有时也是多方面的。排除故障时应详细调查研究，具体认真分析，以便准确、迅速地判断故障产生的原因，确定排除故障的方法。

第四节　制冷系统的保养与维护

一、日常保养

制冷系统的设备，因运动部件的磨损、腐蚀、结垢、振动、疲劳等，会逐渐丧失其原有的工作性能。操作人员对系统内的各设备必须进行必要的维护和保养，以延长其使用寿命和修理周期。因此，认真地维护保养，确保各设备长期正常运行，才能充分发挥其最大的经济效益。

系统在运行过程中，故障的产生必然有其先兆和起因。先兆可以通过操作人员的听、看、闻、摸等手段察觉，并对一些不正常现象进行正确的分析和处理，以避免故障的产生和失控。产生故障的原因，除了自然磨损、腐蚀、结垢、损坏外，还有是因操作不当、维护保养不善造成的。因此，操作人员实行上岗前的专业技术培训，对制冷系统的正常运行，减少修理费用和配件库存量等是非常必要的，也有利于操作人员业务素质的日益提高。

1. 压缩机的维护保养

压缩机在正常运转时，油位应保持在油眼中线附近，过高或过低会失去油眼对油位的监视作用，且对润滑不利。新安装的压缩机油位可在油眼 2/3 高度上，以保证试运转时油位不会太低。试车结束后应将曲轴箱内的冷冻机油全部放尽，并进行内部清洗，然后加油至标准油位。在运行中当油位下降至最低限位以下时，可按加油操作程序补充冷冻机油。若油位下降失常，不能盲目加油，应停机检查、分析漏油原因，并进行处理。

为确保压缩机安全运行，必须认真调节满足油压。为保证压缩机运行时的正常油压，保持正常油位，清洗油过滤器，疏通输油管路，更换冷冻机油，规范选用的品牌是应做的日常养护工作。

运行中的油温一般在 35～50 ℃ 之间，因为该油温是部分排气热量、摩擦热、吸气冷量、环境温度、油冷却器之间的热平衡温度。过高或过低的油温，应对其原因进行分析，及时进行处理。日常观察润滑状况、触摸运动部位外表面温度和油冷却器进出水温度及温差、调整冷却水量、定期清除油冷却器管内的水垢和杂质，是保证压缩机正常油温的工作内容。

运行中的压缩机是有一定振动和声响的，若产生强烈振动和异常噪声，应立即停止压缩机运行，并予以处理。在日常养护工作中应注意检查压缩机外部容易产生振动和噪音的部位，避免地脚螺栓松动、垫铁移位、联轴器减振橡胶磨损，如振动和噪音来自压缩机内部，应根据压缩机相应故障进行分析并及时排除。

压缩机容易泄漏的部位主要是轴封处，其次是螺纹连接的油眼和螺栓连接的密封面。轴封处泄漏量不超过 10 滴/h 或更低，如发生大量泄漏，则应停机检修。造成轴封泄漏的原因很多，其中维护不善是其主要原因，如油压不足、润滑油不清洁等。油眼泄漏主要是操作人员没有按正常停机操作程序，曲轴箱内制冷剂较多，使曲轴箱压力升高，或油眼、密封圈老化等。密封面泄漏主要是运行时压缩机的振动和压力的冲击，使螺栓松动。平时在维护中发现螺母、螺栓松动，应及时紧固。若已经泄漏，在高压部位拧紧的难度较大，施力过猛容易造成螺栓断裂和滑扣，因此，停机泄压后再拧紧更为安全可靠。

2. 换热设备的维护保养

冷凝器冷凝效果的好坏直接关系到制冷效率的高低，影响到耗电量的大小。由于水冷式冷凝器用水作为冷却介质，而水中带有多种杂质、藻类植物、盐类物质，因此在制冷剂高温过热蒸气作用下，容易黏附、沉结在管壁上，形成污垢而增加热阻。通常两年除垢一次，深井水半年到一年除垢一次。此外，应按放空气、放油操作程序，对冷凝器适时进行放空气和放油操作。

蒸发器是制冷系统中的低压设备，也是制冷循环中必不可少的设备之一。蒸发器性能的好坏直接关系到制冷效率的高低，因此正确地维护保养蒸发器，稳定和保持蒸发器的产冷量，是操作人员日常工作的主要任务之一。

冷却液体用作蒸发器，其日常维护保养工作有：

初始运行时，必须经多次循环冲洗放净脏水，确认系统干净后，方可注入净水，添加溶质和缓蚀剂，然后投入运行。若对冷媒水系统补充新水时，必须按规定添加溶质和缓蚀剂。

一般蒸发器运行 200 h 左右应放油一次，并按放油操作程序进行放油。

蒸发器需长期停止运行时，应将蒸发器内的制冷剂抽回贮液器内存放，使蒸发器内压力保持在 0.05～0.07 MPa，以防止空气渗入。卧式壳管式蒸发器，应放净系统中的冷媒水。盐水箱应将箱内的盐水放净，并进行清洗后加满洁净水封存，避免管组、箱壁接触空气而腐蚀。

3. 空调机组的日常保养与维护

空调机组需要进行日常保养与维护。表 7.5、7.6 分别列出了客车单元式空调机组的维护保养和制冷系统各设备部件的正常运行状态。

表 7.5 单元式空调机组的维护保养

分类	部件名称	周期	检查方法及处理
热交换系统	冷凝器 蒸发器	一次/年	（1）将压缩空气按运转时的反方向吹入肋片间隙或从脏物附着多的一侧用吸尘器进行吸尘。 （2）特别脏时，用软毛刷沾上溶化了的中性洗涤剂温水轻轻刷洗
空气过滤器	新风过滤网	一次/周	肥皂水洗净，清水漂洗，晾干
通风机	室外风机	一次/年	（1）除掉室外风机的锈蚀及管路锈斑，如发现油污，应详细检查并及时处理。 （2）运转时，发现振动或有异常声音，应更换轴承或电机
通风机	室内风机	一次/年	（1）清扫风机，特别是对附着在叶片内侧的灰尘，要用软毛刷刷洗（注意不要使叶片变形）。 （2）运转时，发现振动或有异常声音，应更换轴承
电气系统	电路	一次/年	绝缘电阻：用 500 V 兆欧表检测，确认充电部和非充电部的绝缘电阻是否在 2 MΩ 以上，在 2 MΩ 以下时，请检查各部位的绝缘老化情况，进行修理
电气系统	电路	一次/年	绝缘耐压：在充电部和非充电部之间，每隔 1 min 附加交流正弦电压（耐压 1 500 V），确认有无异常现象，如无要求可不必做
电气系统	电路	一次/年	确认接线端子各紧固螺钉是否松动

表 7.6　制冷系统的正常运行状态

设备名称	检查部位	检查项目	运行状态的正常标志
压缩机	进气阀	温度	保持正常过热度
		声音	声音平稳，无异常振动和撞击声
	排气阀	温度	与制冷剂种类和运行温度有关，一般不超过 100 ℃
		声音	声音平稳，无液击声
	进气管	吸气压力	蒸发压力减去吸气管路的阻力损失
		吸气温度	蒸发温度加上回热温升（氨：5~8 ℃，氟利昂：5~15 ℃）
	排气管	排气压力	冷凝压力加上排气管路的阻力损失
		排气温度	与制冷剂种类和运行温度有关，一般不超过 100 ℃
	油泵	油压	一般为 149.2~294.2 kPa
		油温	正常在 35~50 ℃，最高不超过 60 ℃
	油位	油位	应保持在观察孔中心线附近
		洁净度	透明无浑浊
	轴承	温度	轴承座外部测量不超过 45 ℃，最高不超过 55 ℃
	轴封	漏油	无漏油
电机	电源	电压	额定电压内不得超过 ±10%
		电流	额定电流内
	轴承	温度	无异常高温，一般在 70 ℃ 以下
	线圈	温度	额定值内
冷凝器	制冷剂出口	温度	与冷凝压力相当的饱和温度，过冷时约低 5 ℃
蒸发器	蒸发管路	结霜状况	霜层均匀
	回气管	蒸发压力	规定压力比相应蒸发温度高一定的过热度
油分离器	筒体	温度	最低应高于冷凝温度
	油位计	油位	油面正常，无过高状况
贮液器	液位计	液面	保持正常液面，过高或过低均不正常
供液管路	节流阀	温升	异常的高、低都不正常，应在绝热材料允许范围内

二、停机后的维护

1. 短期停机后的维护

短期停机是指制冷设备比较短时间的停止工作。从停机的周期来划分，一般停机时间在一周之内。制冷设备短期停机时要预先采取措施，以减轻下次启动的困难。停机前应先关闭蒸发器、中间冷却器的供液阀、电磁阀，停止制冷剂液泵的运转，压缩机仍继续运转 10~15 min，以降低系统的回气压力；再关闭压缩机的吸气阀，切断电流，当飞轮停止运转后，随即关闭排气阀，最后停止水泵和冷却塔风机的工作。

短期停机维护的一般要求：
① 检查系统是否有泄漏现象，发现漏点应及时处理。
② 拧紧阀门填料压盖，氟利昂阀应带上阀帽，防止制冷剂泄漏。
③ 氟利昂制冷系统应检查系统回油情况是否良好。若曲轴箱油面降低，不应往里添加新润

滑油，应查明润滑油从蒸发器向压缩机回流不良的原因，待停机后加以排除。

④ 利用停机时间排放冷凝器和贮液器内的空气。

⑤ 检查、清洗吸气阀、浮球阀、电磁阀以及热力膨胀阀等的过滤器，排除制冷剂中的杂质。

⑥ 氟利昂制冷系统应检查、清洗干燥过滤器，干燥剂吸潮后应进行干燥处理或更换。

⑦ 冬季停机必须及时放尽压缩机冷却水管、水泵、卧式冷凝器和卧式蒸发器中的冷却水，以免冻坏设备。

⑧ 检查制冷设备安全保护装置整定值。

2. 长期停机后的维护

长期停机是指制冷设备长时间停止运转。长期停机时，首先应将低压侧的制冷剂全部收回到高压贮液器内，贮液器容纳不下时，应贮存到制冷剂钢瓶中。若没有贮液器，则将制冷剂收入冷凝器内。此时，低压侧及制冷机内残留的制冷剂压力应保持在 0.02 MPa（表压）左右，如果低于大气压，空气可能进入系统。另外，三角皮带传动的压缩机的皮带应卸下，以免压缩机曲轴单向受力而引起轴封渗漏和皮带变形，此时应检查整个系统是否有泄漏处，如有应及时修复。同时还应旋紧全部阀门的密封压紧螺母，最后放尽压缩机水套、水泵、冷凝器中的冷却水，以防止冬季结冰冻坏设备；断开压缩机及其配套设备（如水泵、通风机、冷却塔等）总电源开关和各设备开关。

长期停机后再运转时，除按正常运转顺序启动、运转外，还应注意以下几点：

① 再次运转前必须检查已修理的部位是否泄漏。

② 用手盘车检查设备是否正常，若盘车很费力，可能是轴承锈蚀或油污染严重，有必要拆卸检查。在启动电机之前，应用手盘车，使润滑油输送到各摩擦部位。

③ 压缩机正常运转后，应缓慢开启吸气阀，以防止管路中长期停机积存的液体吸入汽缸。

三、制冷系统润滑油的充注与更换

制冷系统在运行过程中，压缩机的润滑油在润滑过程中将带出各摩擦部位和运动部件中自然磨损产生的金属粉末，使油变脏。若制冷剂含有水分，进入压缩机后与润滑油混在一起，会使油变质。所以压缩机运行一段时间后，必须更换润滑油。

1. 开启式压缩机的换油

开启式压缩机的润滑油一般只在定期检修或拆修压缩机时才予以更换，在特殊情况下，必须要更换时，可按以下步骤进行：

① 关闭压缩机吸气阀，将压缩机曲轴箱及低压腔抽空至稍高于零（表压），随即停机，关闭压缩机排气阀。

② 拆去曲轴箱下部的放油孔闷头，即可把脏油放出。必要时可拆去曲轴箱侧盖，用汽油清洗曲轴箱油池和滤网后用清洁润滑油冲洗，再装上侧盖，旋紧放油孔闷头。

③ 从注油孔注入润滑油，到所需润滑油量后，盖上油闷头。

④ 将压缩机排气阀上的"多用通道"通大气，启动压缩机，将曲轴箱抽空，排净空气，再关闭"多用通道"后，停机。

⑤ 检查压缩机真空性能，合格后可在"多用通道"上安装压力表或压力控制器，并开启压缩机吸、排气阀。至此，换油完毕，压缩机可重新开机运转。

2. 压缩机润滑油的充注

对各种压缩机加注润滑油时，应注意以下几点：① 在加注润滑油操作时，不得将空气混入系统中。② 新注入的润滑油牌号，应与压缩机原润滑油牌号相同，且质量符合要求，禁止将不同牌号的润滑油混合使用。③ 应严格按机组说明书的要求加注润滑油的牌号和数量，过多或过少都会影响机组性能。有条件时，应尽量使用带有刻度的油桶。④ 在加注过程中，对各截止阀的开关状态应弄清楚。当压缩机排气截止阀关闭，"多用通道"又没有打开时，切勿开机，以免造成意外事故。

（1）无油泵装置的小型压缩机

该类型压缩机在曲轴箱靠近后端盖的左上方有一加油螺塞（如 2F6.5 型、2F6.3 型），添加润滑油时，首先要关闭吸气截止阀，启动压缩机，将曲轴箱内制冷剂排入冷凝器。注意：如发生液击，则应断续停开几次，以使压缩机内的压力接近大气压力（即表压略高于零），关闭排气截止阀，停机。然后，旋开加油螺塞，用漏斗灌入洁净的润滑油，油面应到视油镜中线为止，随即旋紧螺塞。最后，打开吸、排气截止阀，加油工作结束。

（2）有油泵装置、无加油孔的压缩机

该类型压缩机有老系列 2F10 型和 4F10 型以及新系列的 4FS7B 型，加油方法有从压缩机吸气截止阀处加油和油分离器回油管处加油两种。

从压缩机吸气截止阀处加油时，如图 7.16 所示，首先应关闭吸气截止阀的"多用通道"，接上一根铜管作加油管，铜管另一端浸入油桶中。然后稍稍开启"多用通道"，待排除管内空气后，用手指将加油管的口堵住，不要漏气。打开排气截止阀和"多用通道"口，关闭吸气截止阀，将吸气截止阀上"多用通道"打开，压缩机点动开机，将曲轴箱抽成真空状态后停机，把手指松开，润滑油自动吸入曲轴箱，如此反复数次，加足为止。最后关闭吸气截止阀的"多用通道"，拆除加油管，堵严"多用通道"口，完成加油工作。

从油分离器上的回油管处加油时，如图 7.17 所示，首先开启压缩机排气截止阀，关闭吸气截止阀和手动回油阀，拆下接在手动回油阀上的回油管，用手堵住管口，将管口浸入油桶中。然后将压缩机点动开机，待曲轴箱内成为真空状态时，将手放松，此时润滑油经油管被吸入曲轴箱。当油面达到要求时，将油管复原接好，再开启手动回油阀，压缩机恢复正常使用。

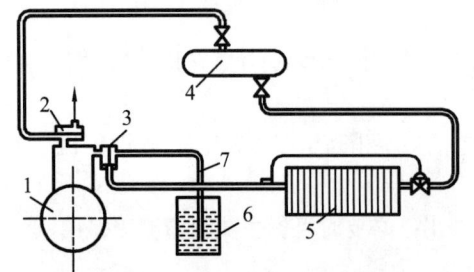

图 7.16 从吸气阀处添加润滑油

1—压缩机；2—排气截止阀；3—吸气截止阀；4—冷凝器；
5—蒸发器；6—油桶；7—加油管

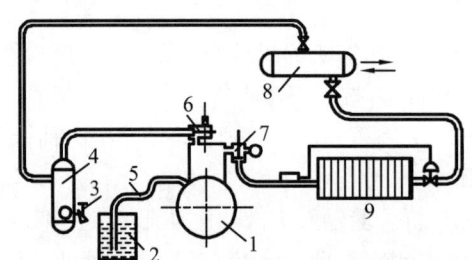

图 7.17 从回油管处添加润滑油

1—压缩机；2—油桶；3—手动回油阀；4—油分离器；5—回油管；
6—排气截止阀；7—吸气截止阀；8—冷凝器；9—蒸发器

（3）有油泵装置及加油阀的压缩机

例如新系列 6FWTB 型压缩机，如图 7.18 所示，其加油时，用一根铜管，管内充满润滑油，一端接到加油阀，另一端用手指堵住，浸入油桶内。关闭掉压缩机的吸气阀，开启压缩机排气阀和冷凝器的进气阀。将压缩机点动开机，当曲轴箱被抽成真空状态时，开启加油阀，润滑油经铜管被吸入曲轴箱，当达到刻度线时，关闭加油阀，拆除加油管，结束加油工作。

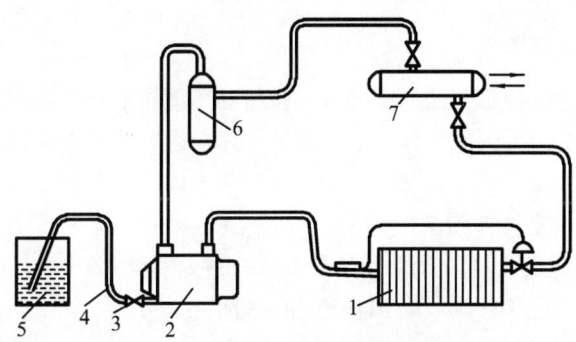

图 7.18 从压缩机加油阀添加润滑油
1—蒸发器；2—压缩机；3—加油阀；4—加油管；5—油桶；6—油分离器；7—冷凝器

（4）小型全封闭式压缩机

小型全封闭式压缩机一般采用往复式和旋转式结构。在压缩机的修理过程中，充灌冷冻机油应在压缩机外壳焊接好，并经检漏合格后，方可加注冷冻机油，以免在焊接外壳过程中，压缩机内部空气因受热膨胀而爆裂。对于往复式全封闭压缩机，可从其工艺管处加注润滑油，其方法步骤如下：

① 用量杯量取定量冷冻机油，倒入一个清洁而干燥的油桶中，且使油桶略高于压缩机吸气管的位置；② 用一条清洁、干燥的软管，内部充满冷冻机油，接在压缩机的吸气管上，软管的另一端插入油桶中，从吸气管注入冷冻机油到规定量为止；③ 也可以启动压缩机，将冷冻机油吸入。

对于旋转式压缩机可从高压管处外接真空泵，抽真空后，从低压管处将冷冻机油吸入。

对各种型号的压缩机加注润滑油时应注意：① 操作过程中不得将空气混入系统中；② 非同种、同牌号润滑油不得灌入一个制冷系统；③ 系统内未彻底清洗干净前不能灌注润滑油。

四、制冷系统中空气的排除

在制冷系统中，由于操作不当等原因，往往会有一部分不凝性气体存在，其主要成分是空气，还有少量的制冷剂和润滑油的分解物。它们在系统正常冷凝压力和冷凝温度下不会冷凝成液体，故称为不凝性气体。如果制冷系统中有不凝性气体存在，则会导致冷凝压力升高，并在冷凝器内传热面上形成气体层，增加热阻，使传热系数降低；同时，空气与水分伴生，使系统含水量增加，引起管道和设备的腐蚀、系统出现堵塞等不良现象。另外，由于系统冷凝压力的升高，使机组的产冷量减小而耗电量增加。

空气进入系统的途径，大部分是由于系统真空试漏不合格或局部更换部件时，未经抽真空处理；也可能是在加注制冷剂或润滑油时，操作不当带入系统内。空气进入系统后被压缩机吸排至高压系统,由于高压贮液器具有液封作用,空气很难再进入低压系统。所以制冷系统中的空气主要积聚在冷凝器和高压贮液器中。系统内有无空气的检查,可根据排气压力表的摆动情况,再结合压缩机的排气压力与温度来判别。若系统内有空气存在,则排气压力表指针摆动慢,摆幅略大,摆动频率不与活塞运动频率相同,此时,排气压力和排气温度均高于正常值。

1. 氨系统中空气的排放

氨系统中空气的排放可以通过空气分离器,也可在压缩机停止运转时,继续向冷凝器供冷却水,使冷凝器内的氨气全部凝固成液体,空气大都积存在冷凝器的上部,即可通过冷凝器上部的放空气阀排放。

利用空气分离器排放空气如图 7.19 所示。

① 使用空气分离器放空气时,先开启空气分离器的回气阀,使空气分离器的压力降至吸气压力。其他各阀门关闭。

② 适当开启混合气体进气阀,让冷凝器中不凝性气体和氨的混合物进入空气分离器内(打开阀 1 前,空气分离器处于待工作状态)。

③ 微开节流阀 5 (开启度大小应视回气管道的结霜情况而定,一般控制在使回气管结霜 1 m 左右),使氨液经节流阀减压后进入盘管内蒸发,吸收混合气体的热量,使混合气体中的氨气冷凝成液体下沉,空气集于上部。

④ 稍等片刻后,打开阀 3 放空。空气放完后,关闭阀 3 和阀 5。

⑤ 开启阀 4,使冷凝下来的氨液重复使用,最后关闭阀 4 及阀 2,使空气分离器处于待工作原状态。

如一次未放完,可按上述方法和程序反复多次。

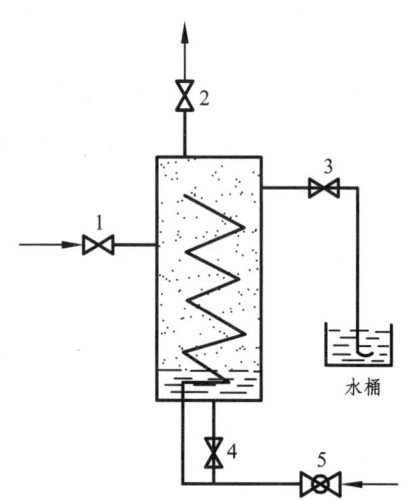

图 7.19 氨系统排放空气原理图
1—混合气体入口阀;2—回气阀;3—放空阀;
4—回液阀;5—节流阀

2. 氟系统中空气的排放

对于氟系统中空气的排放,应在保持压缩机继续运转的情况下,关闭贮液器出液阀或冷凝器出液阀,把低压系统内的制冷剂排至冷凝器或贮液器内。待低压系统达到真空状态后,停止压缩机运转,但冷凝器冷却水或冷却风扇不停,停机 1h 后,旋松排气阀的旁通孔丝堵,再将排气阀旋至三通状态,则高压气体从旁通孔中排出,若手感不到凉爽而有吹风感时,排出的是空气,当手感凉爽或有油滴时,即应拧紧丝堵,停止放空气。排放空气后,关闭排气阀。如果冷凝器顶部安装有放空气阀时,也可从此处排放空气,判断也如上所述。

五、制冷系统中水分的清除

制冷系统中水分的存在对系统危害很大,会锈蚀管路和设备,极易使润滑油氧化变质,严重时会在膨胀阀处形成冰堵,造成系统不制冷。因此,在制冷系统的各种操作过程中,应严格防止水分进入系统内部。

制冷系统内的水分多数是在系统组装、分解和检修时带入的。另外，也会由于制冷剂和润滑油不纯，含水分过多，随着加注过程进入系统。因此，在以上操作中应使用合格的制冷剂和润滑油；有条件的，可在加注过程中，外加一个干燥过滤器，使制冷剂和润滑油先行除去水分和杂质。在分解和组装过程中，严格按操作规程进行工作，对于小型制冷机组，可在组装前先将部件在干燥箱内干燥，然后立即组装，并堵住进、排气口，以免潮气进入系统内。严把抽真空处理这一关，除真空度应达到规定值外，还可在抽真空过程中，对某些易积存水分的部件进行适度加热，以除去水分。

对于系统中的水分，可使用干燥剂去除，常用的干燥剂有无水氯化钙、硅胶和分子筛等。制冷系统中采用的无水氯化钙一般做成直径大于 8 mm 的颗粒状，呈白色。无水氯化钙吸水性强，吸湿后能被溶解成糊状，不能再生，并且很容易随制冷剂流入系统。因此当制冷系统中水分较多时，其只能作临时定时使用。一般一次使用时间约为 6~8 h。当系统中水分减少后，应立即将其卸下，换成能较长时间工作的其他种类制冷剂。硅胶和分子筛呈颗粒透明状，粒径约 3~5 mm，吸水性能好。干燥时为深蓝色，吸水后变为粉红色，所以称为变色硅胶。变色硅胶能较长时间在系统中使用，吸湿后的硅胶可加热至 100~120 ℃ 左右脱水再生。变色硅胶虽价格便宜，使用方便，但单位质量硅胶的吸水量少。分子筛对水的吸附能力较强，尤其是含水量较低，制冷剂流速较大时，分子筛仍具有较高的吸水能力。同时，分子筛的使用寿命较长，再生后仍可使用。分子筛的种类很多，不同品种的分子筛其孔径大小各异，呈白色球状或条状，颗粒直径约为 5~6 mm。使用前要经过活化，一般 A 型分子筛在常压下活化温度为（550±10）℃ 加热 2 h 后，在干燥条件下冷却至室温。分子筛使用一定时间后会逐渐失效，要通过脱水再生后才能再次使用。再生条件是减压加热到（350±10）℃，保持 5 h，然后冷却 2 h。

1. 开启式压缩制冷系统水分的排除

开启式压缩制冷系统在安装和修理操作时，同样要注意防止水分进入系统，在系统抽真空时应达到一定的真空度要求。系统有无水分进入，可通过手摸干燥器外壳判断。外壳若发冷、凝水或结霜，说明其中的干燥剂吸水已经饱和，制冷剂流过干燥器时，产生部分节流，此时应予更换。

更换干燥剂时，应先关闭出液阀，按回收制冷剂的方法，将蒸发器及管路内压力抽空至稍高于零（表压）后停机。然后关闭干燥过滤器邻近的阀门，拆下干燥过滤器，换上干燥剂，重新装好。若干燥过滤器与低压管路间有阀门，则可稍开出液阀，排出干燥过滤器内空气后拧紧即可。如无此阀，则开机，将输液管与低压段空气排出，然后停机，将压缩机排气阀的"多用通道"螺母拧紧，打开压缩机排气阀和出液阀，让压缩机运转。

若系统内无干燥器，只有过滤器时，可按以上步骤，将过滤器取下，换上事先准备好的干燥器，经几小时运转吸潮后，重新换上过滤器。

如一次更换效果不行，则采用多次更换的方法来解决。在操作过程中，出现冰堵时可先让系统停止运行，然后加热膨胀阀，再开机运行，使制冷剂在干燥过滤器中多循环几次，让干燥剂充分吸收水分后再更换，这样可减少更换次数。

2. 全封闭压缩机系统水分的排除

对于全封闭系统的水分排除，只有打开工艺口将系统中的制冷剂放净，然后更换干燥过滤器，再对系统抽真空。为了保证将系统的水分排净,在抽真空时应注意:在抽真空时可让压缩机工作一段时间发热以及对换热设备进行加热,这样有利于压缩机内水分的抽出。

六、制冷剂的补充与回收

1. 制冷剂的补充

开启式压缩机制冷系统若有制冷剂的泄漏或因拆修、操作(如换油、放空气、更换部件)不慎造成制冷剂的漏泄,在运转中,就会出现压缩机吸入压力和冷凝压力降低,膨胀阀出现气流声响,制冷能力下降及蒸发温度升高,这就需要补充制冷剂。在补充前,应先对制冷系统进行检漏和补漏,确认系统无漏泄后,再补充制冷剂。系统补充制冷剂的方法和前面系统加入制冷剂的方法相同。

大、中型氟利昂制冷系统,一般在高压侧设有加液阀,可以将制冷剂钢瓶接头与加液阀连接,先稍微开启钢瓶阀,赶走管内空气,然后旋紧连接管接头螺母,开启加液阀,使钢瓶内的制冷剂补充进入系统,补充加液时,应关闭贮液器上的供液阀,可从贮液器上的液位指示器观察加液量。小型氟利昂制冷系统没有设置液体制冷剂加液阀,只能通过压缩机多用阀口将制冷剂气体吸入系统。为了避免压缩机"来霜",必须控制制冷剂瓶阀门开启度,保证吸入的是制冷剂气体。制冷剂补充量是否合适,应称重计算,或者从制冷压缩机运转状况分析判断。

氨制冷系统一般都设置加氨阀。通过加氨阀向系统补充氨液。补充加氨时,应先关闭总调节站上来自贮液器、中间冷却器、排液器的供液阀,启动压缩机,降低蒸发器系统的压力,开启氨瓶阀和加氨阀,液氨通过加氨管进入蒸发器和循环贮液器。然后被压缩机吸入,最后进入贮液器。系统补充氨的准备工作及其过程必须遵照氨制冷设备的安全技术规程。氨补充后的贮液器存氨量不得超过80%。

2. 制冷剂的回收

当制冷系统需要拆解、维修、更换部分设备(如贮液器、冷凝器)或装置长期停用时,应将系统中的制冷剂抽取到专用钢瓶中存放,以减少环境的污染。待检修部位进行试压和抽真空,排除其中的空气和水分后,再重新灌注制冷剂。

对于氟利昂制冷系统,从系统中抽取制冷剂的方法有两种:小型开启式制冷机组(压缩机缸径 70 mm 以下)可用自身压缩机抽取制冷剂;若压缩机因本身故障不能使用或机组为全封闭或半封闭压缩机及容量较大的制冷系统,则需用另一台开启式压缩机来抽取制冷剂。这是由于全封闭或半封闭压缩机的电机绕组是用制冷剂来冷却的,在制冷剂被逐渐抽空的情况下,电机长时间运转,极易发热以致烧毁;容量较大的制冷系统中注入的制冷剂量大,用自身压缩机抽取制冷剂耗时长,易发生危险。

(1)小型开启式压缩机回收制冷剂的操作

如图 7.20 所示,首先将压缩机排气截止阀逆时针退足,关闭"多用通道"。用连接铜管将"多用通道"孔与备用钢瓶连接并拧紧接扣。顺时针转动排气截止阀的阀杆,稍开即关,再将钢瓶一端接扣拧松片刻,再拧紧,利用系统放出的制冷剂将管内空气排出。旋开钢瓶的阀口,准备好冷却钢瓶的冷水或将钢瓶浸入水中,以便使制冷剂凝结成液体,加快抽取速度。然后启动压缩机,将吸气截止阀关小,关闭排气截止阀与冷凝器的通路,将过热蒸气排入钢瓶中。连续用冷水冷却钢瓶,注意排气压力应不超过 $1.5 \times 10^6 \, \text{Pa}$(表压)。当排气压力逐渐下降或手摸排气管不太烫时,可逐渐开大吸气截止阀,将系统内制冷剂抽取干净。压缩机连续运转相当时间后,吸气压力表的压力逐渐下降,当压力表指针为零(表压)或更低时,制冷系统中的制冷剂已抽空,此时可停机,并立即关闭钢瓶阀口。稍等几分钟,观察吸气压力表指针回升情况。若停机后,压力升至零位以上,就要重新打开钢瓶阀口,并启动压缩机继续抽取制冷剂;若压力不回升,说明系统内已没有液态制冷剂。至此,可逆时针退足排气截止阀,关闭其"多用通道"。在抽取过程中,应事先了解备用钢瓶的容量和允许灌注量。应将钢瓶放在磅秤上,及时控制其灌注量,以免发生意外。

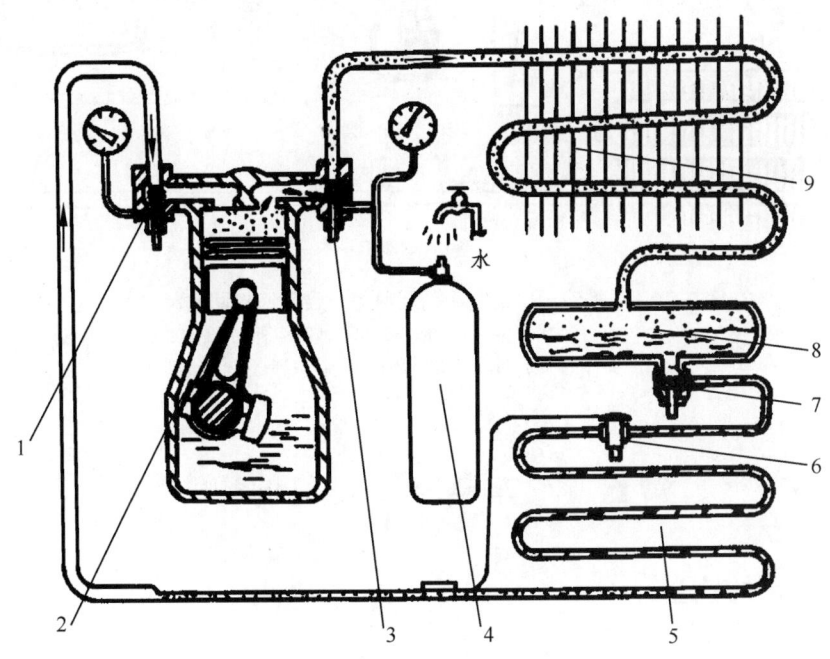

图 7.20 用压缩机本身回收制冷剂
1—吸气截止阀;2—压缩机;3—排气截止阀;4—备用钢瓶;5—蒸发器;6—膨胀阀;7—排液阀;8—贮液器;9—冷凝器

对于装有低压控制器等保护设施的制冷装置,在操作前应预先将其触点短接,以免因吸气压力的下降,使保护装置动作而造成压缩机的停机。

(2)从排液阀排出制冷剂并用另一台小型压缩机回收制冷剂的操作

从容量较大的制冷系统中抽取制冷剂的管路连接如图 7.21 所示。容量较大的制冷系统,如果用本身压缩机抽取制冷剂,容易发生危险,通常采用另一台小型压缩机来彻底抽尽较为安全。

回收制冷剂时,应先将贮液器或冷凝器出液阀上的多用通道孔上接连接铜管并与备用钢瓶相接,连接铜管应事先排尽空气。开启备用钢瓶的阀门,然后启动系统本身的压缩机,让制冷剂液体直接排入备用钢瓶,当系统的吸气压力低于零(表压)时,可以停机,并关闭钢瓶阀口及多用通道孔,卸下连接铜管。系统中所剩的少量制冷剂由所连接的另一台小型压缩机抽取;原系统的压缩机不宜运转,以免发生危险。其操作方法同上。

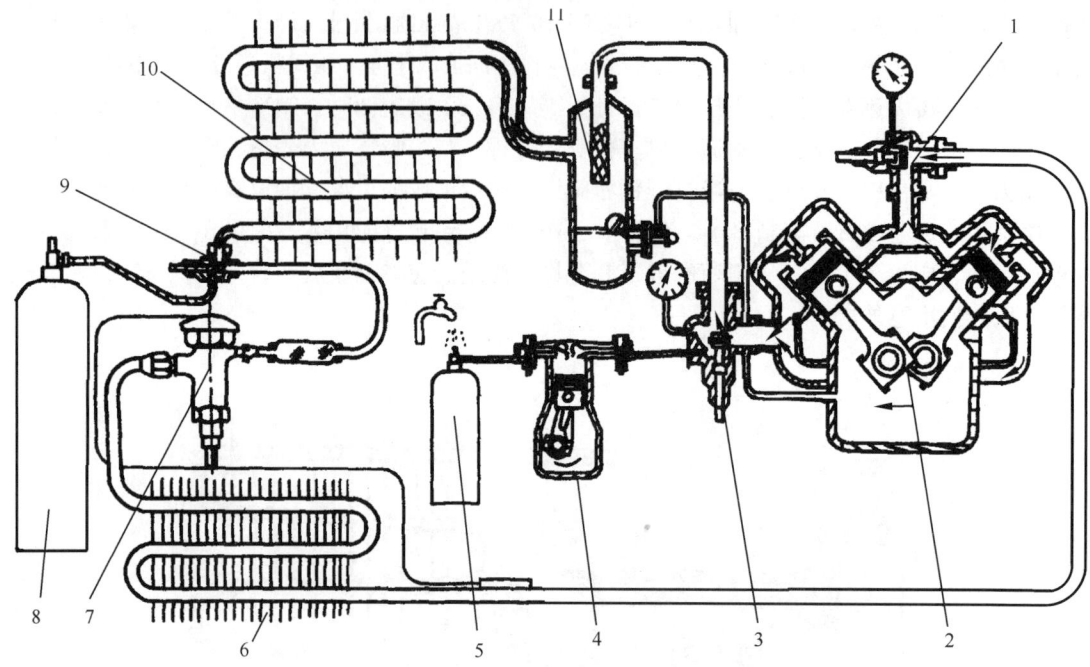

图 7.21 从排液阀排出制冷剂及用另一台压缩机回收制冷剂
1—吸气截止阀；2—系统压缩机；3—排气截止阀；4—抽制冷剂的压缩机；5、8—钢瓶；
6—蒸发器；7—膨胀阀；9—出液阀；10—冷凝器；11—分油器

第五节 车辆空调机组的操作

一、开机前的检查

开机之前要对空调车辆的供电系统（柴油发电机组或集中供电线路）、制冷机组、通风系统、电气控制柜详细检查，重点是电气控制柜。

① 打开电气控制柜，检查各电器是否齐全，安装是否牢固；各接线排与接线端子应良好无松动、无脱线；各电压、电流表指示为零；各指示灯与灯罩齐全；压缩机延时继电器、温度控制器按规定值整定；各工况转换开关置于零位，各自动空气开关处于断开位置。对于集中供电的空调客车，"手动"与"集控"开关置于"手动"位。

② 集中供电的空调列车，应根据列车编组情况将各车电源开关分别置"Ⅰ路供电"或"Ⅱ路供电"，以使两路负载分布均匀。

③ 摘车检修后挂入编组的空调客车，在运用前还应该做电气线路绝缘检查，三相供电线路相位检查，开盖检查车顶机组各部件并进行通电试验。

二、预制冷操作

在夏季，要保证旅客上车时就有舒适的温度，空调车必须在出库前或始发前进行预冷，使客室温度降至规定的要求,预冷的目的还在于能通过空调机组的运转,发现一些故障以争取在列车始发前得到解决。

预冷的时间要根据外界气温的高低以及空调列车特点等具体情况而定的。全列空调车至少提前 1 h 开启制冷机组(或根据空调列车运用规程进行),编挂在普通列车中的独立供电空调车可以适当缩短预冷时间。在预冷时应关闭客室所有门窗,不开启新风和排风扇,以缩短降温时间。有些型号的单元空调机组设有预冷工况操作挡位,当工况选择开关置于"预冷"位时,空调机组的启动运转与正常制冷一样,只是新风机、排风机不开启。

三、运行操作

① 当供电电源电压(三相交流 380~400 V)与频率[(50±0.15)Hz]正常时,可以启动空调机组。

② 将机组电源总开关及空调电气控制柜中各自动空气开关合上,空调电气控制柜电源指示灯亮。

③ 操作控制面板或控制柜内工况转换开关或按钮,可以实现通风、制冷、采暖(预热)等多种工况。通风有强风(高速)和弱风(低速)两种工况,制冷时有双机制冷(强冷)、单机制冷(弱冷)、自动制冷、手动制冷四种工况,可以通过两台车顶单元机组的 1~4 台压缩机的不同组合实现四种工况。手动位一般是制冷温度控制器失灵的情况下使用。

各种型号的单元空调机组将上述制冷工况互相结合,从而确定出不同的制冷控制挡位,通过工况选择开关,根据具体情况而使用。单元空调机组都设有压缩机交替工作电路,使单元机组两台压缩机累计工作时间基本一致。每台压缩机有各自的工作和故障显示灯。

四、单元式空调机组启动与运转中的注意事项

① 空调机组启动后,首先应确认通风机工作是否正常,可用手试探出风口有无风吹出。压缩机启动时,应注意启动时间,开机后至少延迟 60 s 方可启动压缩机,且两台压缩机时间应错开 10 s 以上。压缩机启动运行时注意电流表的指示,通过机组的工作电流来判断机组运转是否正常;同时还应注意倾听其声响,若有轻微振动属正常,若有拉锯声("液击"声)或振动剧烈属不正常。如果工况转换开关置于"制冷"位后,压缩机故障灯亮,应查明原因后再启动,禁止在短时间内反复启停机组。

机组不宜在低温(18 ℃)下启动,防止由于蒸发器的热负荷太小,产生"液击"而损伤压缩机。机组启动运转正常后应将电气控制柜门关好,并应在配电室内静候 5 min,无任何异常后,方可离开。

② 对于集中供电的空调列车,空调机组的启动最好不用集控,而由乘务员分别在各车配电室启动,以便观察各车机组的启动运转情况,机组运转正常后,再将控制开关转换到集控位。

③ 列车在运行中要加强巡视检查,通过眼观、耳听、鼻嗅、手摸来了解空调设备的工作情况。若发现客室内降温不良,压缩机故障灯亮,电压或电流不正常,应进行认真检查。若发现电源缺相,机组有异常声响,控制柜内发出焦味,冒烟或电器接线温升较高,跳火等现象,应立即切断电源进行检查检修。若故障不能立即排除,应采取一些临时补救措施。单元式空调机组是由

两台独立制冷系统组成，两台机组同时产生故障的可能性很少，只要通风机不发生故障，总可以使 1 台机组工作。

④ 使用电预热采暖时，应注意在关闭电采暖时不得将通风机同时关闭（应保持几分钟的通风），否则有可能使安装在预热器上的热缺风保护熔断器熔断，影响下一次的开启。客室内电加热器不得淋水，不得将物品堆放在上面或把纸屑、棉丝等易燃物品塞入罩内，更不得用力踩踏外罩，以免引起漏电或其他事故。要特别注意设在洗脸室及厕所内的电加热器，因为这些地方易遭水淋，稍有松懈可能产生危险。

第六节　通风系统的安装、调试及使用

一、通风系统的安装

通风系统是空调与制冷装置的重要组成之一，其安装质量的好坏直接影响到空调的使用，如噪音大、通风量小等。为了防止噪音传入室内，减小机组的振动，保证有足够的通风量，安装时应注意以下几方面：

① 通风机是通风系统的主要运动部件，是最大的噪声源。在安装风机时，必须在风机底脚螺栓处加装橡胶减振器，送风管道的重量不应加在机壳上。空调客车通风机出口与主风道间一般用软风道连接，其不仅便于安装，也起到隔振、减噪的作用，可防止风机的振动传给主风道，进而带入客室内。

② 风机与电机如果用联轴器连接，则在组装时，须保证电机与风机间的同心度（偏值应小于 0.05 mm），而且风机组装后都经过动平衡试验，因此在安装过程时，联轴器部分不得随意分解，特别应防止在吊装过程中，主轴和叶轮部分禁止挂吊钩起吊。

③ 各安装螺栓必须拧紧，防水、防风密封条应安装到位，风道连接法兰之间应保持平行，密封垫不得破损。送风道、回风道、滤尘网及吸风口、回风口、送风口和调节板等应按设计技术要求进行安装。

④ 安装完毕后，应用手拨动风机叶轮，检查风机叶轮转动是否灵活，有无碰磨现象，对风道进行吹灰清扫，防止异物残留在风道中。安全检查无误后，方可进行试运转。

二、通风系统的调试及使用

通风系统安装完毕后，应按以下步骤进行调试：
① 将进风调节门关闭（包括新风和回风两部分），出风调节门稍开。
② 按照电动机铭牌规定，检查电机和风机转向是否符合要求。
③ 检查风机在运转时是否有不正常声音，如有金属摩擦声，应立即停机检查。
④ 电机电源应接上电压表和电流表，用于监测风机负荷变化，以防负荷过载，逐渐开大进风和出风调节门，待电机电流值稍低于额定值时，在调节风门处打上标记，作为最大进风位置。
⑤ 在通风机额定转速下，用风速仪测出进风和回风量，以确认是否符合设计要求，若不符

合，则须调节进风和回风调节门，重新测试，直至达到设计要求。

⑥ 为保证各送风口的送风量均匀，可用风速仪测试每个风口的送风量，并用调整送风口调节门开度的方法来达到每个风口的均匀送风，由于第一个送风口阻力的变化会影响到后面各送风口的风量，因此须经过数次反复的调整及测定，直到各送风口的送风量基本一致为止。经调整合格后的各调节门开度应不再轻易变动。

通风系统在使用过程中应注意如下几点：

① 为保证电动机不过载，在使用过程中不允许在无阻力情况下启动风机，特别要注意在进风过滤网拆下或未装时不要启动通风机。

② 空气过滤器必须定期进行清洗，否则会增大送风阻力，影响通风量及空气的清洁度，恶化空调净化效果。空气过滤器清洗的时间间隔，随车辆运行区间空气的洁净程度而异，一般运行40～50 h应清洗一次。

③ 在使用过程中，须防止异物进入风道。虽然安装有空气过滤器，但风道内仍然难免有灰尘，因此需定期进行吹灰、清扫。

通风系统的各部件平时应注意清洁保养，如空气滤尘器应定期清洁，一般每运行40～50 h就应清洁一次。另外，不允许在无阻力的情况下启动风机，如进风过滤网拆下或未装时，不要启动电机，以免造成电过载。

三、通风系统的维护保养

① 通风系统中各种空气滤尘网（如新风滤网、蒸发器滤网、回风滤网等），应经常清洗，至少每周清洗一次，清洗时用肥皂水洗净，再用清水漂洗、晾干。

② 通风道的清扫工作通常在客车定期检查时进行。

③ 机组通风机每年至少清扫一次，清洗时用软毛刷刷洗叶片内侧的灰尘（注意不要使叶片变形）。

④ 通风机运转时发现有异常声音振动时，应及时检查处理。

本章小结

本章需掌握内容有以下几个方面：

制冷系统中各制冷装置的安装与管路的连接方法、制冷系统如何进行检漏、系统制冷剂的充注以及制冷系统在使用前的运行调试和正常运转过程中的保养和维护。

思考与练习

1. 紫铜管有哪些连接方法？
2. 制冷装置检漏的方法有哪些？
3. 什么是压力检漏？如何进行？

4. 充注制冷剂的方法有几种？如何充注制冷剂？
5. 制冷系统中存在水蒸气有何危害？如何排除？
6. 制冷系统中存在不凝性气体有何危害？如何排除？
7. 如何进行真空检漏？
8. 长期停机后应如何维护？
9. 如何对全封闭式压缩机添加润滑油？
10. 单元式客车空调与制冷装置中，如何进行通风系统调试？

第八章 空调与制冷装置的故障分析与检修

当铁路客车与城轨车辆的空调与制冷装置在运用中出现故障时，常常表现为制冷量不足、不制冷、制冷压缩机意外停车、压缩机启动不起来、异常振动和噪声等。当发现空调与制冷装置出现这些故障时，我们并不能立即判断出故障出在哪里，是什么故障，只有经过详细地分析和检查，才能找出发生故障的部位并排除故障。

运行着的空调与制冷装置故障检查方法很多，既可以借助压力表、电流表、温度计等仪表进行监测和检查，又可以借助人体自身的感官进行观察、监听和感觉来判断。人们在长期的检修实践中，形成了一套行之有效的检查方法，即通过一看、二听、三摸、四测、五分析的方法对空调机组进行故障分析和检查。

一、眼 看

① 看压力表、电流表、温度计及配电柜指示灯的指示情况，压力继电器、压差继电器、温度继电器的整定值是否合适，高低压力表及油压表所指示的压力是否在正常范围内。特别要注意观察压缩机的吸、排气压力值是否在正常值范围内。压缩机正常的吸、排气压力值如表8.1所示。

② 看室内的降温速度。若降温速度出现显著降低，则是不正常现象。

③ 看压缩机曲轴箱内的润滑油是否处在指示器所规定的高度范围内，若发现油面有显著下降，则是缺油的表现。

④ 看蒸发器和吸气管的结霜或结露情况。正常的吸气管应有结霜或结露现象，若无结霜、结露或结霜、结露管段很短且机壳较热，说明制冷剂偏少。若压缩机吸气管及机壳外表大部分结霜、结露则为制冷剂量偏多。

⑤ 看管道及各接口处是否有油渍，若有则可能出现制冷剂漏泄。

⑥ 看连接部位是否松脱，各电器接线有无断开。

表8.1 制冷装置运转时最高排气压力和吸气压力正常值

制 冷 剂		R12		R12	
冷 却 介 质		水冷	风冷	水冷	风冷
最高排气压力值	排气压力值（MPa）	1.1	1.24	1.78	2.25
	夏季最高度（°C）	45	50	45	55
吸气压力值	吸气压力值（Pa）	$3.629 \times 10^5 \sim 3.746 \times 10^5$		$5.839 \times 10^5 \sim 6.023 \times 10^5$	
	蒸发温度（°C）	$5 \sim 7$			

二、耳 听

（1）听压缩机运行的声音是否正常

小型全封闭式压缩机正常运转时的噪声很小，一般小于 40 dB；若压缩机出现异常，检修人员可以根据其发出的声音辨别是何种原因引起的故障。

"嗵、嗵、嗵"是压缩机液击声，这主要发生在开启式压缩机。全封闭式压缩机因为有吸气过热，一般不易发生液体液击。

"嗒、嗒、嗒"是压缩机内部金属的撞击声。此为压缩机内部的运动件因松动、碰撞而发出的声响。机组震动厉害是由于机组底脚螺母松动引起的。

（2）听制冷管路内制冷剂的流动声音是否正常

正常时可以听到制冷剂在管内流动时发出的均匀而轻微的"咝、咝、咝"声。反常的则是连续而较响的"咝、咝"声，或断续而较响的"咝、咝"声。

（3）听风机运行的声音

正常时声音平稳，无碰撞声。否则应检查风叶的固定状况和电机轴承的摩擦情况。

三、手 摸

（1）摸压缩机在运转工况下前后轴承盖的温度

正常时在压缩机连续运行一段时间后，轴承盖处的温度以不超过 70 ℃ 为正常。用手摸时若感觉烫手，则属轴承温升过高现象，此时应停机查明原因。

（2）摸过滤器表面的冷热程度

正常时单级制冷压缩机的过滤器表面温度稍高于环境温度。若手摸时明显感觉比较凉或过滤器末端出现结露现象，则为过滤器出现局部堵塞。

（3）摸制冷装置的吸、排气管温度

正常开机运行一段时间后，用手摸吸气管感觉冰凉，并伴有结霜或结露。排气管很热，夏季手摸时感觉烫手，冬季手可触摸，感觉很热。否则即为不正常。

（4）摸电机的温升和抖动情况

若电机外壳手感微热，可视为正常；若电机温升过高且伴有电流增大，或抖动现象，说明风机的轴承或风叶的动平衡性有问题，应停机检查。

四、测 量

为了准确判断故障的性质与部位，常常要用仪器、仪表检查测量空调器的性能参数和状态。如用检漏仪检查有无制冷剂泄漏；用万用表测量电源电压、各接线端对地电流及运转电流是否符合要求，由电脑控制的空调器，还应测量各控制点的电位是否正常等。

五、分 析

经过上述几种检查手段所获得的结果，大多只能反映某种局部状态。空调器各部分之间是彼此联系、互相影响的，一种故障现象可能有多种原因，而一种原因也可能产生多种故障。因此，对局部因素要进行综合比较分析，从而全面准确地判定故障的性质与部位。

空调与制冷装置出现故障时，可从电气控制系统、制冷系统、通风系统和采暖系统几个方面进行检查。

首先，应排除空调机组本身问题造成的故障。例如，温度控制器温度整定值设定不合适，夏季设定得过高，冬季设定得过低，空调机组中的制冷或加热系统当然不会运转。另外如电源电压过低，空调无法启动。在检查分析时，应首先排除这方面的问题。

其次，检查电气部分。电机通电后不运转，可以从电源主回路查到控制回路，也可以从控制回路查到主回路。最好能够先确认是否负载本身的故障。同时，把一个与负载有关的电路分成若干段查找，并且从简单容易的电器线入手。

最后，如果电气回路本身没有问题，故障发生原因往往在于制冷系统，可以在掌握制冷循环系统的基本构造原理和典型故障事例的基础上，进行制冷系统的故障查找和分析。在查找制冷系统故障原因时，将制冷系统共有的故障与制冷系统各部分的具体特点结合起来分析，容易取得好的效果。在实际查找制冷系统的故障时，一般不要急于寻找故障点，而是先确认系统的基本状况，排查不良的地方。例如，可以先检查制冷剂量是否充足，若不够补充；空气滤尘网是否清洁；各电机运转是否正常，等等。这样，可以缩小故障排查的范围，能更快地确定故障的部位。

第一节　制冷系统的启动故障

一、压缩机不启动

所谓压缩机不启动有两种情况，一种是指空调机组通电后，通风机、冷凝器、压缩机均无启动现象，用手摸压缩机外壳，没有振动的感觉。产生该故障的原因常常是由于供电电源线路、电动机或电气控制电路出现了故障。另一种是开机后通风机、冷凝器运转，而压缩机不运转，且电机发出"嗡、嗡"的电磁声。这是压缩机不启动或电机做极慢速度的运转，时间一长，过载保护器就会起跳并切断电源。这类故障原因主要在压缩机内。

1. 电气故障

（1）电源故障

电源故障主要表现为电源无电压、电源缺相供电、电源电压低于额定值或电源电压高于额定值几种情况。

① 电源无电压。用万用表或电压表测试空调机组控制柜电力输入端子的三相电源电压，若电压为零，应从电源开始逐步排查。首先检查主电源是否有电；其次检查开关是否已经闭合，开头触头接触是否良好，空气开关是否跳脱，插头是否插实；最后检查熔断器是否烧断，若有应查明原因，然后更换同规格的熔断丝。

② 电源缺相供电（电源中的某一相或两相电路无电）。如测量电源时缺相，应检查交流配电柜的缺相保护器是否开路，修复并将缺相保护器复位。

③ 电源电压低于额定值。测量电压低于额定值的 15%，欠压继电器动作，切断电源，操作控制线路无法工作。调整输入电源。

④ 电源电压高于额定值。测量输入相电压超过 253 V，过压继电器动作，切断了控制线路而无法操作。调整输入电源。

若测试电压低于额定值或三相电源缺相，也会造成压缩机不启动。故障发生时会发出沉重的"嗡、嗡"声，发现这种情况应马上切断电源，否则，长时间通电极易烧毁电动机。

（2）启动电压调得过低

较大功率的电动机（一般在 10 kW 以上）都有降压启动装置。对于使用补偿启动器（自耦降压）的降压启动装置，若启动电压调在较低一挡启动时，因电动机启动扭矩显著下降而启动不起来，可将电压调高一挡试一试。

（3）热继电器跳脱未复位

热继电器可能因为电动机超负荷跳脱未能及时复位（指人工复位情况），可按复位按钮检查复位与否。

（4）压力继电器触头未闭合

检查压力继电器触头是否闭合，若触头处在常开状态，应对压力继电器进行调整及试验。对有人工复位的压力继电器，可按复位按钮试探是否闭合。

（5）压差继电器触头未复位

压差继电器可能因压差过低使触头动作未复位。检查方法是：按复位按钮后，听是否有开关声，若能听到响声且电动机能启动，则应立即检查油压，若油压过低，可能还会动作，应找出故障并及时修理；若按复位按钮后听不到响声，电动机也不会启动，说明压差继电器的触头原来就处于闭合状态。

（6）温度继电器触头跳开

拆下温度继电器盒盖检查触头，若触头跳开，可能是原来的整定值调整得不合适，或是感温包内的制冷剂工质泄漏。判断方法是：旋转温度继电器调节杆，至低温标度区域，检查触头是否闭合，若不闭合，拆下感温包浸入温水中，再看触头是否闭合，若仍不通，多数情况是感温包内制冷剂工质泄漏，应拆下修理。

（7）电器方面的故障

如果电气控制电路出现故障，也会引起电动机启动不起来。可检查以下部位：接触器与中间继电器吸引线圈是否烧毁；接触器和中间继电器触头是否良好，辅助触头是否有卡死的现象；电子继电器内部电路是否有故障；水银电接点温度计是否有水银柱中断、温包破裂的现象；电路接线是否有脱落、断开、接触不良的现象等。

（8）电动机绕组烧毁或匝间短路

如合上电源会引起保险丝熔断，检查各电器和电路均无问题，则有可能是电动机绕组烧毁或匝间短路所致。可用万用表或兆欧表检查。断开电源，测量各相绕组的电阻，若某相绕组为零或小于正常值，说明该相绕组存在匝间短路或绝缘已被烧毁；用兆欧表测量接线柱与外壳间的绝缘电阻值，若电阻为零，说明绝缘已经被击穿。出现以上电动机故障，都应重绕线圈。

（9）误操作

在空调与制冷机组的自动控制电路中，已规定了许多联锁条件，如果不按规定操作，也有可能会引起压缩机不启动。

2. 压缩机故障

（1）轴承烧熔

此时曲轴转不动，电机会发出"嗡、嗡"的异常电磁噪声，可更换压缩机。

（2）气阀损坏

由于气阀损坏，阀板破碎，零件落进气缸，使活塞不能回转，曲轴转不动，电机会发出"嗡、嗡"的异常电磁噪声，可更换压缩机。

（3）连杆断裂

连杆断裂时，曲轴被卡住而转不动，电机会发出"嗡、嗡"的异常电磁噪声，可更换压缩机。

（4）气阀严重泄漏

由于气阀严重泄漏，使气缸内始终充满高压气体，电机超载运转，有拖不动现象，应更换压缩机。

二、压缩机启动困难

这里指电动机本身及其电路没有故障，而是由于制冷机负荷过大，远远超过电动机的额定功率，以至于电动机拖不动压缩机，或是虽能转动但转速显著减速，并且电动机发出"嗡、嗡"的声音，此时应立即关掉电源进行检查。既然故障发生在压缩机里，就应从制冷系统方面来分析，但要注意三相电路中若有一相电不通，也会发出"嗡、嗡"声，所以应先检查三相电路是否都有电。

1. 压缩机卡住

所谓压缩机卡住是指运动件的磨合面相互抱合而不能运动，分抱轴和抱缸两类。这种情况一般发生在前后主轴承、连杆轴承、活塞销轴承以及活塞与气缸等部位。轴与轴承卡住即为抱轴，活塞与气缸之间卡住即为抱缸。

产生抱轴的主要原因是系统润滑不良。缺油或摩擦面的油孔堵塞，摩擦面得不到及时的润滑和散热，温度会急剧上升，致使轴承表面熔化而抱轴。有时润滑油太脏也会使摩擦面黏住不动。抱缸的原因多是因为阀片破裂后碎屑嵌入活塞与气缸之间，或吸气腔吸入铜屑、铁屑、砂粒等污物而嵌入缸壁之间形成。若压缩机卡死则不能启动，需拆开压缩机修理。

2. 阀片漏气

阀片漏气时电机拖动很吃力，转速较低，严重时电动机不动，并发出"嗡、嗡"声，此时吸气压力过高，排气压力偏低，高、低压压差很小。应及时停机，以免损坏机件。需拆下阀板进行检查和修理。

三、压缩机启动不久后停车

压缩机启动不久后停车，产生的原因可能有：一是电源电路突然中断；二是制冷系统本身产生故障。一般可以从以下几个方面来分析检查：

① 启动补偿器接线及电机接线是否有误，若有误，需重新接线。

② 油压控制器给定动作值过高，若不合适，需重新调整。
③ 油压过低，需检查产生原因，然后进行检查。
④ 压缩机吸、排气阀未开足，造成高低控制器动作，此时，开足吸、排气阀即可，另外，风冷式制冷机组若冷凝风扇不转，反转或少转一个也会造成主压控制器动作。
⑤ 高、低压控制器调节不当，也会造成压缩机启动后停车，这时需要重新调节高、低压值。
⑥ 压缩机抱缸或抱轴时，需把压缩机拆下来，解体检修。

第二节　制冷系统的运转故障

一、机组运转噪声大

空调机组在运行时，产生有规律、有节奏的运动噪声，这是正常的。如果机组发生异常的刺耳的噪声或金属敲击声，这是机组有故障的征兆，若不及时停车处理，就会造成机组零部件的严重损坏。产生机组运转噪声大的原因有：

① 压缩机、电机的安装螺丝松动或连接管路、辅助设备固定不良而造成的系统振动引起噪声增加。可通过紧固安装螺丝加以排除。
② 压缩机发生液击，由于液体对气阀阀门产生的巨大冲击，引起压缩机的抖动。
③ 系统内制冷剂注入量过多，经常引起回液，液体对气阀阀门产生巨大冲击，使压缩机抖动，吸气压力高，吸气管及泵壳结露。
④ 电动机过载发出较响的电磁噪声，同时压缩机产生较大的振动，此时工作电流较大。
⑤ 制冷压缩机气缸内出现敲击声。产生的原因有：

a. 活塞顶部碰击排气阀座。由于连杆大小头轴瓦磨损，间隙增大或连杆螺钉松动等原因，导致连杆活塞运动过程中碰击排气阀座，此时，压缩机发出清脆的"嗒、嗒"声。

b. 气缸"拉毛"。气缸常和制冷剂接触，冷却条件较好，一般不会发生"拉毛"。但长时间不用的压缩机，由于气缸缺油、冷冻油变质或有杂质时，可能在运行中"拉毛"气缸，同时伴有抱轴现象，此时电机发出沉闷的"轰、轰"声，电流指针也会上升。

⑥ 轴承磨损较严重，电机定子与转子相互摩擦，发出噪声，此时工作电流较大。

二、运转中突然停车

制冷系统正常运行过程中，突然停车，除电源电路中断外，可能由于吸气压力过低，排气压力过高等原因而导致保护继电器动作，使压缩机停车。此时，不可将机组的制冷开关关闭，再重新启动，以免在短时间内连续启动，损坏压缩机。

1. 吸气压力过低引起的突然停车

当制冷系统的吸气压力低于低压继电器的调定值时，继电器动作，切断压缩机工作电源，系统停止工作。造成系统吸气压力低的原因主要有：

① 系统制冷剂泄漏，造成系统中循环的制冷剂不足。
② 冷负荷过小。
③ 系统的干燥过滤器或毛细导管发生"冰堵"或"脏堵"。
④ 蒸发器换热不良，蒸发器散热片或过滤网上积尘太厚。
⑤ 机组进风温度过低等。
⑥ 低压继电器的调定值不正确。

2. 排气压力过高引起的突然停车

当制冷系统的排气压力高于高压继电器的调定值时，继电器动作，切断压缩机工作电源，系统停止工作。造成系统排气压力高的原因主要有：

① 在采用风冷的制冷装置中，由于冷凝器风扇未开，风机反转，周围环境气温过高，冷凝器表面积尘太厚等造成冷凝器散热不足，从而引起排气压力显著上升。在这种情况下，即使没有压力继电器，也会因电机超载，使热继电器动作而切断电源。
② 当系统低压段存在泄漏点或维修时由于操作不当致使空气混入系统时，会造成吸、排气压力的升高。
③ 当充注的制冷剂量过多时，由于多余的制冷剂占去冷凝器的一部分容积，致使冷却效率降低，也会造成冷凝压力升高。

3. 其他原因引起的突然停车

① 当客室内热负荷过大或电源电压下降，致使流过电动机的电流急速上升，引起热继电器动作或保险丝熔断，切断压缩机工作电源，制冷机组停止工作。
② 气阀严重泄漏，吸排气压力差小，泵壳高热，引起热继电器动作。
③ 气缸盖垫片中筋破裂，排气管断裂（泵壳内），部分气体短路循环，吸、排气压力差小，泵壳高热，引起热继电器动作。
④ 当客室温度达到温度控制器设定值时，温度控制器动作，切断压缩机工作电源，制冷机组停止工作，这是正常停车。

三、运转中制冷量不足

制冷装置经过一段时间的运行后，制冷量不足，降温慢为常见故障之一。如果空调机组维护较差，保养不当，或机组自然磨损等原因，就会出现制冷量不足的故障。当然，如果由于热负荷增加，冷凝温度升高、外界环境温度过高等原因造成的制冷量不足，则不属于制冷装置的问题。

制冷量不足，降温慢的原因很多，现介绍几个主要影响因素。

1. 冷损失大

所谓冷损失是指制冷装置消耗一定的电能所制取的冷量，消耗在不需要冷量的地方，这种消耗称之为冷损失或冷耗。

由于车辆及空调机组的保温材料受潮，保温层破损等使保温材料热工性能发生改变，使冷却介质产生有害温升，导致冷量损失；或者由于车辆门窗密封不严，密封破损等导致冷量损失。

2. 压缩机效率低

由于设备长期运行，运动件磨损，配合间隙增大或密封不严，使制冷压缩机实际排气量下降，致使制冷量下降或降温困难。对此，可对压缩机的效率进行判断。空调客车的压缩机经效率试验后，吸气压力能达到 330 kPa，排气压力在 1 MPa 左右，则可继续使用。若吸气压力达不到上述数值，说明该压缩机的效率过低，需对压缩机进行检修。

3. 系统内有空气

当制冷系统内混有空气时，会引起排气压力升高，耗电量增加，相应地制冷量下降。同时，吸气压力也会升高，用手触摸压缩机上部，会有烫手的感觉。导致空气混入系统的原因可能是在修理时由于操作不当导致空气吸入系统，或抽空时未抽尽系统内空气。如果发现有空气，应按照放空步骤进行放空。

4. 制冷剂注入量太多

充注的制冷剂量如超过系统的最大容量，会使多余的制冷剂占据冷凝器的一部分容积，减少冷凝器的散热面积，使其冷却效率降低，冷凝压力相应升高。另外，过多的制冷剂进入蒸发器而不能完全汽化，可能使压缩机产生"液击"事故。制冷剂过多时可看见蒸发器表面浮结有一层浮霜（用湿的手指去摸结霜表面，手不会被粘住）。这时，可将多余的制冷剂排出系统。

5. 制冷剂不足

系统中循环的制冷剂量不足，会使冷量达不到规定要求。当制冷剂不足时，系统的吸、排气压力均低于正常值，且排气管温度较高，细听系统中有断断续续的制冷剂气流声，且响声比平常大。造成制冷剂不足的原因是由于维修时制冷剂的充注量太小，没有达到规定的要求，但主要是由于系统存在泄漏点，造成制冷剂向外泄漏所引起的。因此，当判断出是制冷剂不足时，应首先找出系统的泄漏点，修复后再添加制冷剂。

由于制冷系统密封面多，接头多，而氟利昂制冷剂又是一种无色、无刺激性气味的工质，具有渗透性强，泄漏时不易发觉的特点。所以如何在氟利昂制冷剂泄漏时，快速找到泄漏点，成为维修人员的必备专业技能。空调客车的制冷系统的泄漏点最有可能发生在各连接部件进、出口接头焊接处，压力表和压力继电器的连接管处等。一般泄漏点都存有油迹，检漏时应对有油迹的部分进行重点检查。

6. 管路不畅

制冷系统由于存在部分堵塞，制冷剂流量减小，导致蒸发压力偏低，制冷量不足。造成堵塞的原因可能是系统内检修时未作为清洁工作，部分污垢留存在系统内，长时间运行，使过滤器的部分网孔被堵塞；或是毛细导管、吸气管等有污垢积聚，使通道截面积减小。当系统管道被部分堵塞后，首先表现在吸气压力低于正常运转时的数值，在被堵塞部位外表面凝有露珠，严重时会结霜，从以上现象可判断是管道部分堵塞。

7. 蒸发管里有冷冻机油

R12、R22 均能与冷冻机油互相溶解，当制冷压缩机组长期运行后难免会在蒸发器中存油，影响到蒸发器的换热效果。若蒸发器安装不合理造成回油困难，在蒸发器中就会积存大量的冷冻机油，从而降低其吸热效果，出现制冷量不足的现象，如不及时进行处理，空调车厢内的温度就降不下去。然而，如何判断蒸发器中积油的多少是一件十分困难的事，只能从平时冷冻油的消耗量来估计或者根据蒸发器的结霜情况来判断。若蒸发器上的霜层稀疏且呈浮霜，如果没有其他故障的话，极有可能是蒸发器中积存的冷冻机油过多的缘故。

清除蒸发器中的冷冻机油，只有在制冷空调机组的厂、段检修时进行。拆下蒸发器，吹洗后烘干即可。

8. 制冷装置运转但不制冷

启动空调机组后，制冷装置在运行但出风口无冷气，车厢内空气温度长时间降不下来。出现这种故障现象的原因：一是机组内制冷剂全部漏泄；二是机组内某一部分堵塞，造成制冷剂不能流动。造成系统堵塞的原因有"冰堵"和"脏堵"两种。

（1）冰　堵

制冷系统里若含有过量的水分，或干燥过滤器长期未更换，有可能引起毛细导管"冰堵"，制冷剂无法流动，系统停止制冷，若系统发生"冰堵"，则伴有吸气压力、排气压力降低的现象。制冷系统中的水分来源一方面可能是在维修时抽空气未抽尽，空气中混有的水分进入系统制冷剂中，另一方面可能是充注的制冷剂质量不好，含有的水分过多。对此，应更换干燥过滤器。

（2）脏　堵

制冷系统长时间运行后，各运动件由于摩擦产生的金属屑、管道焊接时的焊渣、氧化皮、管道中的锈垢以及制冷剂中的杂质等随制冷剂运行到干燥过滤器处，被滤网挡住，干燥过滤器被污垢堵塞后形成"脏堵"。"脏堵"发生时会出现和"冰堵"类似的现象，即也会出现低压段呈现真空状、排气压力低。为证实这一故障，可用扳手轻敲过滤器外壳，若吸气能力有所提高，则表明是过滤器被堵塞；若无反应，则很难下结论。

第三节　车辆空调与制冷系统的正常工况和故障分析

单元式空调机组是由全封闭式压缩机及其他部件组成的制冷循环封闭系统，在制冷系统中，机组不设压力表，所以无法直接掌握系统的工作压力，判断机组的工作状况主要根据客室降温情况、通风情况、机组电气设备的工作状况、仪表及指示灯的显示情况来分析判断。这就要求检修维护人员必须对机组的工作原理及正常工况的特点有深刻地认识。

一、机组正常工况下的工作特点

全封闭式制冷压缩机组在正常工况下的特点：

① 工况选择开关旋至制冷挡启动制冷压缩机组工作后，通风机、冷凝风机、压缩机通过电气联锁按顺序依次启动，且压缩机应在冷凝风机运转 1 min 后方可启动。各电机在启动时应无异常声响，压缩机启动应平稳，机组工作后应运行平稳，无特别噪声。

② 机组在"强冷"或"强暖"工况运转后，各室出风口有冷风吹出，室温均匀下降，并自动控制在各工况所规定的范围内；强冷时回风口与出风口温差宜在 8～10 ℃ 范围内；在外温大于 36 ℃ 时，客室内的温度能自动控制在 22～27 ℃。

③ 启动时，电流表指针摆动正常，正常运行时，压力表指示不应偏离正常值太多，指针平稳且无剧烈摆动。客室回风口温度在 24～32 ℃ 范围时，机组工作电流如表 8.2 所示。

表 8.2 机组正常运行时工作电流

工　　况	机组工作电流（A）	
	制冷量 29.07 kW	制冷量 40.705 kW
双机工况	≥20～22	≥29～31
单机工况	≥13～15	≥20～22

④ 通风系统良好，各空气滤网清洁、无堵塞，出风口和回风口无水滴出。

二、机组常见故障及分析

当机组出现故障时，若条件许可，宜到车顶开盖检查，通过眼观、耳听、手摸等方法，了解压缩机的启动、运转情况，通风机及冷凝风机运转情况是否正常。重点观察压缩机顶部及蒸发器是否结霜，各结合部部位是否有油污（泄漏点）；手摸压缩机外壳温度、冷凝器排气温度是否正常。此外，还可以检查机组排水情况是否正常，压力继电器、电加热器、毛细导管等器件的工作情况是否正常等。

全封闭式制冷压缩机在正常工作状态时，其顶部（电动机）温度较低，一般有冷凝水，但不结霜，底部（压缩机）较热，但不至烫到手无法接触的程度。若压缩机底部结霜，说明制冷剂可能过多或蒸发器换热效果不好，压缩机发烫则可能是制冷剂过少，循环系统堵塞或压缩机电机发生故障所致。

客车空调与制冷装置的故障主要可分为电气系统故障和制冷故障。

1. 电气系统的故障

电气系统的故障可归纳为"松""断""烧"3 类。

"松"是指电气接头松动、脱落，接触不良而导致的电气故障。由于客车空调安装位置的特殊性，列车运行中的振动极易造成电气接头的松动或脱落。另外，频繁通断的继电器触点表面烧损严重，电弧在触点表面形成的碳层造成继电器接触不良。触点有时虽然在接通位置，但并不能接通电源。如果接触电阻变化而引起继电器线圈输入电压低于额定值的 85% 时，继电器就不能正常工作。此类故障可用万用表的欧姆挡测量接触点工作状态的通断，就能检查出来。

"断"包括电源断线、熔断器断开；压缩机吸入压力、排出压力、润滑压力不正常引起的压力或压差继电器的触点断开，及电流过大引起的过热保护器动作而切断电路等电气故障。对这类故障是首先检查断开原因，然后进行相应的处理。

"烧"则包括电动机线圈、电磁阀线圈及其他各种继电器线圈的烧毁。尤其是全封闭式压缩机的电机部分一旦冷却条件恶化就很容易烧毁。另外，在检查单元式空调机组故障时，不可忽视插头的问题，特别是通风机电机或压缩机烧损，有可能因电流过大而损坏插头。

2. 制冷系统的故障

制冷系统的故障主要可分为"漏"和"堵"两类。"漏"包括制冷剂的泄漏、感温包内充灌剂的泄漏以及空调机组漏水等故障。"堵"包括制冷管路内膨胀阀、毛细导管、干燥过滤器的脏堵和冰堵，蒸发器和冷凝器的积灰以及空气滤尘网的堵塞。冰堵是由于冰引起的制冷循环的堵塞，多数发生在膨胀阀或毛细导管节流机构处。脏堵是由杂质引起的堵塞，多数发生在干燥过滤器或膨胀阀进口滤网处。冰堵和脏堵的共同现象是吸气压力明显降低。

下面按常见故障所产生的后果分类，对其可能发生的原因、判定方法以及处理措施进行详细的介绍。

（1）出风口无风或风量小

造成出风口无风的原因主要有：

① 连接接插件处断线，配线连接部分螺钉松动。

判定方法：测量线路是否导通，检查螺钉是否松动。

处理措施：将断线部分接线修理，松动部分重新旋紧牢固。

② 电机烧毁或断线。

判定方法：用万用表1欧姆挡测量电机的线圈电阻，如相间电阻无穷大，说明电机断线，如电阻偏离正常值，则说明电机已烧毁。用兆欧表测量电机的对地电阻，如对地电阻为零，说明电机已通地；如对地电阻小于 2 MΩ，说明电机已绝缘受潮。

处理措施：更换电机。

③ 电机过载热继电器动作。

判定方法：用电笔分别检查电机的交流接触器出线端和热继电器的出线端，如交流接触器出线端有电，而热继电器的出线端无电，说明热继电器动作。

处理措施：按下复位触头，如热继电器损坏，需进行更换。

④ 通风机不转或反转。

a. 电机线圈烧毁。

判定方法：测量线圈是否有电阻值。

处理措施：拆卸更换。

b. 电机轴承损坏。

原因分析：如果通风机电机轴承伤损或缺油，则电机转速偏低，冷却风量减少。

判定方法：检查电机转速。

处理措施：更换电机轴承。

c. 通风机反转。

判定方法：检查通风机转向是否正确。

处理措施：任意更换通风机电机两相接线。

⑤ 空气滤尘网堵塞。

原因分析：空气滤尘网如果堵塞严重，会使冷却风阻力增大，导致风量减小。

判定方法：检查滤尘网上是否有脏物。

处理措施：清洗或更换滤尘网。

⑥ 蒸发器结霜。

判定方法：目视检查蒸发器是否结霜。

处理措施：开启通风机，送风融霜。

（2）机组不能制冷

① 空调控制柜内电器故障。

a. 插头或插座接触不良。

判定方法：用电笔测量压缩机交流接触器出线端和压缩机线盒端子是否均有电，如交流接触器有电，而线盒端子无电，则说明为线路问题。

处理措施：重新接线，紧固插头或插座，使其连接牢固。

b. 开关、接触器等电器损坏。

判定方法：检查电器。

处理措施：更换或修理电器。

② 压缩机问题。

a. 电机断线烧坏。

判定方法：测量线圈是否有电阻。

处理措施：更换压缩机。

b. 压缩机热继电器或温度继电器动作。

原因分析：压缩机传动装置卡死或润滑油供应不足使轴承发热，都会造成电机过载，导致热继电器或温度继电器动作而切断电源。

c. 压缩机气缸盖纸箔中筋被击穿。

原因分析：在气缸盖的密封纸箔垫中部有一条筋，其作用是将吸气腔与排气腔隔离密封。由于其所承受的压力较高，容易被击穿，导致吸、排气腔之间有大量制冷剂的短路回流，使压缩机不能制冷。

判定方法：吸气压力过高，排气压力过低，高低压压差很小，压缩机烫手。

处理措施：及时停车，进行修理。

d. 压缩机吸气阀片被击碎。

原因分析：压缩机吸气阀片被击碎，高压制冷剂蒸气就在气缸和吸气腔来回乱窜，无法排出压缩机，使制冷系统不能制冷。

判定方法：吸气压力表指针摆动剧烈，吸气压力与吸气温度均很高。

处理措施：及时停车，进行修理。

e. 压缩机排气阀片被击碎。

原因分析：压缩机吸气阀片被击碎，高压制冷剂蒸气就在气缸和排气腔来回乱窜，无法排出压缩机，使制冷系统不能制冷。

判定方法：排气压力表指针摆动剧烈，压缩机烫手。

处理措施：及时停车，进行修理。

③ 通风机或冷凝风机故障。

原因分析：由于通风机及冷凝风机和压缩机联锁，如它们发生故障无法启动，压缩机也不能启动。

判定方法：目视检查通风机及冷凝风机是否启动。

处理措施：找出通风机及冷凝风机无法启动原因，进行修理，使其正常运行。

④ 温度继电器感温包内充灌剂泄漏导致触头常开。

判定方法：调低温度继电器的整定值，检查触头闭合与否，以判断是否真正失灵。如不闭合将感温包稍微加温，再看触头是否动作，若仍不动作，说明感温包内充灌剂泄漏。

处理措施：重新更换。

⑤ 压力继电器或压差继电器动作，切断压缩机电源。

判定方法：用万用表测量电阻，如为无穷大，则压力继电器动作且未复位。

处理方法：找出压力继电器或压差继电器动作原因并修理。

⑥ 制冷剂几乎全部泄漏。

原因分析：制冷系统有较大的泄漏点，几乎全部泄漏，又未及时发现。没有制冷剂，当然不会冷。

判定方法：吸气压力呈真空，排气压力极低，排气管不热。

处理措施：检查泄漏部位，补漏，抽空气并填充制冷剂。

（3）机组制冷效果差

① 温度控制器温度设定过高或作用不良。

判定方法：检查温度控制器温度设定值，检查温度控制器是否及时动作。

处理措施：重新设定温度值，如温度控制器已损坏，进行更换或修理。

② 空气滤尘网堵塞。

判定方法：检查滤尘网上有无脏物。

处理措施：清洗或更换滤尘网。

③ 蒸发器结霜。

原因分析：由于膨胀阀或毛细导管局部堵塞，使吸气压力降低。若蒸发温度过低，蒸发器结霜，会使冷却风流动阻力增大，风量减小，制冷效果变差。

判定方法：目视检查蒸发器是否结霜。

处理措施：开启通风机，送风融霜。

④ 蒸发器表面太脏。

判定方法：目视检查蒸发器表面。

处理措施：清扫蒸发器表面。

⑤ 制冷剂有少量泄漏。

判定方法：压缩机电机工作电流低于正常值；吸气压力、排气压力均低于正常值，但排气温度较高。膨胀阀处可听到断续的"吱、吱"声，且响声比平时大，停车后系统的平衡压力可能低于环境温度所对应的饱和压力。

处理措施：检修制冷剂循环部分，充灌制冷剂。

⑥ 制冷剂充注过多。

原因分析：系统中充加过多的制冷剂，必然会使冷凝器中积液过多（特别是不带贮液器的空调与制冷装置），使吸气压力和排气压力升高，耗功增加。过高的排气温度会使润滑油缓慢炭化，并在排气阀处结炭。这不但影响阀片的正常启闭，使制冷量减少，严重时还会损坏阀片，压缩机无法进行正常工作。尤其是单元式空调机组大量采用毛细导管节流，系统对制冷剂充灌量十分敏感，必须严格控制制冷剂的充灌量。

判定方法：排气压力和吸气压力均很高。

处理措施：抽出多余的制冷剂。

⑦ 制冷系统内有空气。

原因分析：由于空气在常温情况下不能凝结成液体，会积聚在冷凝器内，减弱冷凝器的传热效果，使冷凝温度和排气压力均升高。除排气压力升高外，吸气压力也要相应升高。

判定方法：吸气和排气压力均很高，压缩机排气压力表指针出现摆动不稳的现象，指针摆动幅度较大且比较缓慢。这时指针摆动不同于压缩机排气不均匀时压力表的摆动，排气不均匀，压力表指针摆动幅度小，又比较快。

处理措施：放出多余空气。

⑧ 制冷系统中某处堵塞。

原因分析：由于系统中的毛细导管、干燥过滤器或连接管道产生堵塞现象，制冷剂流动阻力增大，流过这些地方相当于经过节流过程，同样会造成制冷能力差的后果。

判定方法：堵塞处两端明显存在温差。

处理措施：尽快排除堵塞。

⑨ 蒸发器内润滑油太多。

原因分析：由于氟利昂可与润滑油互相溶解，当制冷剂在制冷系统内循环流动时，难免会有润滑油残留于蒸发器内，直接影响其传热效果。当润滑油积存太多，就会出现冷量不足的情况。

判定方法：蒸发器上的白霜不成片，且呈浮霜状。

处理措施：拆下蒸发器，进行清洗并烘干。

如果客室内有密封不严处，冷量损失会很大，也会使客室内温度降不下来，这不属于空调机组的问题。采取的措施是关紧车窗、车门并修理缝隙大的地方。另外，机组设定于"强冷"工况时，如有一个制冷系统发生故障，从而单机运行，也会造成冷量不足、客室降温慢的后果。

（4）出风口或回风口漏水

① 机组排水孔堵塞，排水不畅。

原因分析：由于杂物堵塞排水孔，或接水盘锈蚀、积灰太多，均会排水不畅。

判定方法：目视检查机组排水孔。

处理措施：清除杂物及灰尘。

② 机组防雨和排水道密封不良。

判定方法：检查密封胶垫。

处理措施：更换并正确安装密封胶垫，用密封胶粘好接头处。

③ 车顶或机组底部有裂缝。

原因分析：由于车顶或机组接触不良，导致底板不严密致使水落到车内。

判定方法：目视检查有无裂缝。

处理措施：焊补焊缝不严处或暂时用密封胶填补。

④ 风道材料性能老化。

原因分析：当车外温度和相对湿度太高，尤其在南方的梅雨季节，如果风道保温性能不好，车内送风道会有凝结水滴下。

判定方法：检查风道。

处理措施：加强风道的保温性能。

（5）机组振动噪声大

① 机组各部件连接螺钉松动。

判定方法：检查机组各紧固部件是否松动。

处理措施：旋紧螺钉。

② 风机电机轴承异常（缺油、磨损或生锈）。

判定方法：风机部分有无异常声响。

处理措施：加润滑油或拆卸更换。

③ 风扇变形或有异物落入风扇与运动部件相碰。

判定方法：目视检查风扇。

处理措施：更换风扇或取出异物。

（6）低压继电器动作

① 制冷剂泄漏。

判定方法：测压缩机运转电流值。

处理措施：检查制冷剂回路，进行修补并充填制冷剂。

② 制冷剂无法完全蒸发。

造成制冷剂无法完全蒸发的原因有以下几种：

a. 空气滤尘网太脏。

原因分析：空气滤尘网太脏，增大了进风阻力，使进风量减少，蒸发器热负荷随着减少，导致吸气压力下降。

判定方法：目视检查空气滤尘网。

处理措施：清洗空气滤尘网。

b. 蒸发器结霜或脏堵。

原因分析：蒸发器结霜或太脏，传热效果将大大下降，制冷剂无法完全蒸发，造成压缩机吸入压力过低的后果。

判定方法：目视检查蒸发器。

处理措施：启动通风机送风融霜或清扫蒸发器表面。

c. 蒸发器风机电机烧毁。

判定方法：测量电机线圈有无电阻值。

处理措施：拆卸更换。

d. 蒸发器风机电机轴承损坏。

原因分析：蒸发器风机电机轴承伤损或缺油，电机转速会偏低，使冷却风量减少，换热效果变差。

判定方法：检查电机转速。

处理措施：更换电机轴承。

e. 主风道内积灰太多。

原因分析：主风道内积灰太多，流动阻力增大，当风道严重堵塞时，冷却风不能流向客室反而降低了蒸发器周围的温度，使制冷剂无法完全蒸发。

判定方法：目视检查。

处理措施：清扫主风道。

f. 进风口阀门关闭。

　　原因分析：进风口阀门关闭，致使一次新风进不来，造成二次回风在客室内循环，蒸发器热负荷减少，工质不能完全蒸发。

　　判定方法：检查进风口阀门是否关闭。

　　处理措施：开启进风口阀门。

　　③ 供液电磁阀线圈烧毁。

　　原因分析：电磁阀依靠复位弹簧的作用力与阀芯的重力关闭，线圈通电时方可打开。如线圈烧毁，阀门关闭，制冷剂在系统内无法循环流动，造成吸气压力过低，低压继电器动作。

　　判定方法：蒸发器不冷，冷凝器不热，节流机构处听不到气流声。也可用万用表检查线圈电阻值进行判断。

　　处理措施：重绕或更换电磁阀线圈。

　　④ 机组吸入空气温度过低。

　　判定方法：蒸发器表面结霜。

　　处理措施：重新设定温度控制器整定值。

　　⑤ 系统内某处堵塞严重。

　　原因分析：由于系统中的毛细导管、干燥过滤器或连接管道堵塞非常严重，以至于制冷剂不能循环流动，节流机构处听不到气流声，堵塞出口处也不会有降温的现象。

　　判定方法：冷凝器不热，蒸发器不冷，节流机构处无气流声。

　　处理措施：更换或清洗过滤器。

　　⑥ 压力整定值漂移。

　　原因分析：运行中由于列车振动造成的定位螺栓松动，有可能使低压继电器的压力整定值发生变化，导致低压继电器误动作。

　　判定方法：检查压力继电器。

　　处理措施：重新设定。

　（7）高压继电器动作

　　① 冷凝器积垢太多或堵塞。

　　原因分析：冷凝器散热片上灰尘太多，会影响冷凝器内制冷剂与冷却空气的热量交换效果，造成冷凝温度升高，排气压力也相应升高，引起高压继电器动作，这时即使没有压力继电器动作，也会因电机超载，使热继电器动作而切断电源。

　　判定方法：目视检查。

　　处理措施：用水或压缩空气清除积垢或堵塞物。

　　② 冷凝风机不运转。

　　原因分析：冷凝风机不运转，就没有空气冷却冷凝器，同样会严重影响冷凝器换热，冷凝压力升高，引起高压继电器动作。

　　a. 电机线圈烧毁。

　　判定方法：测量电机线圈有无电阻值。

　　处理措施：拆卸更换。

　　b. 电机轴承损坏。

　　原因分析：蒸发器风机电机轴承伤损或缺油，电机转速会偏低，使冷却风量减少，换热效果变差。

判定方法：检查电机转速。

处理措施：更换电机轴承。

③ 制冷剂充注量太多。

原因分析：制冷剂充注量太多，会使多余的制冷剂占据冷凝器的部分容积，导致压缩机排气压力升高至高压继电器动作的程序。

判定方法：压缩机顶部结霜。

处理措施：抽出多余制冷剂。

④ 制冷系统内有大量空气。

原因分析：制冷系统内有大量空气，以致使排气压力升高至高压继电器的动作值。

判定方法：压缩机排气管处烫手。

处理措施：排出空气。

⑤ 压力整定值漂移。

原因分析：运行中由于列车振动造成的定位螺栓松动，有可能使高压继电器的压力整定值发生变化，导致高压继电器误动作。

判定方法：检查压力继电器。

处理措施：重新设定。

单元式机组的常见故障如表 8.3 所示。

表 8.3　单元式机组的常见故障

故障内容	故障原因	故障判断方法	处　　理
1. 不出风	(1) 通风机的主电源回路		
	① 连接器处断线	查看电路接通情况	修理
	② 配线处螺丝松动	查看电路接通情况	拧紧
	(2) 电动机烧损或断线	测量线圈电阻	更换电机
	(3) 控制线路及电器故障	检查电路及电器元件	修理或更换
2. 风量小	(1) 风机电机反转	检查风机转向	调换相序
	(2) 回风过滤网堵塞	检查过滤网	清除筛眼堵塞物
	(3) 蒸发器结霜或冰	检查（目视）	送风运转化霜或化冰
	(4) 蒸发器散热片脏堵	检查	清洗
	(5) 风道接口处泄漏	检查	修理
	(6) 风机叶片积垢	检查	修理
3. 不冷	(1) 压缩机电机不转		
	① 电机烧损或断线	测定线圈电阻	更换压缩机
	② 高压力开关动作	见第 6 项	
	③ 低压力开关动作	见第 7 项	修理
	⑤ 配线端子安装螺丝松动	查看接通情况	拧紧
	⑥ 电气控制柜电器件不良	检查电器元件	修理
	⑦ 过、欠压继电器动作	电源电压过高或过低	调整供电电压
	⑧ 接触器、线圈烧毁或触头故障	检查元件	修理或更换
	⑨ 压缩机故障	检查压缩机	修理或更换
	⑩ 轴流风机电机的热继电器动作	检查电机电流	修理
	⑪ 轴流风机电机烧损或断线	测线圈电阻	修理或更换

续表 8.3

故障内容	故障原因	故障判断方法	处理
3. 不冷	(2) 压缩机运转 ① 制冷剂泄漏 ② 电磁阀误动作或损坏	室内吸入和排出空气温度相同；蒸发器回气管温过高；压缩流小；检电磁阀是否正确动作；检查电磁阀线圈	修理制冷循环系统
4. 冷量不足	(1) 过滤器堵塞 (2) 蒸发器、冷凝器积满脏物 (3) 蒸发器结冰 (4) 温度调节器设定温度过高或动作不良 (5) 少量制冷剂泄漏 (6) 制冷剂充注过多 (7) 风量不足	检查过滤器 检查 检查（目视） 检查 测定压缩机运转电流是否过小 压缩机运转电流过大 见第2项	除去筛孔堵塞物 清扫 送风化冰 调整或修理 修理制冷剂循环系统或与厂家联系 排出多余制冷剂或与厂家联系
5. 振动噪音大	(1) 通风机电机球轴承异常 (2) 通风机不平衡 (3) 紧固部位松弛	检查风机的平衡性 检查各紧固部位	修理风机 拧紧
6. 高压压力开关动作	(1) 冷凝器脏 (2) 制冷剂充注过多 (3) 轴流风机反转 (4) 排气管段堵塞 (5) 轴流风机不转 ① 电机烧损 ② 电机的轴承损伤 (6) 空气或不凝性气体混入系统中	检查室外热交换器 电流过大 检查 检查 测定线圈电阻是否平衡 检查	清扫 排出多余制冷剂或与厂家联系 将相序调整正确 修理 更换电机 更换球轴承 排除
7. 低压压力开关动作	(1) 制冷剂泄漏 (2) 吸入空气温度太低 (3) 风量不足 (4) 低压管路堵塞 (5) 蒸发器散热片堵塞	压缩机电流小 蒸发器结霜 见第2项 检查 检查	修理制冷循环系统 充入制冷剂 处理 处理
8. 漏水	(1) 回风口漏水 ① 排水口堵塞 ② 密封垫安装不良处渗水 (2) 出风口漏水 (3) 车内风道内凝露形成水珠，从出风口吹出	检查 检查 蒸发器脏堵 检查	清扫 进行正确安装 清洗蒸发器或滤尘网 清扫

三、机组特殊故障分析

在车辆空调机组的使用中有时还会遇到一些比较特殊的故障。

① 电源零线断开，导致空调总电源开关闭合后，控制柜上的所有工作或故障指示灯都亮，但空调机组不工作。

② 由于压缩机阀片损坏导致压缩机内制冷剂蒸气窜气，压缩机效率低，导致压缩机虽然能正常运转，但制冷系统不制冷或制冷量不足。

③ 压缩机卡缸或抱轴等机械故障，导致空调机组开启瞬间，电流表指针打到最大。

④ 机组开启运行后，电流表指示值明显低于正常值，但机组制冷正常，测量系统压力正常，故障为电流表不准。

⑤ 空调开关置于制冷位时，电采暖同时动作。故障为机组与控制柜之间的电气连接电缆插头内部两根线短路连通所致。

⑥ 空调机组有异常气味。

第四节　全封闭活塞式制冷压缩机常见故障检查

目前，我国铁路客车空调与制冷装置大部分采用车顶单元集中式空调机组，压缩机为全封闭式结构。全封闭式压缩机由于压缩机和电动机都封闭在一个密闭的泵壳内，所以不易产生制冷剂泄漏、空气不易进入系统、制冷剂注入量适中，不易产生液击，不易产生脏堵等优点，但也存在着一旦内部出现故障需剖壳修理的缺点。

在对压缩机进行检修时，常常需要对压缩机出现的各种故障进行判断处理。在进行故障检查时一般按照先电（电动机）后机（压缩机），先局部（电动机、压缩机）后系统的步骤进行。

一、检查电机绕组

将单元式空调机组中电动机（包括主电机与风机电机）接线盒内的电源线拆下，分别检查电动机绕组及电器线路的故障。

1. 绕组断线检查

若泵壳内绕组接线柱的接线头焊接不牢，长期应用后就会松脱或断线。此外，由于匝间短路、接地等也会造成绕组烧断。

检查三相电动机断路时，可用万用表×1k或×10k挡、校验灯来检查，见图8.1。其中，对

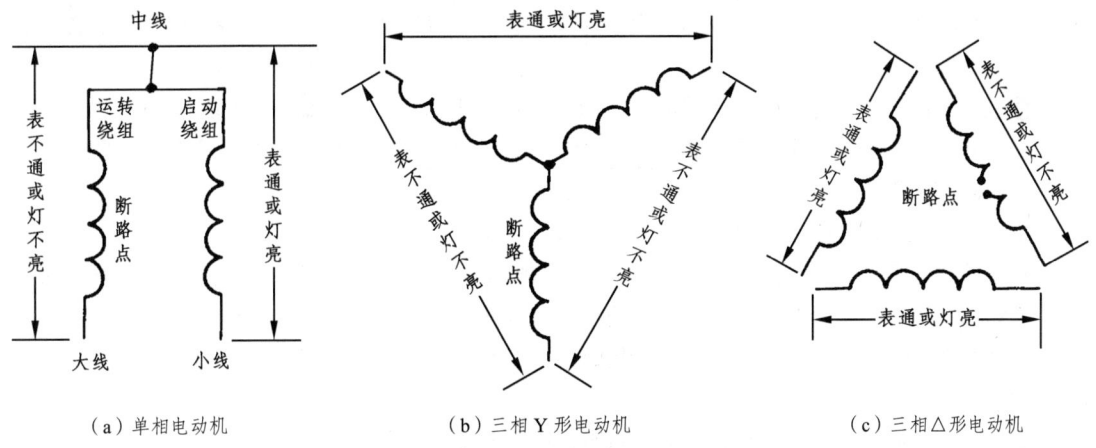

(a) 单相电动机　　　　(b) 三相Y形电动机　　　　(c) 三相△形电动机

图 8.1　用万用表或校验灯检查绕组断线

于星形接法的电动机,检查时需每相分别测试;对于三角形接法的电动机,检查时必须把三相绕组的接线头拆开后,再每相分别测试。测试时哪一相不通或灯不亮即为该相断路。泵壳内断路需剖开泵壳检修。

2. 短路检查

绕组短路包括:绕组匝间短路、绕组烧毁、绕组与绕组间短路。

检查绕组短路可用兆欧表或万用表检查任何两相绕组间的绝缘电阻,如绝缘电阻为零或很低,就说明两相短路;若各相绕组电阻值相差很大,说明有匝间短路。

绕组出现短路,就会出现通电后电流过大,压缩机温升较快的现象。严重时,会烧毁电动机。出现绕组短路故障时需重绕线圈。

3. 绕组接地检查

电动机绕组接地(俗称"碰壳")。电动机绕组在恶劣环境下使用(如环境温度高、散热不好等)引起电机绕组过热,破坏了绝缘,或因受潮、长期应用等导致绝缘老化,或因运输、搬动等原因使电机绕组和机壳相碰引起漆包线绝缘损坏,导致绝缘损坏(包括绕组烧毁),都会造成接地故障。

检查接地故障可用万用表×10 k 挡、校验灯(220 V、40 W 以下)按图 8.2 逐相检查。若某相电阻较小或检验灯暗红则表示该绕组严重受潮,应进行烘干处理。烘干后用兆欧表测量,其绝缘电阻大于 5 MΩ为正常;若某相电阻为零,则此相为接地。需剖开泵壳修理,重绕线圈。

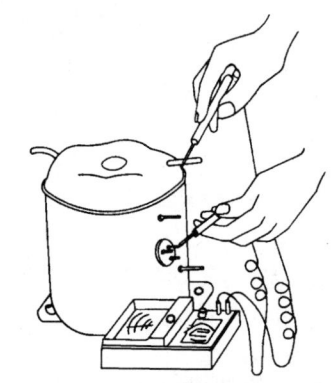

图 8.2 用万用表检查绕组接地故障

二、检查压缩机

压缩机的电动机经检查后,若测量阻值为正常,一般就可以通电运转,进行启动试验以确认压缩机机械部分是否正常。

通电运转时,若电动机启动不起来并有"嗡、嗡"声,可能是压缩机内部运动件的卡死、抱轴,也可能是由于制冷系统的"脏堵"导致压缩机无法启动,也可能是控制电路存在故障。检查时,为排除制冷系统及控制电路对启动压缩机的影响,可以将压缩机从制冷系统中断开,并将电源电压经电流表后直接加在电机接线柱上。

压缩机通电后若未能启动且电流值超过正常值很多,则可判断为该压缩机的机械部分被卡死,应及时断电,否则会烧毁电机绕组。需剖开泵壳进行修理。

压缩机通电后能够启动运转,但电流值超过压缩机空载电流值较多,则该压缩机的机械部分有轻微堵转。

压缩机通电后能够启动运转,且电流值与压缩机空载电流值基本相符,则说明该压缩机的机械部分正常。

三、检查制冷剂

能够正常运转的压缩机,需通过观察压缩机的制冷效果来进一步确认其性能好坏。如压缩机运转正常但无制冷或制冷量不足,其产生原因可能是因系统泄漏而造成制冷剂不足、压缩机效率低或制冷系统有堵塞。一般应首先考虑系统泄漏而造成的制冷剂不足。采取办法是先检漏,若有泄漏点,将系统内的制冷剂放掉,补漏,然后重新充灌制冷剂至规定量后,再次运转机器,若系统制冷量能达到规定要求,则说明是制冷剂不足;否则,需进一步判断。

四、检查压缩机效率

若无泄漏点,抽取制冷剂后,制冷量仍达不到要求,可判断是否为压缩机的效率低而引起。方法是将制冷剂抽出后,割断泵壳上的吸、排气管,然后接通压缩机电源使其运转,用手指堵住排气口。若压缩机运行一段时间后手指能够明显感觉到有非常大的压力,直至按压不住,则说明压缩机的排气性能良好。也可以用手指按住吸气口,感觉到有吸力,则说明吸压缩机的吸气性能良好。如不是上述情况,则可判定该压缩机的效率低,压缩机可能存在着吸、排气阀片关闭不严或气缸垫击穿等故障,需对压缩机做剖壳修理。检查制冷压缩机效率如图 8.3 所示。

图 8.3 土法检查压缩机效率

五、检查制冷系统是否阻塞

若压缩机的效率也正常,则说明压缩机本身没有问题,造成不制冷或制冷量不足的原因可能来自于系统的堵塞。此时可用压缩空气(或氮气)吹扫系统管路,并检查毛细导管、过滤器等是否存在堵塞。

按上述步骤进行检查,一般就可以找出产生故障的根源。

第五节 旋转式制冷压缩机常见故障

一、旋转式压缩机常见故障分析

(1)单相电源不能启动
① 检查电气连线是否正确,有无松脱。
② 检测端子间电压是否正常,用万用表测量接线端子柱间 C-R、C-S 的电阻(常见故障是主、副绕组接错,导致副绕组烧坏,阻值下降;当内置过载保护器动作时为无穷大;温度高时,阻值会上升)。

③ 检查运行电容是否损坏。
④ 外置过载保护器时,用万用表测量过载保护器是否导通。
⑤ 变频机要特别注意电控的故障。

（2）三相电源不能启动

对于三相压缩机,检测端子间电阻是否正常,用万用表测量接线端子柱 T1、T2、T3 间的电阻,正常时,3 个阻值应一致（异常为短路、断路或者阻值异常；当过载保护器动作时阻值为无穷大；温度高时,阻值会上升）。

（3）电气击穿

① 接线端子底部有水珠、杂质,防护层已有杂质,把水珠或杂质擦净。
② 压缩机内部有氧化皮,附着端子上,可以放掉制冷剂来冲掉杂质,然后单独对压缩机进行耐压试验。
③ 因为压缩机充入制冷剂以后机壳和接线端子之间的绝缘电阻值可能会降低到 1 MΩ 左右（耐压正常）,所以请注意此时不要用平时的标准来衡量,制冷剂充注位置要设计在冷凝器出口部位。
④ 压缩机烧毁,更换压缩机。

（4）压缩机启动后不制冷

导致压缩机启动后不制冷的主要原因是：

① 检查有无充注制冷剂。
② 吸气端是否焊堵,放掉制冷剂,焊开吸、排气口,直接启动压缩机,观察吸、排气是否正常（注意时间不要过长）。绝对禁止在空气中运转,如确认压缩机接线、电源、电容均良好,仍不能启动,可判为压缩机有问题。
③ 三相电源,电源反相造成反转。

（5）压缩机有异音,噪声大

使压缩机有异音、噪声大的主要原因有：

① 压缩机启动时,在 3～5 min 内,由于系统不稳定,会有声音偏大现象。
② 管道振动声、风叶声的影响。
③ 系统内有空气混入时,会有气流声。
④ 系统内有杂质或铜屑时,会发生金属撞击阀片声。

当声音比正常高出许多或持续有异声时,可判为压缩机不合格。

（6）泵体异常磨损

曲轴与主副轴承是滚动转子压缩机的主要受力部件,它们之间靠冷冻机油润滑。曲轴与轴承的受力大小以及润滑油膜的强度决定了它们的磨损情况,压缩机负荷过大或者润滑不良都会导致异常磨损发生。

① 造成压缩机过负荷的因素有：空调系统制冷剂充注量多（维修时特别容易发生）,热交换器的换热能力下降（如室外风扇故障、蒸发器、冷凝器的通风不畅等）,系统的运行条件恶劣等。这些因素会导致压缩机吸、排气压力增加,负荷增大。
② 造成压缩机润滑不良的因素有：润滑油被稀释（制冷剂充注量过多或压缩机内有液体制冷剂存在）；压缩机过负荷运行造成的油温升高,油膜强度降低；系统泄漏使润滑油减少等。

(7）吸气压力过低

吸入压力低于 0.1~0.69 MPa，由于润滑不足造成滑动部分的磨损；制冷剂循环量减少；循环内空气的入侵；循环内的水分冻结。导致吸入压力偏低的主要原因有：

① 毛细导管不合适。

② 制冷剂量不足。

③ 压缩机能力偏大（选型时错误）。

④ 蒸发器热交换能力不够（过滤器堵塞等）。

(8）吸气压力过高

吸入压力过高，会使压缩机产生过热；循环内的排油量增大，油面降低，热交换能力异常；可能发生液体的回流等问题。

导致吸入压力偏高的主要原因有：

① 毛细导管不合适。

② 制冷剂量过多。

③ 负荷过大。

④ 压缩机能力过小。

(9）排气压力超过上限

排气压力超过 2.6 MPa 上限，由于轴承负荷过大，会造成运动部件润滑不良，磨损加剧，并可能出现绝缘材料劣化，油劣化，电机烧毁等现象；导致排气压力增大的主要原因有：

① 系统循环设计不当（冷凝器小）。

② 制冷剂充注量过多。

③ 冷凝器通风量少，风扇停止，风扇网孔堵塞，冷凝器换热能力下降。

④ 外界温度高。

⑤ 吸入压力大或者排气管路堵塞。

(10）电机绕组整体性能劣化

造成压缩机电机性能下降的原因有：

① 压缩机长期在低电压条件下运行，运行绕组电流大，但公共端电流偏小，保护器动作时间长，长期运行造成运行绕组过热劣化。

② 接线顺序有误。

③ 系统制冷剂充注量少且有泄漏；系统温度高，电流小，保护器动作时间长。

④ 启动有困难。

(11）冷冻机油碳化

导致冷冻机油碳化的原因主要有：

① 系统泄漏，空气进入，造成高温环境运转，空气存在加剧了油的劣化。

② 制冷剂充注量大，系统过负荷运转。

(12）排气温度过高

排气温度过高，可造成绕组漆包线的老化速度加快，直至电机烧毁，绝缘材料绑线、绝缘纸老化速度加快。由于过热造成油的劣化，使润滑性能下降。常见的引起排气温度过高的原因有：

① 制冷剂量过少，回气过热度大。

② 冷凝温度高。

③ 由于空气进入、热交换不足、毛细导管不合适等造成的压缩比过大。

（13）回油不良

由于回油不良将会使压缩机出现润滑不良，导致运动部件的磨损、卡死，并使压缩机工作能力降低，产生过热等故障。造成润滑油回油不良的主要原因有：

① 制冷剂过多，油排出量增大。
② 配管不合适（配管太长，管径大）。
③ 在低温条件下运转。
④ 断续运转间隔时间短。
⑤ 制冷剂循环量少，压力低。
⑥ 毛细导管不合适。

二、压缩机常见故障检测流程

① 漏电开关动作或跳闸。故障检测流程如图 8.4 所示。

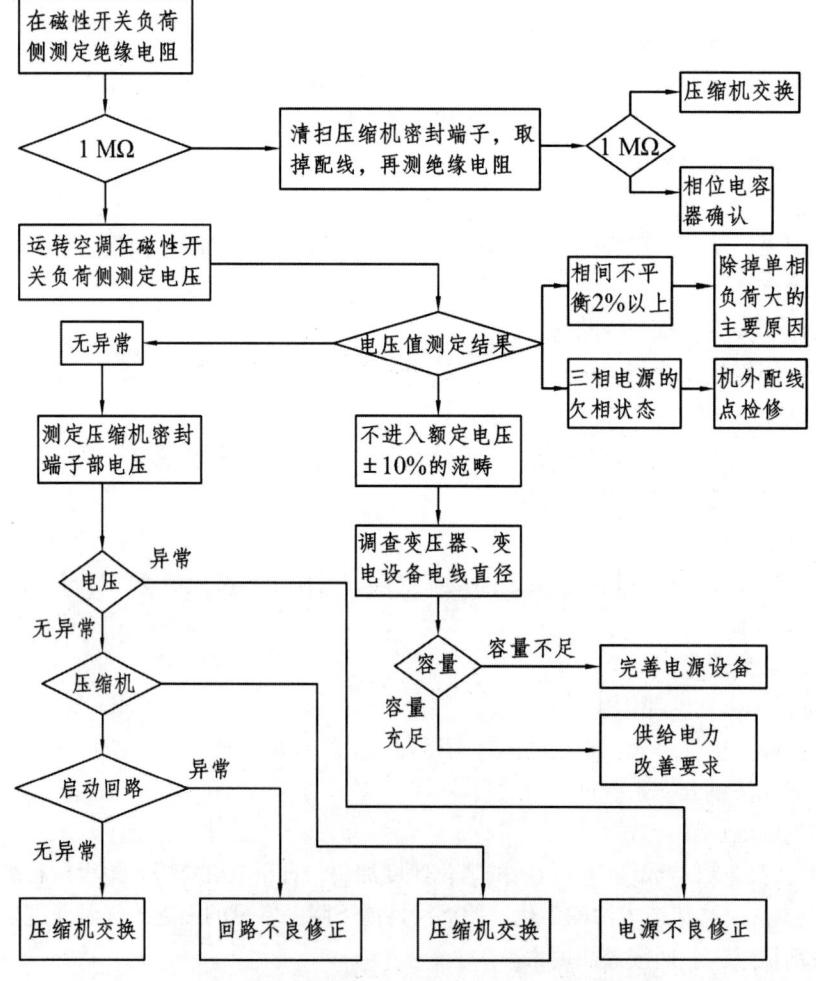

图 8.4　漏电开关动作或跳闸的故障检测流程

② 不制冷、制热。故障检测流程如图 8.5 所示。

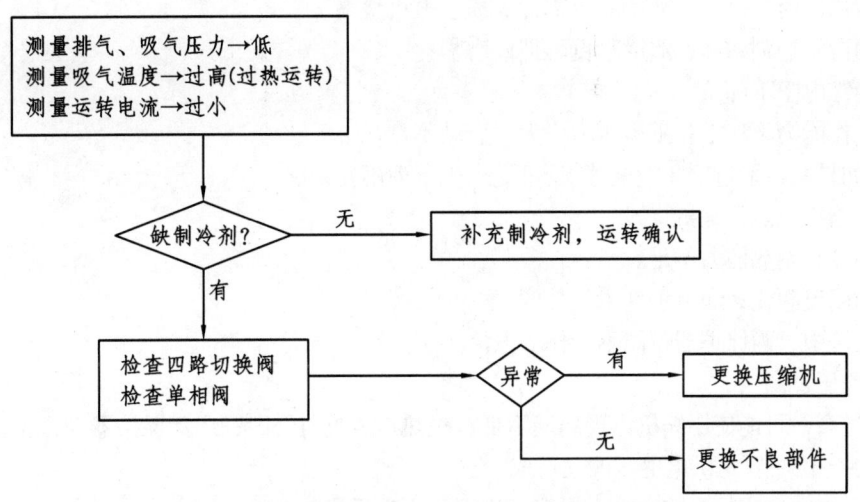

图 8.5　出现不制冷、不制热的故障检测流程

③ 异常声音、振动。故障检测流程如图 8.6 所示。

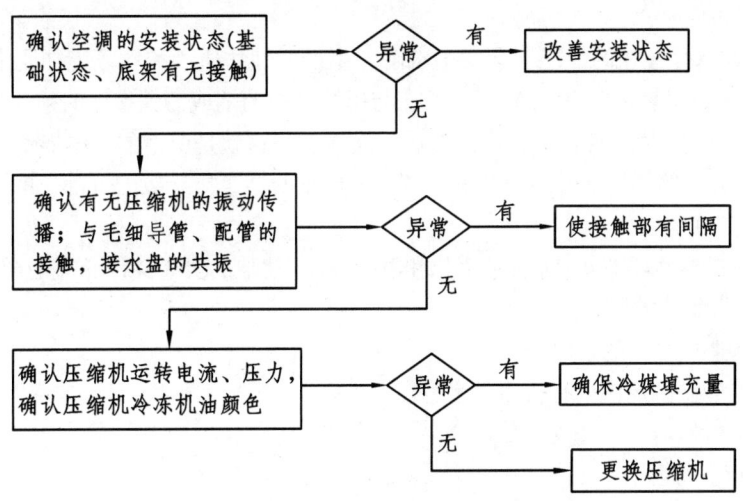

图 8.6　出现异常声音、振动的故障检测流程

三、压缩机使用不当造成的常见故障分析

（1）使用压缩机规定之外的制冷剂，会造成下列不良状况
① 冷冻能力有变化。
② 电机有时会过热损坏。
③ 如果封入了氧或氮、氦等高压气体，会产生着火或产生异常高压，有爆炸、破裂的危险。
（2）制冷剂充注量过多，可能产生下列不良状况

① 长时间停用后，集中在压缩机的制冷剂液体过多，启动负荷增大。
② 液体回流量过多，液压缩（部件磨损、电机烧毁）。
③ 油被制冷剂稀释，润滑不良（部件磨损）。
④ 绝缘电阻下降。
⑤ 工作能力不稳定；平衡压力增大，启动不良。

（3）如果制冷剂过少（泄漏等），可能产生下列不良状况
① 压缩机过热，电机烧毁。
② 制冷、制热能力不足。
③ 油回流恶化，润滑不良（部件磨损）。
④ 运转中，内保护器可能不动作（电流小）。

（4）电压过高

电压过高，可能使压缩机出现启动不良；过热造成电机烧毁；内置保护器动作不良等故障；电压超过规定值主要是供电电压波动造成。

（5）系统内含有较多的水分，可能产生下列不良后果
① 大量的水分进入压缩机，会直接造成泵体生锈，压缩机堵转；
② 如果系统内含有较多的水分，在运行过程中会造成系统冰堵，吸、排气压力平衡，贮液器滤网生锈、下凹变形。
③ 制冷剂在水分存在的情况下会发生水解，生产酸性物质。酸性环境加剧铜在制冷剂和润滑油的混合物中溶解（氧化）。溶解的铜离子在与压缩机内的钢或铸铁接触时被还原析出，并沉积在钢铁部件（活塞、滑片、气缸）表面，形成一层铜膜，这就是所谓的"电镀铜"现象。

电镀铜会影响各部件的配合间隙和密封效果，严重时会直接导致配合部位的堵转（滑片与滑片槽、活塞与气缸）。
④ 水分导致的酸性环境会加剧油的劣化和电机烧毁，生成的炭渣将对压缩机产生"致命"影响。

导致水分进入系统的原因有：
a. 系统泄漏造成水分的入侵。
b. 用于维修的制冷剂中含有较多的水分。
c. 压缩机密封不当，敞开放置。

（6）真空度超过规定

对系统真空度的要求，是为了避免在系统中残留空气，如果真空度超过规定，可能产生的不良现象有：
① 空气中含有水蒸气会混入系统。
② 冷冻机油的氧化加剧。
③ 造成制冷剂的分解。
④ 空气为不凝结气体，导致系统压力高，工况不稳定。
⑤ 排气温度升高。
⑥ 空气与冷冻机油混合到一定比例，有爆炸的危险。

真空度不合格的原因有：
① 没有从高、低压两侧抽真空。
② 抽真空的时间短。

③ 系统有泄漏。

（7）电机绕组温度过高

在压缩机内部，有油和电机。如果运转中的压缩机超过了内藏物资的容许温度范围，会导致电机烧毁、轴承的异常磨损、油的碳化等，这些对于压缩机来讲是致命的故障。

旋转式压缩机本身就是一个发热源。有电机的损伤热、压缩热、机械部分的摩擦热。要直接测试压缩机内部的温度很困难，所以常用电机绕组温度、排气温度、壳体下部温度来进行衡量。

压缩机的电机绕组温度在最大负荷时，要在 125 ℃ 以下，如果绕组温度超过使用条件，可能产生的不良现象有：

① 绕组漆包线的老化速度加快（电机烧毁）。
② 绝缘材料绑线、绝缘纸老化速度加快。
③ 由于过热造成油的劣化（润滑性能下降）。

造成绕组温度增高的常见原因：

① 电源电压的异常变动。
② 工作电流过大。

第六节 螺杆式制冷压缩机常见故障

一、螺杆式制冷压缩机启动前的检查及运行操作

1. 启 动

开机前检查压缩机的各个部分：转子应转动灵活；油位应在油镜中间位置偏上；冷凝器和油冷却器的水路应畅通；排气截止阀应开启。将能量调节手柄对准卸载位置，使滑阀处在"0"的位置。观察高低压情况，若压力不平衡，则应开启旁通阀；当压力平衡后，将阀门关闭。

启动油泵，当油压正常后开启供液阀，再启动压缩机。当压缩机正常转动加载至 100%后，调整热力膨胀阀开度至工作压力，观察机组各部件运行情况并做好记录。

正常运转时的吸气压力为 0.4～0.5 MPa（表压力），排气压力为 1.1～1.5 MPa（表压力），排气温度为 450～900 ℃，供油温度为 35～550 ℃，油压高于吸气压力 0.2～0.3 MPa，冷水温度可根据需要进行调整。

2. 停 机

转动能量调节阀，使滑阀回到"0"的位置后，按停机按钮，关闭吸气截止阀，停油泵、停水泵。在冬季应放净存水。若长时间停机，排气截止阀也应关闭。最后切断电源。

二、常见故障与排除方法

螺杆式制冷压缩机的故障主要来自电控系统和制冷系统两方面。故障会导致机组无法正常启动、运行，制冷量出现明显下降或机组产生严重损坏等。检修时必须正确判断各种故障产生的原因及采取合理的排除方法。常见故障产生的原因及排除方法如表 8.4 所示。

表 8.4　螺杆式压缩机故障分析及处理一览表

故障现象	主 要 原 因	排 除 方 法
1. 不能启动	① 排气压力高 ② 排气止回阀泄漏 ③ 能量调节未在"0"位 ④ 机内积油或液体过多 ⑤ 部分机械磨损 ⑥ 压力继电器故障或调定压力过低	① 打开吸气阀，使高压气体回到低压系统 ② 检查排气止回阀 ③ 卸载复原至 O ④ 用手盘压缩机联轴器将机腔内积液排出 ⑤ 拆卸检修、更换、调整 ⑥ 拆卸检修、更换、调整
2. 机组启动后连续振动	① 机组地脚螺栓松动 ② 压缩机与电动机轴线错位偏心 ③ 压缩机转子不平衡 ④ 机组与管道的固有振动频率相同而产生共振 ⑤ 联轴器平衡不良	① 塞紧调整垫块，拧紧地脚螺栓 ② 重新找正联轴器与压缩机的同轴度 ③ 检查调整转子 ④ 改变管道支撑点位置 ⑤ 校正联轴器的平衡
3. 压缩机机体温度过高	① 机体摩擦部分发热 ② 吸入气体过热 ③ 压缩比过高 ④ 油冷却器传热效果差	① 迅速停机检查 ② 降低吸气温度 ③ 降低排气压力或负荷 ④ 清洗油冷却器
4. 耗油量过大	① 一次油分离器中油过多 ② 二次油分离器有回油	① 放油至规定油位 ② 检查回油通路
5. 油压过低	① 油压调节阀调节不当 ② 喷油过大 ③ 油量过大或过小 ④ 内部泄漏 ⑤ 转子磨损，油泵效率降低 ⑥ 油路不畅通（精滤器堵塞） ⑦ 油量不足或油质不良	① 调整油压调节阀 ② 调整喷油阀，限制喷油量 ③ 检查油冷却器，提高冷却能力 ④ 检查更换"O"形环 ⑤ 检修或更换油泵 ⑥ 检查、吹、洗油滤器及管路 ⑦ 加油或换油
6. 油面上升	① 制冷剂溶于油内 ② 进入液体制冷剂	① 继续运转提高油温 ② 降低蒸发系统液位
7. 压缩机及油泵油封漏油	① 磨损 ② 装配不良造成偏磨损坏 ③ "O"形密封环变形腐蚀 ④ 密封接触面不平	① 运转一个时期看是否有好转，否则停机检查 ② 拆卸、检查、调整 ③ 检修或更换 ④ 检查更换
8. 排气压力过高	① 系统内有空气或不凝性气体 ② 冷却水入口水温度过或通过冷凝器水流不足 ③ 冷凝器管道内有污物、腐蚀等 ④ 制冷剂充注量过多 ⑤ 水泵故障 ⑥ 冷凝器上的气体入口阀未完全打开 ⑦ 排气压力过高	① 由冷凝器排出 ② 调节水阀或控制闸阀，检查水塔工作情况；检查管道内的过滤器 ③ 清洗铜管 ④ 排出过量制冷剂 ⑤ 检查或更换 ⑥ 打开阀门 ⑦ 参考"吸气压力过高"排除方法
9. 排气压力过低	① 流过冷凝器内的水过多或水温过低 ② 液体制冷剂从蒸发器流入压缩机引起油泡 ③ 冷凝液体出口阀泄漏 ④ 吸气压力过低 ⑤ 制冷剂不足，气体制冷剂进入液体管道	① 调节水阀或控制闸阀，检查冷却水塔情况 ② 检查和调整膨胀阀，确定感温包是否紧固并已隔热；冷却水入口温度高于限定温度 ③ 检查机组运行电流，如有需要，更换出口阀 ④ 参考"吸气压力过低"排除方法 ⑤ 充足制冷剂

续表 8.4

故障现象	主 要 原 因	排 除 方 法
10. 吸气压力过高	① 排气压力过高 ② 制冷剂充注过量 ③ 液体制冷剂从蒸发器流入压缩机 ④ 冷水管隔热不良	① 参考"排气压力过高"排除方法 ② 排出多余制冷剂 ③ 检查和调整膨胀阀，确定感温包是否紧固并已隔热；冷却水入口温度高于限定温度 ④ 检查管道隔热
11. 吸气压力过低	① 未完全打开冷凝器制冷剂液体出口阀 ② 液体管或吸气管堵塞 ③ 膨胀阀调整不当或故障 ④ 系统制冷剂不足 ⑤ 系统内有过量润滑油参与循环 ⑥ 冷却水入口温度低于标定值 ⑦ 过蒸发器的冷水量不足 ⑧ 吸气压力过低	① 打开阀门 ② 检查制冷剂过滤器 ③ 正确调整过热度，检查感温包是否泄漏 ④ 检查制冷剂是否泄漏 ⑤ 检查润滑油量 ⑥ 调整温度设定值 ⑦ 检查冷水管道压力损失情况 ⑧ 检查节水闸阀
12. 压缩机因压力过高而停机	① 冷却水不足 ② 冷凝器堵塞，入水口闸阀关闭 ③ 高压保护设定值不正确 ④ 制冷剂充注过量	① 检查水闸阀 ② 检查冷凝器铜管和水闸阀 ③ 检查设定值 ④ 排除多余制冷剂
13. 压缩机因电机过载而停机	① 电压过高或过低 ② 排气压力过高 ③ 回水温度过高 ④ 电动机或接线短路	① 检查电压 ② 检查排气压力 ③ 检查回水温度 ④ 检查电动机接线座与地线之间的阻抗
14. 运转中有异音	① 转子内有异物 ② 止推轴承磨损、破裂 ③ 滑动轴承磨损，转子与机壳磨损 ④ 运转连接件（联轴器等）松动 ⑤ 油泵受气蚀	① 检修压缩机及吸气过滤网 ② 更换 ③ 更换滑动轴承，检修 ④ 拆开检查，更换键或紧固螺栓 ⑤ 检查并排除气蚀原因
15. 制冷能力不足	① 喷油量不足 ② 滑阀不在正确位置 ③ 吸气阻力过大 ④ 机器磨损间隙过大 ⑤ 能量调节装置故障	① 检查油泵、油路，提高油量 ② 检查指示器指标位置 ③ 清洗吸气阀过滤网 ④ 调整或更换部件 ⑤ 检修
16. 能量调节机构不动作或不灵	① 四通阀不通，控制回路故障 ② 油管路或接头不通 ③ 油活塞间隙过大 ④ 滑阀或油活塞卡住 ⑤ 指示器故障，定位计故障，指标凸轮装配松动 ⑥ 油压过低	① 检修四通阀和控制回路 ② 检修、吹洗 ③ 检修更换 ④ 拆卸检修 ⑤ 检修 ⑥ 调整油压
17. 排气温度或油温过高	① 压缩比过大 ② 油冷却器传热效果不佳 ③ 吸入过热气体 ④ 喷油量不足	① 降低压缩比或减少负荷 ② 清除污垢，降低水温，增加水量 ③ 提高蒸发系统液位 ④ 检查原因或提高油压

第七节 通风机的常见故障

空调系统的通风机,是靠电动机带动的空气输送机械,它可对输送的空气进行较小的增压,以便将空气输送到需要的空调区。因而通风机在空调系统中是一个十分重要的设备。如果在日常维修保养中,忽略了对通风机的维护,那么当通风机出现故障,例如,通风量降低时,就会直接影响到空气处理的效果,使空调区内的空气状态达不到设计要求,因此,对通风机应加强日常维护保养和定期检修。目前,铁路客车与城轨车辆常见的通风机有离心式、轴流式和贯流式3种。通风机的常见故障有以下几种:

一、振动及噪声

通风机在工作时,若出现振动或超过正常工作时的声音,说明有故障发生,应及时检查。

① 叶轮旋转时碰擦外壳,此时会发出异常的声音和激烈的振动。原因是安装、使用过程中风机外壳或叶轮部件发生变形,或制动螺钉松动导致叶轮移位,或安装时叶轮与外壳间的位置未调好,应及时调整、检修。

② 安装、使用过程中传动件或机壳变形导致叶轮动平衡破坏,使通风机工作时发生振动。原因是叶轮受压变形或叶轮与轴套的连接件松动,应及时检修、更换。

③ 风机支承轴承严重磨损,导致转轴跳动,产生振动和噪声。可断电后径向摇动转轴,若有明显跳动则说明是轴承磨损,应及时更换轴承。

④ 皮带损坏发出"噼啪"声,应立即更换皮带。

⑤ 风机地脚螺栓未拧紧导致通风机运转时产生振动,应及时检查并拧紧。

⑥ 风机的进出风管安装不正确而产生振动声。为减少通风机产生的振动噪声经风管传入室内,连接风管通常采用帆布或人造革制作的软风道。

二、通风机电机发热

常温下运行1 h后,发现通风机电机温升过高,则可能由下列原因之一造成:

① 系统阻力过大或风机选配不合理导致电机超负荷运行,原因是管网阻力系数过大或管路系统的阀门未打开。

② 电机轴承损坏,配合间隙小,不符合要求。

③ 电机断相运行或接线错误。

④ 电源电压过低。

三、轴承温升过高

风机轴承温度异常升高的原因有3类:

① 润滑不良。首先检查加油是否恰当。应当按照定期工作的要求给轴承箱加油。轴承加油后有时也会出现温度高的情况,主要是加油过多。这时现象为温度持续不断上升,到达某点后(一

般比正常运行温度高 10~15℃）就会维持不变，然后会逐渐下降。其次检查是否是润滑油质量不良，是否发生变质、填充过多或含有粉尘黏砂、污垢等杂质。

② 安装异常。轴承安装时轴承箱盖座连接螺栓的紧力过大或过小；或轴与滚动轴承安装歪斜，前后两轴承不同心等会造成轴承摩擦加强，温度升高。

③ 轴承损坏。由于轴承疲劳磨损出现脱皮、麻坑、间隙增大引起的温度升高，一般可以通过听轴承声音和测量振动等方法来判断。

四、电动机电流过大或温升过高

① 开车时进气管内闸门未关严。
② 流量超过规定值或风管漏气。
③ 由于风机输送的气体密度过大而导致风压过大。
④ 电动机输入电压过低或电源单相断电。
⑤ 联轴器连接不正，皮圈过紧或间隙不均。
⑥ 受轴承箱振动剧烈的影响。
⑦ 受并联风机工作情况恶化或发生故障的影响。

五、风量不足

风量不足是指通风机的风量比正常情况下有显著减少。一般可用风对着手时的感觉来判断，也可用风速仪测量风口的平均风速来计算其风量。风量不足时可从以下几个方面来检查：

① 传动皮带因长期使用而松弛，使皮带轮打滑，风机叶轮转速显著下降，此时，可调整电动机位置，拉紧皮带或更换新皮带。
② 风机叶轮与驱动轴相紧固的制动螺钉松动，使轴空转，查清确定后应拧紧制动螺钉。
③ 叶轮反向旋转，查明后改变电机转向。
④ 空调器进风口处的滤尘器，长期工作时积满灰尘，应定期清洗。
⑤ 冷凝器灰尘堵塞，查明后用压缩空气吹洗。
⑥ 蒸发器灰尘堵塞，查明后用压缩空气吹洗。
⑦ 通风管路法兰漏风，查明后堵塞。
⑧ 蒸发器上结霜过厚会引起风阻增加，使风量下降，应定期除霜。

六、通风机的电动机不转

① 电机轴承严重磨损，使转子与定子单边摩擦。当发生这种故障时，电动机发出"嗡、嗡"噪声，电流猛升。关电源后用手转动电机轴有轻重感，并有摩擦声，此时应拆开电机检查确认后调换轴承。

② 电机线圈烧毁。用万用表或校验灯检测电绝缘是否击穿而碰壳体，并检测每相电阻值是否很接近（相等）。若有一相电阻特别小（指三相电机），则是这相绕组烧毁或匝间短路，检测时应将电源线拆下，查明确有绕组烧毁，应重绕绕组。

③ 电机轴承"咬煞"。此故障一般因缺润滑油而使轴承咬毛抱轴("咬煞"),可拆开电机检查确认后,换轴承。

④ 电机控制线路或电器有故障。

⑤ 单相电机的运转电容击穿。检查时可将电容器的两根接线拆下,直接通电源几秒钟,断电后立即将两接线端碰一下,若有放电火花并有爆炸声,则表明电容器没有击穿;否则便是击穿了,应调换新电容器。

本章小结

本章需掌握内容有以下几个方面:

● 车辆空调与制冷装置在进行故障分析时常用的方法,即通过一看、二听、三摸、四测、五分析的方法对空调机组进行故障分析和检查。

● 空调与制冷装置是由电气控制系统、制冷系统、通风系统及许多部件组成的相互关联而又相互影响的复杂系统,当系统出现故障时,应运用空调机组工作的有关理论,结合空调机组的构造,进行分析、判断,找到产生故障的原因。

● 对电气控制系统的故障可从电源、控制电器和电动机3个方面排查;制冷系统的故障包括了压缩机、通风机和制冷辅助设备的故障。要求能够根据空调与制冷装置的故障现象,对其进行初步分析、判断及处理。

思考与练习

1. 单元式空调机组常见故障有哪些?
2. 单元式空调机组不制冷的原因是什么?
3. 在单元式空调机组中如何测量压缩机电机的工作电流?为什么根据测得的电流大小就可以确定空调机组的制冷量?
4. 如何检查单元式空调机组压缩机电机性能的好坏?
5. 全封闭式压缩机修复后,如何进行性能试验?
6. 如何判断制冷机组制冷量不足?试分析产生该故障的原因。
7. 旋转式制冷压缩机的常见故障有哪些?
8. 螺杆式制冷压缩机的常见故障有哪些?
9. 通风系统的常见故障有哪些?
10. 造成通风机风量不足的原因有哪些?

第九章 空气调节装置的性能测试

空气调节装置的性能测试是研究、改进和鉴定空调性能的重要手段。客车及城轨车辆的空气调节装置在试制出来后，一般要通过必要的试验来判断其性能是否满足设计要求，从中找出影响性能的各种因素，然后加以改进。一种新型的车辆空调与制冷装置必须经过多次的设计、试制、性能测试、修改，才能最后定型。因此掌握一些客车及城轨车辆空调与制冷装置的测试知识有着重要的意义。

客车及城轨车辆空调与制冷装置的性能测试包含内容较广，在此不作一一介绍。本章首先介绍客车及城轨车辆空调在性能测试中常用的测量仪表的工作原理，然后对客车空调、城轨车辆空调的性能试验内容、方法及要求作一个简单介绍。

第一节 常用的测试仪表

测试仪表是检查和判断空调与制冷装置工作是否正常的重要技术手段。客车及城轨车辆空调与制冷装置常用的测试仪表有电工仪表和热工仪表两大类。本节主要介绍常用的热工仪表工作原理及使用方法。

热工测试仪表种类很多，在此仅介绍几种测量温度、空气相对湿度、风压及风速的仪表。

一、测量温度的仪表

温度是制冷、空调系统中最重要的参数之一。在客车及城轨车辆空调与制冷装置的测试中，常常需要对流体和固体的表面温度进行测量。温度不能直接测量，而是借助于物质的某些物理特性是温度的函数，通过对某些物理特性变化量的测量间接地获得温度值。

接触式测温法是使感温元件直接与被测物体或直接与被测介质接触，感受被测物体或被测介质的温度变化。其特点是温度计要与被测物体有良好地热接触，使两者达到热平衡。利用物体的热辐射能随温度变化的原理测定物体温度，这种测温方式称为非接触法。其特点是不与被测物体接触，也不改变被测物体的温度分布，热惯性小。通常用来测定 1 000 ℃ 以上的移动、旋转或反应迅速的高温物体的温度。车辆空调与制冷装置中用来测量温度的仪表通常采用接触式，本节主要对接触式温度测量仪表进行介绍。接触式温度测量仪表的种类繁多，可分为膨胀式、热电偶和热电阻等几大类。

1. 膨胀式温度计

膨胀式温度计是利用物体受热膨胀的原理制成的温度计，常见的有液体膨胀式温度计（如玻璃管液体温度计)、固体膨胀式温度计(如双金属温度计)。

(1) 玻璃管液体温度计

玻璃管液体温度计是利用玻璃管内的工作液体(如酒精、水银等)热胀冷缩的性质来测量温度的。其中,水银温度计的测量范围为 $-30 \sim +300\ ℃$,酒精玻璃管温度计的测量范围在 $-100 \sim +75\ ℃$。其标尺上的刻度是根据使用环境的环境要求而制定的使用范围。水银温度计与玻璃无黏附现象,温度变化时水银膨胀系数变化较小,温度计的标尺在 200 ℃ 以下时几乎成线性比例,因此工业上常用的是水银温度计。在客车与城轨车辆空调与制冷装置的测量中,常用 $-30 \sim +20\ ℃$,$0 \sim +50\ ℃$,$0 \sim +100\ ℃$,$+50 \sim +100\ ℃$ 等几种量程,分度值为 0.1 ℃ 或 0.2 ℃ 的水银温度计。

温度计可以直接测量物体的温度,但由于玻璃的脆性,为了防止温度计受到冲击或碰撞而损坏,玻璃管温度计通常均带金属保护套安装。在测量客车或城轨车辆空调与制冷装置管路中制冷剂的温度时,通常温度计都安装在专门焊接在管路中的测温套管内,套管的安装形式如图 9.1 所示。温度计插入套管时应使其温包位于管道的中心,套管内注入冷冻机油。若测量吸、排气温度,其测温点应远离吸、排气阀至少 0.3 m 或位于不少于 8 倍管径的直管上。

玻璃管温度计具有结构简单、使用方便、测量准确、价格低廉的优点,但其量程上限精度受玻璃质量的限制,易碎,不能记录和远传。因此,较适合于实验室使用,在运行试验和多点测量中,使用受到限制。

玻璃管温度计的使用方法如下:

① 应选择合适测量范围的温度计,严禁超量程使用。

② 测液体温度时,温度计的液泡应完全浸入液体中,但不能与容器内壁相接触。

③ 在读数时,视线应与液柱凸液面的最高点(水银)或凹液面的最低点(酒精温度计)水平相切。

④ 用完后均应擦拭干净,装在纸套内,远离热源存放。

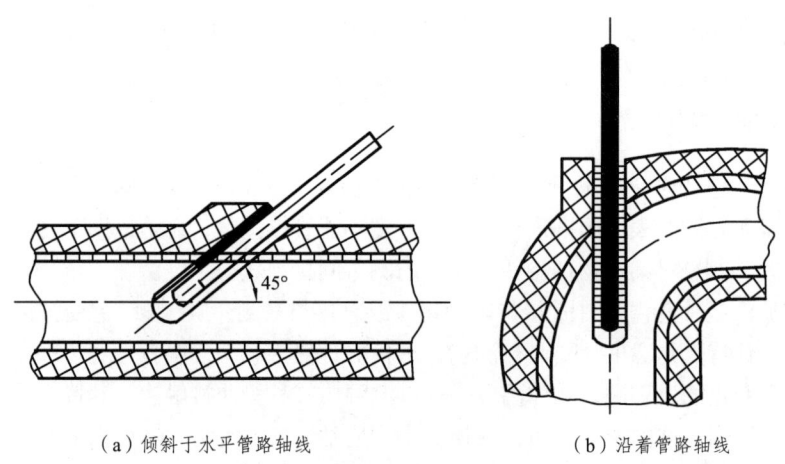

(a) 倾斜于水平管路轴线　　　　(b) 沿着管路轴线

图 9.1　玻璃管水银计的安装形式

(2) 双金属温度计

双金属温度计是利用两种不同金属在温度改变时膨胀程度不同的原理工作的,如图 9.2 所示,双金属片的一端固定,另一端自由。当温度升高时,双金属片将向膨胀系数小的一端弯曲,温升越高,弯曲越大。偏转角 α 反映了被测温度的数值,即:

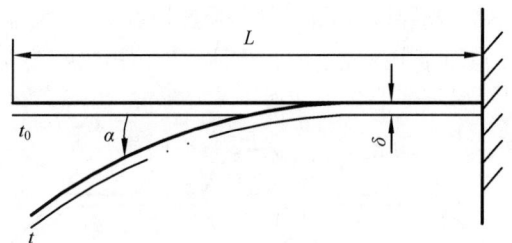

图 9.2 双金属温度计原理图

$$\alpha = \frac{360}{\pi} K \frac{L(t-t_0)}{\delta} \tag{9.1}$$

式中　K——比弯曲，℃$^{-1}$；

　　　L——双金属片的有效长度，mm；

　　　δ——双金属片的总厚度，mm；

　　　t，t_0——被测温度和起始温度，℃。

工业用双金属温度计主要的元件是一个用两种或多种金属片叠压在一起组成的多层金属片，为提高测温灵敏度，通常将金属片制成螺旋卷形状。当多层金属片的温度改变时，各层金属膨胀或收缩量不等，使得螺旋卷卷起或松开。由于螺旋卷的一端固定，另一自由端连接在装有指针的细轴上。当温度发生变化时，感温元件的自由端随即转动，从而细轴带动指针产生角位移，在标度盘上指示出温度的变化。

双金属温度计适用于中低温现场检测，可测量 -80 ~ +500 ℃ 范围内的温度，并进行现场指示。可直接测量液体、气体和蒸汽的温度，具有防水、防腐蚀、耐振性能好和无汞害、易读数、坚固耐用等优点。可用在机械强度要求更高的条件下。但精度低，量程和使用范围有限。

双金属温度计按用途分为：电接点型、防水型、防腐型、隔爆型、热套式、带热电阻（偶）型等。

电接点双金属温度计则在结构上增添了电接触组、调节装置和出线盒等部件。在温度变化时，当与预先设定的控温定触点（上限与下限）相接触或断开的瞬间，使控制线路中的继电器或接触器动作，从而实现自动控温或报警的功能。

2. 热电偶温度计

热电偶是工业上最常用的温度检测元件之一。其主要优点是热电偶直接与被测对象接触，不受中间介质的影响，测温精度高；热电动势与温度在小范围内基本上呈单值、线性关系；稳定性和复现性较好，响应时间较快；测温范围宽。热电偶常用测温上限可达 1 600 ℃，低温可达 -200 ℃；构造简单，使用方便。热电偶通常是由两种不同的金属丝组成，而且不受大小和开头的限制，外有保护套管，用起来非常方便。但也存在着冷端温度须补偿，在低温段测量精度较低的弊端。

我国从 1988 年 1 月 1 日起，热电偶全部按 IEC 国际标准生产，并指定 S、B、E、K、R、J、T 七种标准化热电偶为统一设计型热电偶。

（1）热电偶测温基本原理

热电偶测温的基本原理是热电效应。如图 9.3 所示，将两种不同材料的导体或半导体 A 和 B

焊接起来，构成一个闭合回路。当导体 A 和 B 的两个连接点 1 和 2 之间存在温差时（$T > T_0$），两者之间便产生电动势，因而在回路中形成电流，这种现象称为热电效应。热电偶就是利用热电效应来工作的。

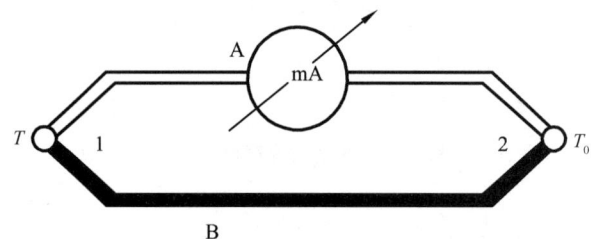

图 9.3　热电偶测温原理图

在实际应用中，温度为 T 的一侧是被测温度侧，又称电偶工作端或热端；T_0 的一侧是参考温度侧，又称电偶参考端或冷端。

根据以上所述，可以得出下面几点结论：

凡是两种不同性质的导体材料均可制成热电偶。

热电偶所产生的热电势在热电极材料一定的条件下，仅决定于测量端和参考端的温度，而与电极形状无关。

热电偶参考端温度必须保持恒定，最好保持为 0 ℃。

（2）热电偶的结构形式

为了保证热电偶可靠、稳定地工作，对它的结构要求如下：

① 组成热电偶的两个热电极的焊接必须牢固。

② 两个热电极彼此之间应很好地绝缘，以防短路。

③ 补偿导线与热电偶自由端的连接要方便可靠。

④ 保护套管应能保证热电极与有害介质充分隔离。

（3）热电偶的构造

热电偶由热电极、绝缘套管、保护套管和接线盒四部分组成，其结构如图 9.4 所示。铠装热电偶的套管材料为铜、不锈钢或镍基高温合金等。在热电偶与套管之间填满氧化粉末绝缘材料，套管中的热电极有单丝的、双丝的和四丝的，互不接触。

热电偶的种类有铂铑 10-铂，铂铑 30-铂铑 6，镍铬-镍硅和镍铬-考铜等。目前生产的铠装热电偶，其外径为 12～25 mm，长度可达 100 m 以上。

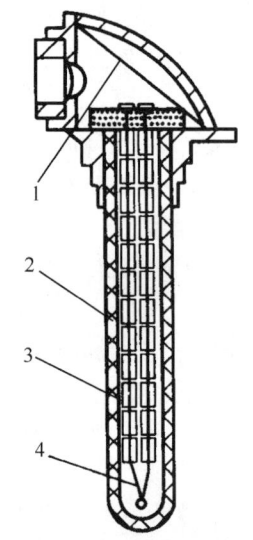

图 9.4　工业热电偶结构图
1—接线盒；2—绝缘套管；
3—保护套管；4—热电极

① 热电极。热电偶的热电极直径由材料的机械强度、电导率、价格及热电偶的用途和测量范围等决定。用贵金属时直径很细，为 0.35～0.65 mm，用廉价金属时，其直径为 1～2 mm。热电偶的长度可根据实际需要来决定，普通插入式热电偶的长度为 300～2 150 mm。

② 绝缘套管。在热电偶的两根电极上套有绝缘套管，其作用是防止两根电极之间和电极与保护套管之间发生短路。

常用绝缘套管的材料采用橡皮、塑料等，最常用的绝缘材料是瓷管和高温瓷管，其结构有单孔、双孔、四孔，孔的大小根据热电极的直径而定。

③ 保护套管。热电偶的热电极（包括绝缘导管）装在保护套管中。使热电极避免遭受有害气体的腐蚀，玷污及机械损伤，防止或减小火焰与气流的冲刷和辐射，保护热电极。

对保护套管材料的要求是耐腐蚀，不渗透气体，不与氧化性和还原性气体发生化学反应，耐酸碱腐蚀，热惯性小，能承受温度剧变，价格低。

常用的保护套管材料有：铜、20号碳钢、镍铬合金。

④ 接线盒。主要作用是防止灰尘和水，气的侵入，便于热电偶与补偿导线或导线连接。接线盒用铝合金材料制成，装在保护套管的尾部，接线盒的上部有垫片或垫圈加以密封。

（4）热电偶冷端的温度补偿

在热电偶的分度表中或分度检定时，冷端温度都保持在0 ℃；在使用时，往往由于环境和现场条件等原因，冷端温度不能维持在0 ℃（$T_0 \neq 0$），使热电偶输出的电势值产生误差，因此需要对热电偶冷端温度进行处理。

由于热电偶的材料一般都比较贵重(特别是采用贵重金属时)，而测温点到仪表的距离都很远，为了节省热电偶材料，降低成本，通常采用补偿导线把热电偶的冷端（自由端）延伸到温度比较稳定的控制室内，连接到仪表端子上。必须指出，热电偶补偿导线的作用只是延伸热电极，使热电偶的冷端移动到控制室的仪表端子上，它本身并不能消除冷端温度变化对测温的影响，不起补偿作用。因此，还需采用其他修正方法来补偿冷端温度不为0 ℃时对测温的影响。在使用热电偶补偿导线时必须注意型号相配，极性不能接错，补偿导线与热电偶连接端的温度不能超过100 ℃。

热电偶的热电势是两个接点温度的函数表，只有当冷端温度不变时，热电势才是热端温度的单值函数。

实际应用中，热电偶冷端所处环境温度总有波动，从而使测量得不到正确结果，必须采取补偿措施。

冷端温度处理办法有以下几种：计算修正法、仪表机械零点调整法、恒温法、补偿法、多点测量的热电偶冷端温度补偿。

① 计算修正法。若温度显示仪表分度时规定热电偶冷端温度为零摄氏度，而在使用中冷端温度不为零摄氏度时，根据热电偶的中间温度定律，得知在这种情况下产生的热电势为：

$$E_{AB}(t,0) = E_{AB}(t,t_0) + E_{AB}(t_0,0) \tag{9.2}$$

式中 $E_{AB}(t,0)$——冷端温度为0，热端温度为t时的热电势；

$E_{AB}(t,t_0)$——冷端温度为t_0，热端温度为t时的热电势，即实测值；

$E_{AB}(t_0,0)$——冷端温度为t_0时的应加校正值（冷端补偿电势）。

将t_0摄氏度的仪表实测读数与相应的校正值代数相加得$E_{AB}(t,0)$，然后从分度表查得被测温度t值。这种方法只适用于实验室。

② 仪表机械零点调整法。仪表的机械零点为仪表输入电势为0时，指针停留的刻度点，也就是仪表的起始点。若预知热电偶冷端温度为t_0，在此时相当于人为给仪表输入热电势$E_{AB}(t_0,0)$，在接通测温回路后，输入仪表的热电势为：

$$E_{AB}(t,t_0) + E_{AB}(t_0,0) = E_{AB}(t,0)$$

使仪表指针指示热端温度t值。

仪表机械零点调整法比较简单，如热电偶冷端温度波动频繁，变化较大，不宜采用此法。

③ 恒温法。在精密测温中,一般要求热电偶温度保持为 0 ℃,通常采用冰点槽。用清洁的水制成冰屑与清洁的水相混合盛于冰点槽的保温瓶内,并使其达到平衡而保持恒定的 0 ℃,使用时将热电偶冷端放在插入冰点槽的试管底部。恒温法是准确度很高的冷端处理方法,然而使用比较麻烦,需要保持冰、水两相。

④ 补偿法。补偿法是利用不平衡电桥产生的电压来补偿热电偶冷端温度变化所引起的热电势的变化。

由热电势计算修正法可知,当热电偶冷端温度 t_n 偏离规定值 t_0 时,热电势的修正值为 $E_{AB}(t_n, t_0)$,如果在热电偶测量回路中串接一个等于 $E_{AB}(t_n, t_0)$ 的直流电压 U,则回路的总电势为:

$$E_{AB}(t, t_n) + U = E_{AB}(t, t_n) + E_{AB}(t_n, t_0) = E_{AB}(t, t_0)$$

⑤ 多点测量的热电偶冷端温度补偿。在工业生产中为了有效利用控制盘和节省显示仪表,常通过多点切换开关把几只甚至几十只同一分度号的热电偶接到一块表上,这时可将各热电偶的冷端用补偿导线引至温度变化比较小的地方,然后共用一个桥式补偿器进行冷端温度补偿,补偿方法有两种:一是利用一块显示仪表和一个冷端温度补偿器的多点测量线路;二是用一只辅助热电偶对多只同型号热电偶冷端进行补偿的线路。

⑥ 热电偶的校验和误差分析。热电偶的误差来源主要有以下几项:

a. 分度误差:由于热电极材料成分不符要求和材料均匀性等原因,使热电偶的热电性质与统一的分度表之间产生分度误差。

b. 补偿导线误差:由于补偿导线和热电极材料在 1 000 ℃ 以下的热电性质不同将产生误差。

c. 参比端温度变化引起的误差:在利用补偿电桥进行参比温度补偿时,由于不能完全补偿而产生误差。

d. 由于热电极变质,使热电性质变化而产生误差。

几种常用的热电偶的特性数据见表 9.1。使用者可以根据表中列出的数据,选择合适的二次仪表,确定热电偶的使用温度范围。

表9.1 常用热电偶特性表

热电偶名称	型号	分度号	100 ℃的热电势(mV)	最高使用温度(℃)	
				长期	短期
铂铑 10-铂	WRLB	LB-3	0.643	1 300	1 600
镍铬-考铜	WREA	EA-2	6.95	600	800
镍铬-镍硅	WRN	EU-2	4.095	900	1 200
铜-康铜	WRCK	CK	4.29	200	300

注:10 指含量为 10%。

3. 热电阻温度计

热电阻温度计是一种用途极广的测温仪器。它由热电阻、连接导线和显示仪表组成。其特点是,在特殊情况下,低温可测至 1 K,高温可测至 1 200 ℃。测温准确度高,性能稳定,信号便于传送,不需冷补偿。但由于感温元件电阻的体积较大,所以热容量较大,动态特性和抗振性能不如热电偶，需外部电源供电，连接导线的电阻易受环境温度影响而产生测量误差。适用于测量液体、气体及固体表面的温度。

（1）热电阻测温原理

热电阻温度计是利用金属导体或半导体的电阻值随温度变化而改变的特性来进行温度测量的。在一定温度范围内，电阻-温度关系是线性的。温度的变化，可导致导体或半导体电阻的变化。这样，只要测出电阻值的变化，就可达到测量温度的目的。

① 大多数金属热电阻随其温度升高而增加，当温度升高 1 ℃ 时，其阻值约增加 0.4% ~ 0.6%，称具有正的电阻温度系数。金属导体的电阻值与温度的关系为：

$$R_t = R_0[1 + \alpha(t - t_0)] \tag{9.3}$$

$$\Delta R_t = \alpha R_0 \Delta t \tag{9.4}$$

式中　R_t——温度为 t 时的电阻值；

　　　R_0——温度为参考温度 t_0（通常为 0 ℃）时的电阻值；

　　　α——电阻温度系数，即温度每升高 1 ℃ 时的电阻相对变化量；

　　　Δt——温度的变化量；

　　　ΔR_t——温度改变 Δt 时的电阻值变化量。

② 大多数半导体热敏电阻的阻值随温度升高而减小，当温度升高 1 ℃ 时，其阻值约减小 3% ~ 6%，称具有负的电阻温度系数。电阻值与热力学温度的关系可表示为：

$$R_t = R_{T_0}\exp[B(1/T) - B(1/T_0)] \tag{9.5}$$

式中　R_{T_0}——热力学温度 T_0（K）时的电阻值；

　　　B——与半导体材料有关的常数。

图 9.5 为金属热电阻的作用原理图，感温元件 1 是以直径为 0.03 ~ 0.07 mm 的纯铂丝 2 绕在有锯齿的云母骨架 3 上，再用两根直径约为 0.5 ~ 1.4 mm 的银导线作为引出线 4 引出，与显示仪表 5 连接。当感温元件上铂丝的温度变化时，感温元件的电阻值随温度而变化，并呈一定的函数关系。将变化的电阻值作为信号输入具有平衡或不平衡电桥回路的显示仪表以及调节器和其他仪表等，即能测量或调节被测量介质的温度。

（2）工业常用热电阻

虽然大多数金属和半导体的电阻与温度之间都存在着一定的关系，但并不是所有的金属或半导体都能做成电阻温度计。目前在我国，现有的标准化热电阻有铂电阻（WZPB）和铜电阻（WZC），另外常用的还有镍热电阻（WZN）和半导体热敏电阻两种。

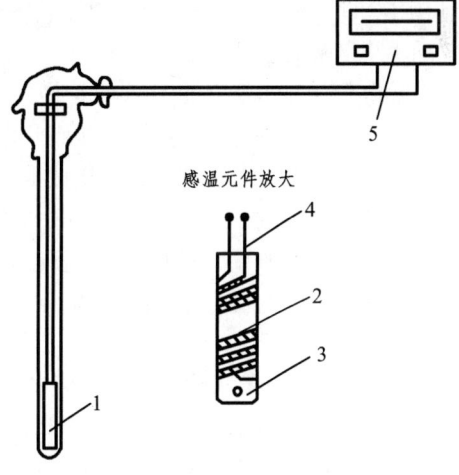

图 9.5　热电阻的作用原理

1—感温元件；2—铂丝；3—骨架；4—引出线；5—显示仪表

根据 IEC 规定，常用铂电阻有 Pt10、Pt50、Pt100 和 Pt300、B_{A1} 和 B_{A2}（旧符号）等分度号。

① 铂电阻。铂电阻由纯铂丝绕制而成，其使用温度范围为 - 200 ~ 850 ℃。铂电阻具有精度

高、性能可靠、抗氧化性好、物理和化学性能稳定的特点。其缺点是电阻温度系数小，电阻与温度呈非线性，高温下不宜在还原性介质中使用，而且价格较高。

② 铜电阻。铜电阻与温度基本呈线性关系；在测温范围 – 50 ~ 150 ℃ 内，具有很好的稳定性。其缺点是温度超过 150 ℃ 时易被氧化，氧化后失去良好的线性特性。另外，铜电阻体积较大，强度较低，多用于温度不高，测温元件体积无特殊限制的场合。铜热电阻按 WZC 标准，代号有 Cu50 和 Cu100 两种。

③ 镍热电阻。镍热电阻性能类似铂电阻，电阻温度系数较铂电阻大，约为铂电阻的 1.5 倍。

④ 半导体热敏电阻。半导体热敏电阻通常用铁、镍、锰、钴、钼、钛、镁、铜等复合氧化物高温烧结而成。与金属热电阻相比，半导体热敏电阻具有以下优点：

a. 较大的负电阻温度系数，灵敏度比较高。

b. 半导体材料的电阻率远比金属材料大得多，它的体积可做得非常小，同时热惯性就小并适合用于测量点温度与动态温度。

c. 电阻值很大，故连接导线的电阻变化的影响可以忽略。

d. 结构简单。

半导体热敏电阻的缺点是同种半导体热敏电阻的电阻温度特性分散性大，非线性严重，元件性能不稳定，因此互换性差，精度较低。

（3）热电阻构造

与热电偶一样，工业热电阻有普通基型结构和铠装结构两种。它们都由感温元件、引出线、保护套管、接线盒、绝缘材料等组成。

将电阻丝绕在具有一定形状的支架上，形成感温元件。感温元件要求体积小，而且受热膨胀时，电阻丝不产生附加应力。绕制电阻丝的常见支架有平板形、圆柱形和螺旋形 3 种。

（4）热电阻的连接方法

在热电阻与显示仪表的实际连接中，由于其间的连接导线长度较长，若仅使用两根导线连接在热电阻两端，导线本身的电阻会与热电阻串联在一起，造成测量误差。如果每根导线的电阻为 r，则加到热电阻上的绝对误差为 $2r$，而且这个误差并非定值，是随导线所处的环境温度而变化的，所以应用时，为减少导线电阻对测量的影响，常常采用三线制或四线制的连接方式来解决。

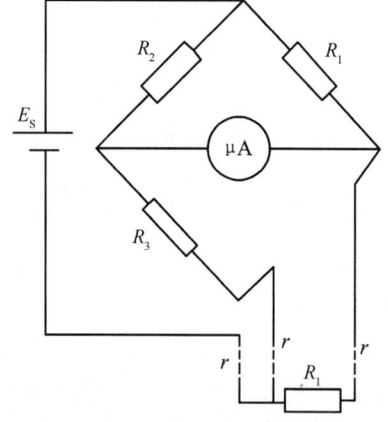

图 9.6　热电阻的三线制接法

① 三线制。三线制就是在热电阻的一端与一根导线相连，另一端与两根导线相连，如图 9.6 所示。当与电桥配合使用时，与热电阻 R_t 相连的 3 根导线，粗细、长短相同，可以得到下列关系：

$$R_2(R_t + r) = R_1(R_3 + r)$$

由此可得

$$R_t = \frac{R_1(R_3 + r)}{R_2} - r = \frac{R_1 R_3}{R_2} + \frac{R_1 r}{R_2} - r \tag{9.6}$$

电桥设计时,只要满足 $R_1 = R_2$,则上式中 r 被消去,即消除了导线电阻的影响。这种情况下,导线电阻的变化对热电阻没有影响。必须注意,只有在全等臂电桥(4 个桥臂电阻相等),而且是在平衡状态下才是如此,否则不可能完全消除导线电阻的影响,但分析可见,采用三线制连接方法会使它的影响减少。

② 四线制。四线制就是在热电阻的两端各采用两根导线与仪表相连接,一般是用于要求电压或电势输入的仪表。如果与直流电位差计配用,其连线方式如图 9.7 所示。由恒流源供给的已知电流 I 流过热电阻 R_t,使其产生电压降 U,电位差计测得 U,便可得到 $R_t(R_t = U/I)$。尽管导线存在电阻 r,但有电流流过导线上。电压降不在测量范围之内,连接电位差计的导线虽然存在电阻,但没有电流流过(电位差计测量时不取电流),所以 4 根导线的电阻对测量均无影响。

由于感温元件占有一定的空间,所以不能像热电偶那样,用它来测量"点"的温度,当要求测量任何空间内或表面部分的平均温度时,热电阻用起来非常方便。

热电阻温度计的缺点是不能测定高温,因流过电流大时,会发生自热现象而影响准确度。

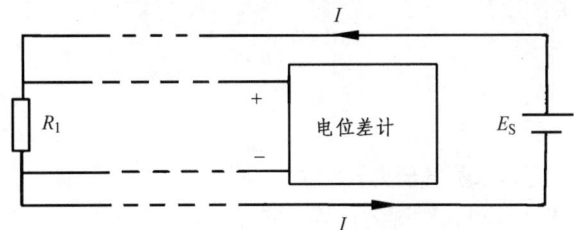

图 9.7　热电阻的四线制接法

(5)热电阻温度计基本参数

热电阻温度计的基本参数如表 9.2 所示。

表 9.2　热电阻的基本参数

名　称	代号	分度号	温度测量范围 (°C)	0 °C 时的电阻值 R_0 及其允差(Ω)	电阻比 $W_{100} = \dfrac{R_{100}}{R_0}$ 及其允差
铂热电阻	WZP	$\dfrac{B_{A1}}{B_{A2}}$	-200 ~ 650	$\dfrac{46 \pm 0.046}{100 \pm 0.1}$	1.391 0 ± 0.001 0
铜热电阻	WZC	$\dfrac{Cu50}{Cu100}$	-50 ~ 150	$\dfrac{50 \pm 0.05}{100 \pm 0.1}$	1.428 ± 0.002
镍热电阻	WZN	$\dfrac{Ni50}{Ni100}$	-60 ~ 180	$\dfrac{50 \pm 0.05}{100 \pm 0.1}$	1.617 ± 0.007

二、测量空气相对湿度的仪表

湿度的检测方法很多,从其测量原理上可分为 3 种:干湿球法(如干湿球温度计)、吸湿法(如氯化锂电阻湿度计、氯化锂露点湿度计、毛发湿度计、电容式湿度计等)与非吸湿法(如热敏电阻湿度计等)。传统的方法是用干湿球温度计法和露点计法。随着科技的发展,利用高分子材料、多孔陶瓷等材料作为湿敏元件,制作出了各种湿敏传感器,目前已经得到大量应用。本节仅介绍部分常用的湿度测量仪表。

1. 干湿球温度计

普通干湿球温度计是利用潮湿物体表面水分蒸发吸热的效应来测定空气的相对湿度。

（1）干湿球温度计的工作原理

干湿球湿度计的基本原理为：当大气压力 B 和风速 v 不变时，利用被测空气相应于湿球温度下饱和水蒸气压力和干球温度下的水蒸气分压力之差，与干湿球温度之差之间存在的数量关系确定空气湿度。

其数量关系的数学表达式为：

$$P_{bh} - P_{zq} = CB(t_g - t_s) \tag{9.7}$$

式中 P_{bh}——湿球温度下饱和水蒸气压力；
P_{zq}——空气中水蒸气分压力；
t_g, t_s——空气的干、湿球温度；
C——与风速有关的系数；
B——大气压力。

已知 $\varphi = \dfrac{P_{zq}}{P_b} \times 100\%$

P_b——干球温度下饱和水蒸气压力；

将式（9.7）代入上式，可得相对湿度计算公式为：

$$\varphi = \left[\frac{P_{bh}}{P_b} - CB\frac{t_g - t_s}{P_b}\right] \times 100\% \tag{9.8}$$

根据 t_g，t_s 分别对应有确定的 P_{zq}，P_{bh} 值，所以根据干、湿球温度计的读数差，即可由上式确定被测空气的相对湿度。

（2）干湿球温度计的构造

普通干湿球温度计由两支完全相同的温度计组成，如图9.8所示。一只温度计的感温包直接与大气接触，用来测量空气的温度，称为干球温度计；另一支温度计在感温部位包有被水浸湿的棉纱吸水套，并经常保持湿润，称为湿球温度计。当棉套上的水分蒸发时，会吸收湿球温度计感温部位的热量，使湿球温度计的温度下降。水的蒸发温度与空气的湿度有关，相对湿度越高，蒸发越慢；反之，相对湿度越低，蒸发越快。所以，在一定的环境温度下，干球温度计与湿球温度计之间的温度差与空气湿度有关。当空气为静止或具有一定流速时，这种关系是单值的。若是饱和空气，则干、湿球温度差为零。

（3）干湿球温度计使用注意事项

测量时，为减少测量误差，必须注意以下几点：

① 干球应避免黏附水滴、雾珠，湿球应始终保持良好的湿润。
② 棉纱套要清洁，并有良好的吸水性，应尽可能采用蒸馏水湿润。
③ 湿球温度计的测量元件不应有导热或辐射形式的热交换。
④ 干湿球温度计只适用于测量冰点以上温度区的湿度测量，当温

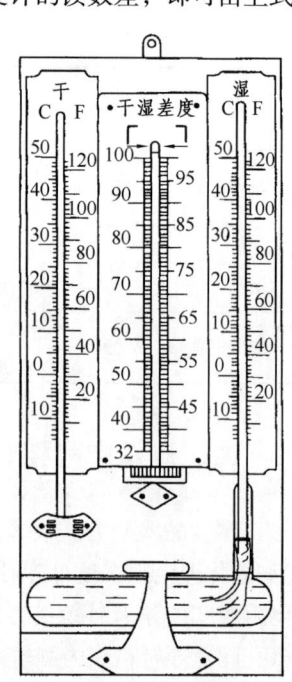

图9.8 普通干湿球温度计

度低于冰点后，测量误差显著增大。

⑤ 测量时注意保持流过温度计球部的气流速度应在 2.5 m/s 左右，同时在测量过程中应避免观测者的呼吸对其产生干扰。

普通干湿球温度计虽然结构简单，使用方便，但测量精度较差，特别是在空气流速变化和周围有热辐射时误差更大。

如果在普通干湿球温度计的基础上，增加一个通风部件，并进行适当改造，就可做成通风干湿球温度计，又称阿斯曼湿度计。通风干湿球温度计由于增加了强制通风部件等，使测量时流过温度计球部的气流速度可以保持大于 2.5 m/s，且可维持相对稳定，测量的准确性较普通干湿球温度计要高，但对测量时的操作要求有所提高。

2. 电动干湿球温度计

为了能自动显示空气的相对湿度和远距离传送湿度信号，采用电动干湿球温度计。它的干湿球是用金属电阻（镍电阻）代替膨胀式温度计，并设置一个微型轴流风机，以便在测量时通过热电阻的气流速度可以保持大于 2.5 m/s，且可维持相对稳定，它的测量精度较普通干湿球温度计要高。但对测量时的操作要求有所提高。电动干湿球温度计的结构和工作原理如图 9.9 所示。

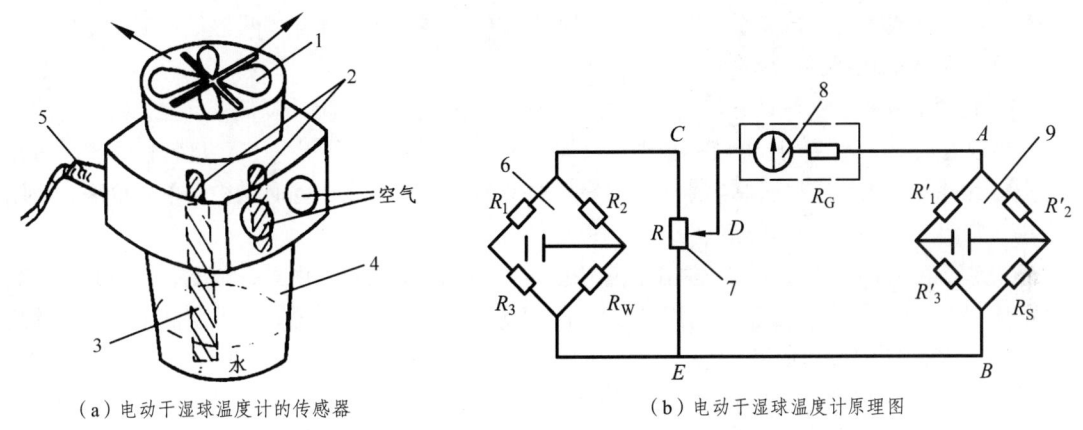

（a）电动干湿球温度计的传感器　　　　（b）电动干湿球温度计原理图

图 9.9　电动干湿球温度计

1—轴流风机；2—镍电阻；3—纱布；4—盛水杯；5—接线端子；6—干球温度测量电桥；
7—补偿可变电阻；8—检流计；9—湿球温度测量电桥

3. 光电式露点湿度计

光电式露点湿度计工作原理如图 9.10 所示，被测气体引入检测室内，流经一个光滑的反光镜面，用一定方法使镜面温度逐渐降低，等镜面上产生一层水雾时，此时的温度即为露点温度。水雾的产生是用光敏电阻接收镜面的反射光，它使光源的光线经聚光镜后，经镜面反射到光敏电阻，然后由光敏电阻接收。当镜面上出现雾气时，反射性能突然降低，光电流减小。光电流的变化经放大器放大后，控制半导体热电制冷器的电流方向。当光电流减小时，半导体制热，镜面温度上升，雾气消失，于是光电流又增加，使电流反向，半导体制冷，使镜面温度下降，又使镜面出现雾气，如此反复，使镜面温度常保持在露点温度附近，此温度由铂电阻加以测量并供露点温度指示计显示。

若被测气体中有露点，则它的露点可能会被误认是水蒸气的露点，给测量带来干扰。被测气体应该完全除去机械杂质及油气等。

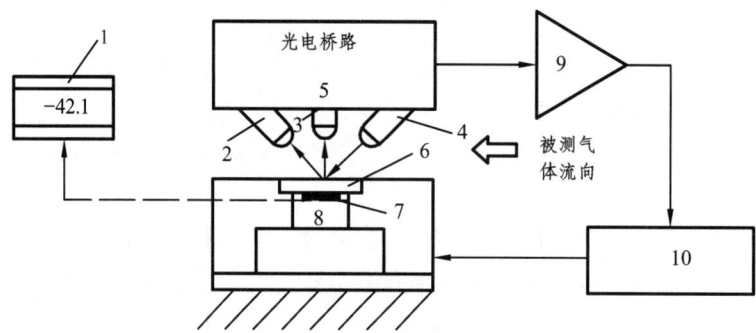

图 9.10 光电式露点湿度计
1—露点温度指示计；2—反射光敏电阻；3—散射光敏电阻；4—光源；5—光电桥路；
6—露点镜；7—铂电阻；8—半导体热电制冷器；9—放大器；10—可调直流电源

常用的露点测量范围为 $-80 \sim 50\ ℃$，误差约 ± 0.25，反应时间为 $1 \sim 10\ s$。

4. 氯化锂湿度计

氯化锂是一种在大气中不分解、不挥发，也不变质而具有稳定的离子型无机盐类。其吸湿量与空气相对湿度成一定函数关系，随着空气相对湿度的增减变化，氯化锂吸湿量也随之变化。

（1）电阻式氯化锂湿度计

当氯化锂溶液吸收水汽后，使导电的离子数增加，因此导致电阻的降低；反之，则使电阻增加。氯化锂电阻湿度计的传感器就是根据这一原理工作的。第一个基于电阻-湿度特性原理的氯化锂电湿敏元件是美国标准局研制出来的。这种元件具有较高的精度，同时结构简单、价廉，适用于常温、常湿的测控等一系列优点。

氯化锂湿度计的测湿范围与所涂氯化锂浓度及其他成分有关。采用某一浓度制作的元件在其有效的感湿范围内，其电阻值随周围空气相对湿度的变化符合指数关系。当湿度低于其有效的感湿范围时，其阻值迅速增加，趋于无限大；而当高于该范围时，其阻值变得非常小，乃至趋于零。

每一湿敏元件的测量范围较窄，故应按照测量范围的要求，选用相应的量程。为扩大测量范围，可采用多片组合湿敏传感器。

氯化锂电阻湿度传感器分梳状和柱状两种，其结构如图 9.11 所示。两种传感器工作原理相同，在金丝电极（或梳状电极）上涂有一层由氯化锂和聚乙烯醇形成的感湿薄膜，在梳状或柱状电极

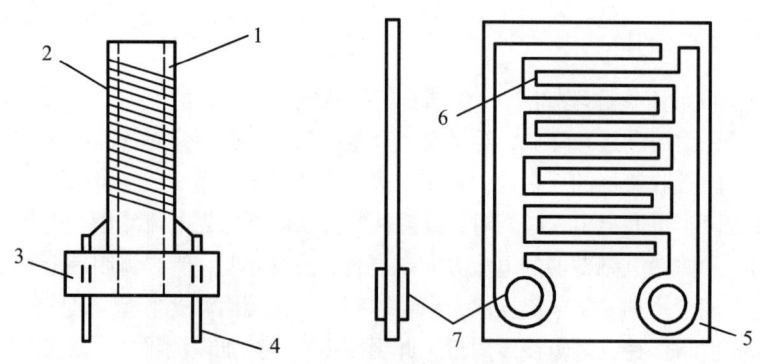

图 9.11 氯化锂电阻湿度传感器
1—支架；2—金丝电极；3—底座；4—电极引线；5—基线；6—梳状电极；7—接线端子

间的感湿薄膜的电阻值变化反映了空气相对湿度的变化。因此只要用仪表测出电极间的电阻值，就能得出相应的空气相对湿度值。

为了避免水滴和灰尘落在传感器上，以及防止热辐射的直接作用，使用时传感器头部套有带孔的金属罩。

（2）露点式氯化锂湿度计

露点式氯化锂湿度计是由美国的 Forboro 公司首先研制出来的，其后我国和许多国家都做了大量的研究工作。这种湿度计和上述电阻式氯化锂湿度计形式相似，但工作原理却完全不同。简而言之，它是利用氯化锂饱和水溶液的饱和水气压随温度变化而进行工作的。

氯化锂具有强烈的吸水性，当被配成饱和溶液后，对应某一温度，有相应的饱和蒸气压力，如果湿气体中的水蒸气分压力大于在该温度下氯化锂饱和溶液周围的饱和蒸气压力，则氯化锂溶液就会吸收湿气体中的水分。反之，如果湿气体中的水蒸气分压力低于氯化锂溶液周围的饱和蒸汽压力，则氯化锂溶液就会向湿气体中放出其溶液中的水分。

氯化锂露点测量元件结构如图 9.12 所示。它的主要部件是一根特制的铂电阻温度计，温度计的外面有玻璃丝套，在玻璃丝套上平行绕两根加热铂丝，绕好后用胶木圆固定，两根加热丝与铂电阻温度计引线从一端引至接线盒，测量元件的外壳是一个不锈钢保护罩，用以保护测量头。

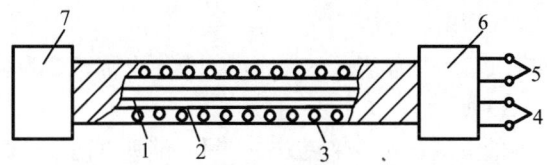

图 9.12 氯化锂露点测量元件结构示意图

1—铂电阻温度计；2—玻璃丝套；3—加热铂丝；4—温度计电源；5—加热电源；6、7—胶木圆

工作时，在加热丝间浸以饱和氯化锂溶液，同时对加热丝外加 25 V 的交流电，将测量元件放入被测气体中，当被测气体中的水蒸气分压力高于氯化锂溶液的饱和蒸气压力时，氯化锂溶液因吸收被测气体中的水分而潮解，使两根加热丝间的电阻减小，铂加热丝间流过的电流增大，使氯化锂温度上升，直至氯化锂的蒸气压力与被测气体中水蒸气分压力相等。这时氯化锂溶液吸收被测气体中的水分与放出的水分相平衡，氯化锂溶液的电阻不再发生变化，加热丝的电流保持恒定。反之，若被测气体中的水蒸气分压力低于氯化锂溶液的饱和蒸气压力时，则氯化锂溶液放出水分，这时两根加热丝间的电阻增大，铂加热丝间流过的电流减小，使氯化锂溶液温度下降，直至氯化锂的蒸气压力与被测气体中水蒸气分压力相等时，氯化锂溶液的温度才保持稳定，达到蒸气压力平衡时的温度称为平衡温度，即为铂电阻温度计测得的温度，由于平衡温度与露点温度一一对应，所以知道平衡温度即相当于测量出了露点温度。知道了露点温度和空气温度后，即可按下式计算出空气的相对湿度。

$$F = \frac{h}{i} \times 100\% \tag{9.9}$$

式中　F——相对湿度；

　　　h——露点温度时的饱和水气分压；

　　　i——空气温度时的饱和水气分压。

三、测量风速的仪表

流体流动速度是空调系统中流体运动状态的重要参数之一。特别是在铁道车辆与城轨车辆空调系统的性能测试中常需要测量车厢内的风速,根据测定值来判断空调工作的工况是否良好。

随着现代科技的发展,测量流体速度的方法越来越多,根据测量原理的不同,可将其分为以下几种:

① 气压法:利用流体的压力或压力差测出相应的流速信号,如毕托管。

② 机械法:利用流体对叶轮或叶片等的冲击作用获取流速信号,如叶轮风速仪、转杯风速仪等。

③ 散热率法:利用发热元件的散热率与流体速度的关系获取流速信号,如热球风速仪。

下面介绍几种常用的测量风速的仪表。

1. 毕托管

在空气调节中,常常需要测量某管道中风速的大小,然后求出管道的平均风速,要测量管道中的风速,可采用毕托管来进行。毕托管与压力计之间采用不同的连接方法,可以单独测量全压、静压及动压值。

用毕托管测压是根据在气流中物体表面的滞止点的全压全部转变为静压的原理进行的。

全压的测量原理如图 9.13 所示。

开口弯成 L 形的毕托管的一端正对着来流方向,另一端垂直向上,这时毕托管中上升的液柱比测压管内的液柱高 h。这是由于当气流流到毕托管入口前时,气流受到阻挡,流速变为零,则在毕托管入口形成一个驻点 A。驻点 A 的压力 p_A 称为全压。

在风道中,静压是垂直作用在管道壁上的压力。因此,在入口前同一水平流线未受扰动处(例如 B 点)的垂直作用于管道壁上开一个感受静压的小孔 B,利用压力计测得该点的气体压力为 p_B,如图 9.14 所示。

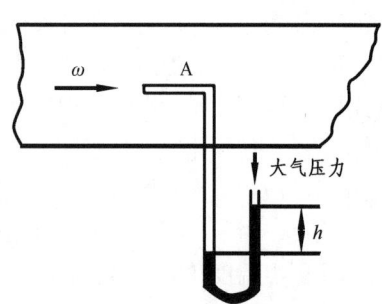

图 9.13 气流的全压测量原理

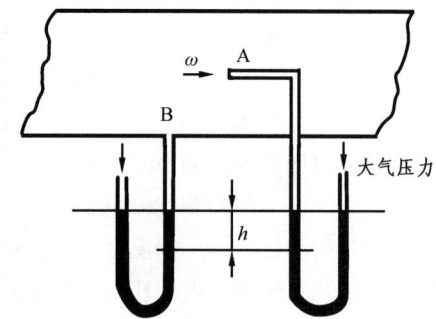

图 9.14 气流的静压测量原理

应用伯努利方程于同一流线上的 A、B 两点,则有被测点 A 的风速 ω 为:

$$\omega = \sqrt{2\frac{p_A - p_B}{\rho}} = \sqrt{2gh} \tag{9.10}$$

式(9.10)表明,只要测量出气体的运动全压和静压的差值 h,就可以确定气体的流动速度。由

于气体的特性,以及毕托管本身对流动的干扰,实际风速比式(9.10)计算出的要小,因此,实际风速为:

$$\omega = \psi\sqrt{2gh}$$

式中　ψ——风速修正系数,一般由实验确定,$\psi = 0.97$。

在工程应用中多将静压管和毕托管组合成一件,称为毕托-静压管,又称动压管,习惯上常简称它为毕托管,其示意图如图 9.15 所示。图中 A 点为全压测点,B 点为静压测点,将全压、静压孔的通路分别连接于差压计的两端,则差压计的指示为全压和静压的差值,从而可求得测点的风速 ω。

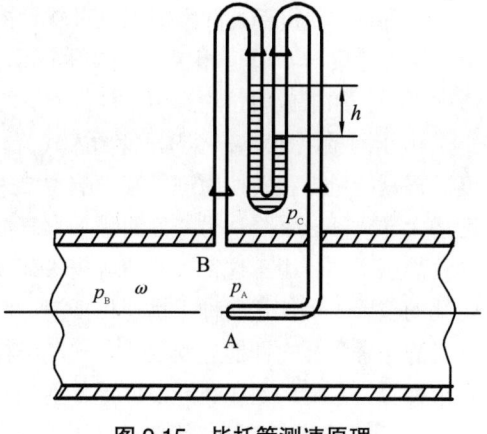

图 9.15　毕托管测速原理

$$\omega = \sqrt{2g\frac{\rho_{液}-\rho}{\rho}h_{液}} = \sqrt{2gh\left(\frac{\rho_{液}}{\rho}-1\right)} \tag{9.11}$$

考虑到实际情况,

$$\omega = \psi\sqrt{2gh\left(\frac{\rho_{液}}{\rho}-1\right)} \tag{9.12}$$

式中　ψ——流速修正系数,由实验确定,一般为 0.98~1。

毕托管是一种感受和传导气流压力的仪器。常用毕托管的结构如图 9.16(a)所示,图 9.16(b)为局部放大图。

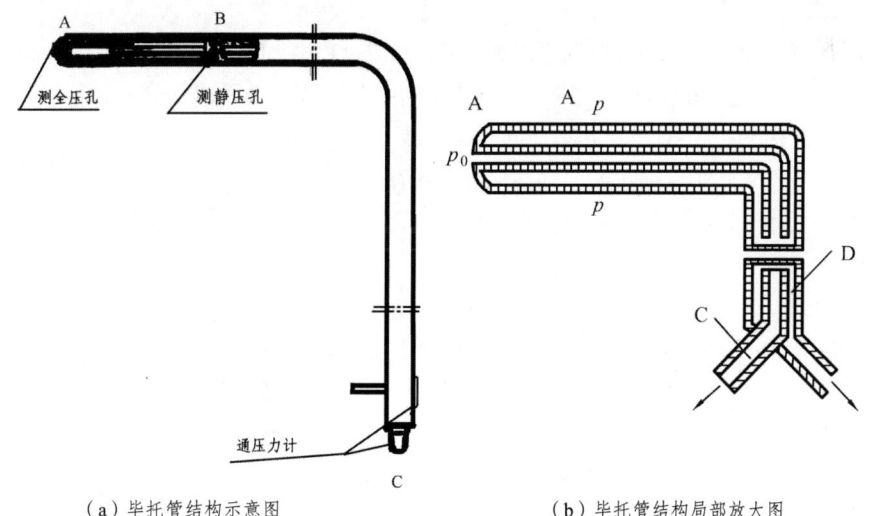

(a)毕托管结构示意图　　　　(b)毕托管结构局部放大图

图 9.16　毕托管结构图

它由两根管子套装在一起组成,端部弯成 90°。测压时通过头部 A 中间的细管感受气流的全压,由尾部细管 C 引出,在毕托管头部 B 处的外管壁上,沿圆周均匀地开有 4~8 个小孔用以感受静压,由尾部细管 D 引出。

使用时，将尾部的两根细管通过软管接在 U 形压力计或微型压力计的接口上，即可测得动压值；压力计仅与 C 管道相接则可测得全压。需要注意，测量时毕托管头部管段的方向必须与气流方向平行，如果偏斜角达到 10° 时，测得的结果将有 3% 以上的误差。

由于测量风速时需将毕托管插入气流，这样将对气流的正常流动产生干扰，从而影响测量精度。根据能量方程转换原理，其影响主要来自两个方面，一方面是气流流经头部时，局部地区速度增大导致静压下降；另一方面是垂直气流方向的杆部使该处气流撞击杆部而停滞，速度下降而导致静压增加。由于这种影响随着离头部顶端距离的增加互为消长，因此合理选择毕托管静压感受孔的位置，可使这两种干扰互相抵消。对于图示的毕托管，在距离顶端约 4 倍于毕托管直径处开设静压感受孔，即能达到上述要求。毕托管的外形有很多种，如有锥形头、圆形头、椭圆杆、圆形杆等，它们的静压孔开设位置各不相同，但原理相同。

毕托管的特点是装置简单，对于流体的压头损失很小，它只能测定点速度，可用来测定流体的速度分布曲线。在工业上，毕托管主要用于测量大直径导管中气体的流速。因气体的密度很小，若在一般流速下，压力计上所能显示的读数往往很小，为减小读数的误差，通常需配以倾斜液柱压力计或其他微差压力计。若微差压力计仍达不到要求时，则须进行点速测量。由于毕托管的测压小孔容易被堵塞，所以，毕托管不适用于对含有固体粒子的流体的测量。

2. 叶轮风速仪

叶轮风速仪是利用风力使叶轮转动，经过齿轮带动指针旋转，从指针转动的圈数（m）及转过这些圈数所需的时间（s），进而计算出空气流动速度。这类风速仪测量范围为 0.5 ~ 10 m/s。叶轮风速仪按其结构分为两种，一种内部带有计时装置，可直接读出风速（m/s），叫自记叶轮风速仪；另一种不带计时装置的叶轮风速仪，则只能另备秒表计时，据风速仪计数器的指示值（m）除以观测时间得到平均风速。

使用时应注意：被测风速与仪器的量程应相符；测量过程中，风速仪应放置平稳，表盘背面正对气流方向，否则反转；测量时人体不要阻挡气流的通路；若不是自动风速仪，在使用时，要将秒表和计数机构按钮同时启动，经 3 ~ 4 min 后，同时停止秒表和计数机构的动作（否则误差较大），记下读数，然后按回零压杆，使指针回到零位，待下次使用。

3. 热球风速仪

热球式风速仪由热球式测头和测量仪表两部分组成。测头是将镍铬线圈和测量热球温度的热电偶一同置于玻璃球内（玻璃球的直径约为 0.8 mm）。当通过镍铬线圈的加热电流一定时，玻璃热球测头的温度将随风速的大小而变化，风速越大，球体散热越快，其温升越小，玻璃热球测头的热电偶产生的热电热也越小；反之，风速越小，球体散热越慢，其温升越大，测头内热电偶的热电势也就越大。热电偶、热电势的大小，通过测量仪表转换成相应的电流，由表头指示出来。在表盘上可直接读出风速值。仪表原理如图 9.17 所示。

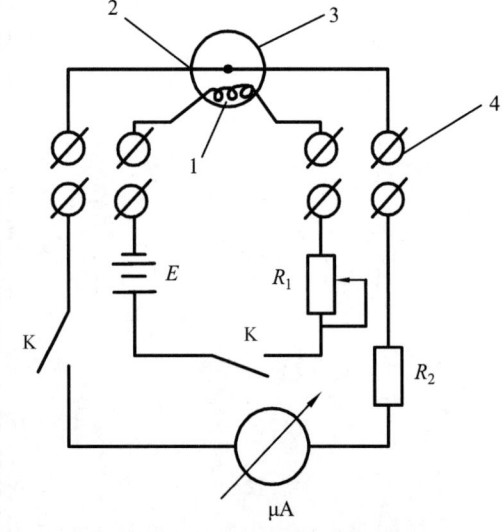

图 9.17 热球式风速仪原理图

1—电热线圈；2—热电偶；3—玻璃球；4—接线柱

热球式风速仪常用于采暖、通风、空气调节、冷藏等方面的气流速度测量,是一种可以测量低风速的基本仪表。

热球式风速仪使用方便,反应快,灵敏度高,测速范围为 0.05~30 m/s。仪表在正常使用条件下,测头的反应时间不大于 1~2 s。

但这种测头结构易损,测头一旦受污,将影响其散热性能,从而使标示的风速值发生变化。且测温时测头放置有方向性。测头互换性差也是这种仪表的严重缺陷。

使用热球式风速仪时,应注意以下几点:

① 使用前检查指针是否指在零点,如有偏移,应进行机械调零。

② 使用前应利用面板上的粗调和细旋钮进行满度调节和零位调节,确保电表能指到满刻度和零刻度。

③ 测量过程中,应将测杆中的测头轻轻拉出,且将测头上的红点对准风向。

④ 测量结果应利用仪表所附的校正曲线进行对电表读数校正后获得。

⑤ 仪器应放在通风、干燥、没有腐蚀性气体及强烈振动和强磁场影响的地方。

⑥ 长期不用的仪器,应把其中的电池取出以免仪器受腐蚀。

4. 热线风速仪

热线测速仪(Hot Wire Anemometer,HWA),发明于 20 世纪 20 年代。它是将流体速度信号转变为电信号的一种测速仪器,可用于流体平均流动速度和方向的测量,也可用于测量流体的温度。其优点是体积小,对流场干扰小;频率响应高,可达 1 MHz;测量精度高,重复性好;适用范围广,不仅可用于气体也可用于液体。缺点是探头对流场有一定干扰,热线容易断裂。

热线测速仪的基本原理是,将一根细的金属丝放在流体中,通过电流加热金属丝,使其温度高于流体的温度,因此将金属丝称为"热线"。当流体沿垂直方向流过金属丝时,将带走金属丝的一部分热量,使金属丝温度下降。热线在气流中的散热量与流速有关,散热量导致热线温度变化而引起电阻变化,流速信号即转变成电信号。

热线长度一般为 2 mm,直径 5 μm,最小的探头直径仅 1 μm,长为 0.2 mm。材料为铂、钨或铂铑合金等熔点高、延展性好的金属。

热线探头结构如图 9.18 所示。根据不同的用途,热线探头还做成双丝、三丝、斜丝及 V 形、X 形等。

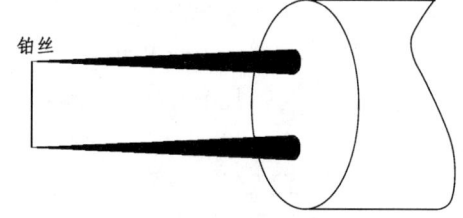

图 9.18 热线式风速仪探头

若以一片很薄(厚度小于 0.1 μm)的金属膜代替金属丝,即为热膜风速仪,功能与热丝相似,但多用于测量液体流速。

热线有两种工作模式:

(1)恒流式

通过热线的电流保持不变,温度变化时,热线电阻改变,因而两端电压变化,由此测量流速。

(2)恒温式

热线的温度保持不变,如保持 150 ℃,根据所需施加的电流可度量流速。恒温式比恒流式应用更广泛。

热线探头在使用前必须进行校准。静态校准是在专门的标准风洞里进行的，测量流速与输出电压之间的关系并画成标准曲线；动态校准是在已知的脉动流场中进行的，或在测速仪加热电路中加上一脉动电信号，校验热线测速仪的频率响应，若频率响应不佳可用相应的补偿线路加以改善。

四、测量风压的仪表

在铁道车辆与城轨车辆的空调系统性能测试中，常常需要对风压进行测量。测量风压的仪表种类繁多，但按其作用原理来看，主要是采用的液柱式压力式，它是根据流体静力学的原理，将被测压力转换成位移信号，再进行测量。常用的有 U 形管压力计、倾斜式微压计、补偿式微压计以及毕托管。

1. U 形管压力计

U 形管液柱压力计又称 U 形压力计，它的结构比较简单，如图 9.19 所示。它是用一根固定在底板上的弯成 U 形的玻璃管所构成，玻璃管的两个顶端均开口，玻璃管内装有根据测压范围选取的指示液体（水或酒精），玻璃管内径均匀，通常为 5 mm。底板上设有刻度标尺，用于读取玻璃管中指示液所处的位置。为了读数方便，标尺的零点通常置于中间，分别读取 U 形管两侧指示液所在的刻度，相加后即可得到两侧液柱的高度差。

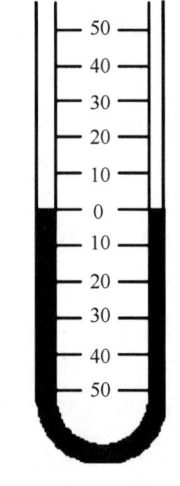

图 9.19　U 形压力计

使用时，U 形玻璃管应垂直放置，两管中指示液体置于刻度零点。若需测量管道中某点的表压时，只需将 U 形管的一端用软管与测压点处的测压管相接，另一端由于与大气相通，所以读取的两侧液柱差 Δh 即为管道内相对于大气压力的表压值。如指示液为水，测得的高度以毫米计，则所示压力单位即为常用的毫米水柱，如指示液为其他液体，则被测压力应根据指示液的 ρ 值，由公式 $p = \rho g h$ 计算。式中，ρ 为工作液体的密度（kg/m^3）；g 为重力加速度；h 为工作液体的液面差（m）。

若要测量气流流经一段等直径管道时的压降，只需将 U 形管的两端分别与该段管道两端的测压口相连。U 形管两侧的液柱差即为两个测压点之间的压力差。

若和毕托管配合使用，将 U 形管的一端与毕托管的任一测压口相连，另一端与大气相通，则可分别测得静压和全压值，并可据此算得气流速度。

U 形压力计的结构简单，使用方便，测压范围很广。但其误差较大，可达 ± 0.5 mmH₂O（毫米水柱，mmH₂O 是废弃单位，1 mmH₂O ≈ 9.8 Pa）左右，用它测量小于 15 ~ 20 mmH₂O 的压力时往往不够准确，一般用于测量 $10^2 \sim 2 \times 10^4$（Pa）的压力，最小读数为 0.001 m。

2. 单管压力计

单管压力计又称杯柱压力计，是 U 形压力计的一种变形，结构如图 9.20 所示。压力计有一盛放指示液的杯形容器，容器一侧与直长细玻璃管相通。使用时，如测量正压可用软管将容器顶端小管口与测压口相连，如测得的是负压，则使直长玻璃管与测压口相连，另一端则通大气，当容器内的液体表面受到压力时，玻璃管内的液柱上升，上升高度 h 可从玻璃管旁边的刻度板上读出，由于容器截面面积 A_1 远远大于玻璃管的截面面积 A_2（一般二者之比值，要等于或大于 200），故可忽略容器液面下降 h_1 的影响，认为玻璃管内指示液的高度 $h_2 \approx h$，即为测压点处的压力 p。由于压力计的另一端敞开于大气中，所以测得的压力为相对于大气压的表压值。单管压力计的特点是只需要读取玻璃管中的高度，因而使用方便。

3. 倾斜式微压计

斜管压力计又称倾斜微压计，是一种用以测量较小压差，精度较高的测压仪器。其结构如图 9.21 所示，工作原理与单管压力计基本相同。将 U 形管的一根测量管改为与水平线夹角为 α 角的倾斜管，且倾斜管的角度 α 可以调节，U 形管的另一根测量管用一个截面比它大得多的容器代替，这就成了一个倾斜式微压计。

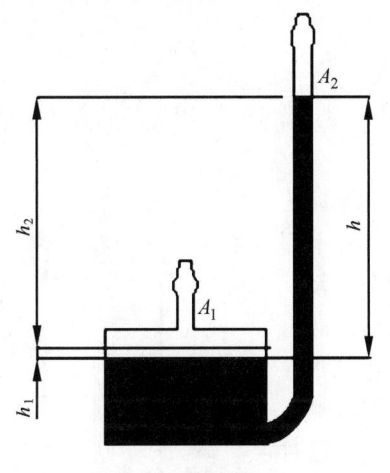

图 9.20 单管压力计

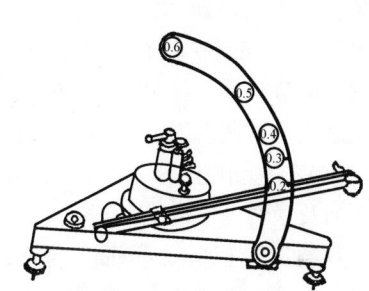

图 9.21 倾斜式微压计

测量正压时，测压点与杯形容器顶端开口 A_1 连接；测量负压时，测压点则与斜管 A_2 相连，另一端通大气。

倾斜玻璃管内的液面可由玻璃管旁的标尺读出。倾斜式微压计的工作原理如图 9.22 所示，测正压时，将被测压力 p 与大截面的容器相通，容器内的液面下降 h_1，工作液面沿倾斜管向上移动距离为 l，在垂直方向上升高 h_2。因此，液柱实际升高的高度为：

$$h = h_1 + h_2 = h_1 + l\sin\alpha \tag{9.12}$$

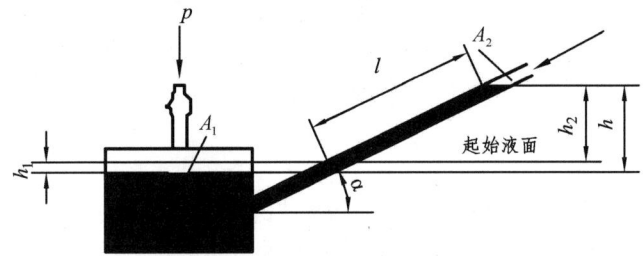

图 9.22 倾斜式微压计工作原理

由于容器截面面积 A_1 远远大于玻璃管的截面面积 A_2，故可忽略容器液面下降 h_1 的影响，认为玻璃管内指示液的高度 $h_2 \approx h$，则该压力与液柱长度 l 之间的关系为：

$$p = \rho g h = \rho g l \sin \alpha = lK \text{（Pa）} \tag{9.13}$$

式中　　h——指示液的高度；

　　　　K——压力计常数，是倾斜角 α 的函数，K 对应于既定的指示液。

调节倾斜角 α，可得不同的 K 值，就有不同的测量范围。一般来说，测量的压力范围越小，所取的倾斜角 α 越小，这样对同一液柱高度可以增加测量管上的指示长度，使读数精度提高。但倾斜角不应小于 15°。倾角 α 太小，液面沿倾斜管内分布较长，反而不易读准。

通常采用表面张力较小的酒精作为工作液体，仪器常数 K 取为 0.2、0.3、0.4、0.6、0.8 等 5 个值，标注在仪器的弧形支架上，并对应于倾斜测量管固定的 5 个不同倾斜位置。所以，只要读出倾斜管中的指示值 l，按公式 $p = lK$ 乘上相应的 K 值，即可以得到所测量的压力 p。

4. 补偿式微压计

补偿式微压计是根据 U 形管连通器的原理，借助光学系统作指示，用补偿的方法来测量空气压力。其结构如图 9.23 所示。

补偿式微压计主要由设在螺杆上的调节水匣和固定不动的观测筒组成。调节水匣和观测筒用一根软管连通起来，螺杆下部为轴承，上部则与微调盘固定在一起，旋转微调盘螺杆便转动，调节水匣则在螺杆上作上下移动。未测量时将水匣调到最低位置，这时游标及微调盘皆指零。观察筒内的液面恰好淹没到水准头的尖顶。测量时高压通入观测筒，低压通入水匣，于是观测筒内液面下降，水准头露出液面，而调节水匣内的液面升高，这时旋转微调盘使水匣升高，则观察筒内的液面也跟着升高。当液面升高到恰好再与水准头的尖顶相平时，说明观察筒和调节水匣内的压差恰好由水匣升高的水位所补偿。升高的高度，由水匣带动的游标在标尺上读得。

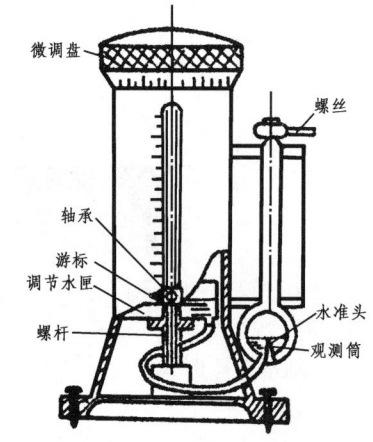

图 9.23　补偿式微压计结构

补偿式微压计精度较高，读数可精确到 0.01 mm，但读数调节过程太慢。因此，不适用于压力不稳定的场合。

水准头的位置可由装在观察筒上的反射镜看出，当反射镜中水准头的尖顶和其映像尖顶正好相碰时，压力处于平衡状态。

使用前必须先拧开高压端上方的螺丝，灌进适量蒸馏水（液面在水准头尖顶附近）。同时还须注意量程，最好能用 U 形压差计预测压强或压差大致范围，将水匣预先调节至该范围内，而后再接入测压系统进行微调。

5. 弹簧管压力计

弹簧管压力计中心部分是一根呈弧形的扁椭圆状的空心管。管的一头封闭，另一头与测压点相接。受压后，此臂发生弹性变形（伸直或收缩），微小的位移量由封闭着的一头带动机械传动装置使指针显示相应的压力值。该压强计用于测量正压，称为压力表。测量负压的，称为真空表。

在选用弹簧管压力计时，要注意工质的物性和量程。操作压力比较稳定时，操作指示值一般选在其量程的 2/3 处。若操作压力经常变动时，应在其量程的 1/2 处。同时还要注意其精度，一般在表面的下方一个小圆圈中的数字代表该表的精度级，数值越小其精度越高。如：0.4 表示该表为 0.4 级。对于一般指示常用 2.5 级、1.5 级或 1 级，测量精度要求较高的可用 0.4 级以上的表。弹簧管压力计结构如图 9.24 所示。

6. 膜式压差计

膜式压差计的测压弹性元件是平面膜片或柱状的波纹管，受压后引起变形和位移。位移量通过放大机构以指针显示其压差值，或将位移量的信息转化成电信号远传指示。后者称为压差变送器或压力变送器。

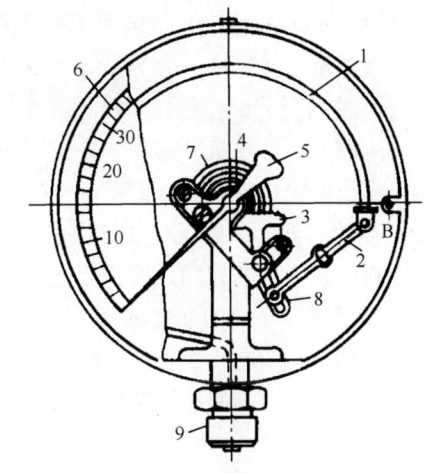

图 9.24 弹簧管压力计结构
1—弹簧管；2—拉杆；3—扇形齿轮；4—中心齿轮；5—指针；6—面板；7—游丝；8—调整螺丝；9—接头

压差（或压力）变送器借助于测压元件（弹性元件）受压后变形位移，经转换成电信号而实施压力或压差的测量。转换方式：一种是位移量通过差动变压器转化成电信号，再经过放大，输出 0～10 mA 信号。在一定量程范围内表示相应的压差（或压力）。当膜片受压变形，产生位移，而带动差动变压器内的铁心移动，通过电磁感应将膜片的行程转化为电信号。另一种是借助于力矩平衡原理进行测量。被测压强信号通过测量元件（波纹管）转换成作用力，所产生的力矩又使力矩平衡转换机构的主杠杆产生偏转φ，同时带动副杠杆上检测片产生位移。该位移由晶体管位移检测放大器转换成电流，该电流输入位于永久磁钢内的动圈，产生电磁力，从而产生反力矩。当与作用力矩相平衡，检测片不再位移。这时，放大器输出电流与输入的压强成正比，由此可得压强的测量值。

这类压差、压力变送器的电信号能指示、记录和远距离传输，它能代替水银 U 形压差计，消除水银的污染，但精确度比 U 形压差计差。

第二节 客车空调与制冷装置的性能试验

一、空调与制冷装置的试验

客车空调与制冷装置包括通风系统、制冷系统、加热系统和自动控制系统。各个系统又都是由若干机电设备和仪表组成。每台设备或每个系统性能是否良好，都直接影响到空调与制冷装置的正常工作。因此，只有保证空调与制冷装置各机电设备的单机（部件）性能和各系统的配套性能符合设计要求后，才能装车，并经过必要的调试使整个空调与制冷装置的性能达到设计要求。为了研究、改进和鉴定客车空调与制冷装置的需要，客车空调与制冷装置的试验大致可分为单机（部件）试验、系统配套试验及装车试验 3 个阶段。

客车空调与制冷装置的机电设备很多，如压缩机、换热器、膨胀阀、通风机……所涉及的范围虽然较广，但单机（部件）试验的主要目的是测定各单机（部件）在设计工况下的负荷能力（如：产冷量、换热量、通风量、发热量等）及工作特性。

各个系统的配套试验是在单机（部件）试验的基础上进行的。通过系统的配套试验，可以了解在各种工况下，各单机（部件）处于同一系统中的协调工作性能和各个系统的相互影响。它是验证各个系统的设计计算和选型正确性的重要步骤。

为了创造必要的试验条件（如温度、相对湿度、风速等），单机（部件）试验及系统配套试验一般都在试验室内的专门试验台上进行。

各系统经过装车前的配套试验证明都符合设计要求，即可进行最后阶段的装车试验。装车试验最接近客车空调与制冷装置的实际工作条件，它能反映装车条件对空调与制冷装置性能的影响，因此是评价客车空调与制冷装置的重要依据。通常所讲的客车空调试验都是指客车空调与制冷装置的装车试验。

装车试验又可分为静止试验和运行试验。

1. 客车空调与制冷装置的静止试验

客车空调与制冷装置的静止试验是指在设计的外气条件（温度和相对湿度）下且有太阳辐射和设计的车内热湿负荷条件下，车辆处在静止状态时的综合性能试验。因此，它是在排除了行车对车辆的影响的条件下，测定装置各个系统的工作状况和车内空气的状态（温度、相对湿度、微风速）。

为了创造试验所需的外气条件，一般静止试验在实验室中进行。如果室外基本具备设计的外气条件，也可以在室外进行，但是试验必须分夏季工况和冬季工况两个阶段进行，且试验周期很长。

试验时，车内的热湿负荷可以用电热器和蒸气加湿器模拟。

静止试验一般要求作如下的测试：

① 测定通风系统的总通风量、新鲜空气量和再循环空气量。

② 在设计工况下制冷系统的产冷量和工作状况（所测定的参数一般应该包括：压缩机的吸气和排气压力、压缩机的油压、压缩机的功率、蒸发器和冷凝器进、出口空气温度及冷凝器的冷却风量等）。

③ 在设计工况下，车内空气的温度、相对湿度、车内温度的均匀性和空气速度的分布。

④ 车内旅客居留区的噪音水平。

⑤ 自动控制系统的准确性与可靠性。

2. 客车空调与制冷装置的运行试验

为了全面考核客车空调与制冷装置的性能，在静止试验后还要进行运行试验。我国客车的空调装置运行试验都是在实际线路中进行的。试验分冬季和夏季两种工况，夏季运行试验应在基本符合设计的外气条件和载客满员的条件下进行。

在客车空调运行时，车辆处于高速的运行状态中，参数的测定受到运行条件的限制。一般观测的内容主要包括：

① 在运行的条件下，空调装置的工作状况及车辆的振动、冲击、风压对空调装置的各个系统工作的影响。

② 在运行条件下，测定车内温度、相对湿度和微风速状况，以及在外气温度周期性变化的情况下，还需测定车内空气参数的稳定性。

此外，运行试验还应广泛调查旅客对空调装置的舒适性程度的反映，目前，在我国还未制定客车空调设计规范的情况下，调整和研究室内空气参数对旅客舒适性的影响，也是客车空调设计和研究的重要课题之一。

应该指出，客车空调与制冷装置的运行试验在实际线路上进行，往往很难具备完善的试验条件（包括设计的外气温度与湿度条件、太阳辐射、车内湿负荷及运行速度等）。因此，试验结果不一定能达到预期的要求，而且试验周期也很长。国外客车空调的运行试验有的是在试验室中进行的，在实验室中能模拟 250 km/h 的高速运行，外气温度可以在 +50～-40 ℃ 范围内变化，试验按一定的标准试验程序进行，因而给客车空调与制冷装置的鉴定和研究创造了良好条件。

二、空气参数的确定

在客车空调的试验中，为了确定制冷系统的产冷量，查明通风系统的工作状况、室内空气状态的变化和气流组织，都离不开空气参数的测定。因此空气参数的测定是客车空调试验必不可少的重要测定内容，而且工作量也最大。需要测试的空气参数主要有风量、风速、温度和相对湿度。

1. 风量和风速的测定

在客车空调试验中，风量的测定主要有通风系统的总风量、新鲜空气量、再循环空气量、各送风口的送风量以及制冷系统冷凝器的冷却风量等。

在通风系统中，测定风量的断面位置选择得合理与否直接影响到测量结果的准确性。测定截面的位置原则上应选择在气流比较均匀稳定的部位，即应尽可能地远离产生涡流的局部阻力的位置。在现车上，总通风量的测定因受位置和结构的限制，一般在蒸发器后面的第一个送风口的断面上测量。新鲜空气量和再循环空气量分别在贴近进风口和回风口的位置测量。新鲜空气量与再循环空气量之和应等于总通风量，其相对误差应小于 5%，否则应该进行重测，并检查风道是否严密。

冷凝器的冷却风量测定常要在出风侧加装一节不长的风筒，以使冷凝器的排气较均匀稳定。测量风道中的风量是根据气流速度来确定的，即：

$$V = 3\,600F\omega \quad (\text{m}^3/\text{h}) \tag{9.14}$$

式中　F——风道的断面面积，m^2；

　　　ω——风道中气流的平均速度，m/s。

风道断面上各点的气流速度不相等，风道中心较大，靠近管壁较小。平均流速可以通过测量许多点的流速取其算术平均值而得。

对于矩形风道，可将风道断面划分为若干相等面积的小块，测点布置在每个小块的中心，如图 9.25 所示。划分原则是各小块尽可能接近正方形，每个小块面积不大于 0.05 m^2（即每小块的边长为 200～250 mm，最好小于 220 mm），小块数目不小于 9 块。

对于圆形风道，可将风道断面划分为若干面积相等的同心圆环，每个圆环布置 4 个测点，位于互相垂直的中心线上，如图 9.26 所示。断面所划分的圆环数取决于风道的直径，一般可按表 9.3 选用。

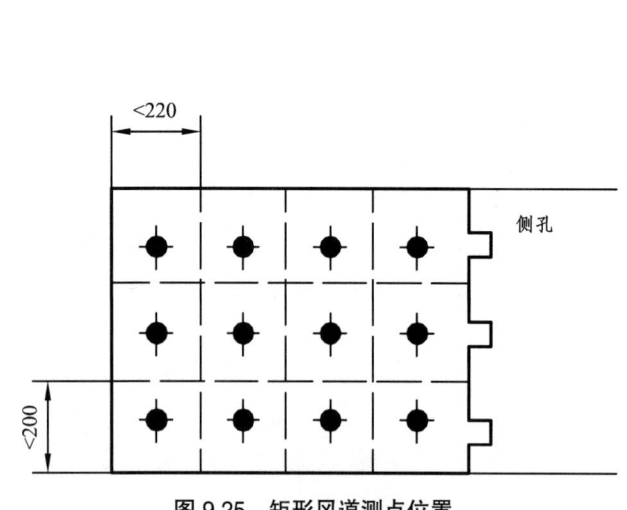

图 9.25　矩形风道测点位置　　　图 9.26　圆形风道测点位置

表 9.3　圆形风道划分圆环数

圆形风道直径（mm）	<200	200～400	400～600	600～800	800～1 000
圆环数（个）	3	4	5	6	8

在同心圆环上各测点距风道中心的距离按下式计算：

$$R_i = R\frac{2i-1}{2n} \quad (\text{mm}) \tag{9.15}$$

式中　R——圆形风道直径，mm；

　　　i——自圆心算起同心圆环的顺序号；

　　　n——按表 9.3 所划分的圆环数。

测量断面上各测点的风速可用热球式热电风速仪或叶轮式风速仪测定。不过用叶轮式风速仪伸入风道中对气流的扰动较大，而且读数也不大方便，如风道中的风速较大（$\omega > 4$ m/s），常用毕托管和微压计来测量。但毕托管和微压计测出的是动压值，所以首先要求出断面的平均动压值，再根据平均动压值按公式换算出该断面的平均风速 ω，即：

$$\omega = \sqrt{\frac{2gp_d}{\gamma}} \quad (\text{m/s}) \tag{9.16}$$

式中　p_d——测量断面的平均动压，Pa；

　　　γ——空气的密度，kg/m³。

在常温（20 ℃）条件下，$\gamma = 1.2$ kg/m³，则上式可写成：

$$\omega = 4.04 p_d \quad (\text{m/s})$$

测量断面的平均动压的方法有两种：

① 当断面上各测点的动压值相差不大时，平均动压值可按各测定值的算术平均值计算，即：

$$p_\mathrm{d} = \frac{\sum_{i=1}^{n} p_{\mathrm{d}i}}{n} \tag{9.17}$$

式中 $p_{\mathrm{d}i}$ —— 第 i 点的动压值。

② 如果各测点的动压值相差较大时，其平均动压值应按均方根值计算，即：

$$p_\mathrm{d} = \left(\frac{\sum_{i=1}^{n} \sqrt{(p_{\mathrm{d}i})}}{n} \right)^2 \tag{9.18}$$

此外，由于通风系统各送风口送风量的均匀性直接影响到列车内温度的均匀性，因此在进行客车空调与制冷装置的调整试验时都要检验各送风口的送风均匀性。一般送风口的实际送风量与平均送风量的差值不超过 10% 都认为是均匀的。送风口的风速用热球仪测量比较方便。

2. 空气的温度和相对湿度的测定

在进行客车空调试验时，车内外温度测点较多，为了便于集中检测，一般温度都用电阻温度计测量。相对湿度可用电阻湿度计测定，如条件不具备，相对湿度也可用通风干湿球温度计测定。

图 9.27 所示为包间式客车的空气温度及相对湿度测点布置方案示意图。

通风系统的送风温度每隔一个包间测一点，它是用安装在散流器下面 50 mm 处的 16～20 号测点的温度计来测量。送风的平均温度取其算术平均值。

包间内空气温度的测量与送风温度的测点相对应。每隔一个包间装一组温度计，每组有 3 个测点：上铺上面 300～400 mm 处（1～5 号），下铺上面距地板面 1 200 mm 处（6～10 号）及离地板面 100 mm 高度处（11～15 号）。包间内的平均温度取 1～15 号的算术平均值。

走廊里布置了温度计 21～23 号，其高度为走廊空间高度的一半（约距地板面 1 200 mm）。走廊空气的平均温度取 21～23 号的算术平均值。

车内空气的平均温度取 1～23 号测定的算术平均值。

乘务员室和厕所内的空气温度用温度计 25、26 和 27 测量，其安装高度也为所在空间高度的一半。

再循环空气的回风温度是用离回风口 50 mm 处的温度计 24 号测量。通常回风口的空气参数可以认为等于车内空气的参数，因此回风温度可以用来校验车内空气平均温度，其偏差应在 2 ℃ 之内。

车外空气的温度是用安装在距侧墙、端墙、车顶和地板外表面的中央 200 mm 处的温度计 28～33 号测量。车外空气的平均温度取 28～33 号的算术平均值。

车内空气的相对湿度测点布置在两个端部包间和中央包间的一半高度处以及走廊中央的一半高度处。车内空气的平均相对湿度取这 4 点的算术平均值，并可用置于回风口的相对湿度计来校验。

对于开敞式客车，温湿度测点的布置有些不同，但其基本原则一样。

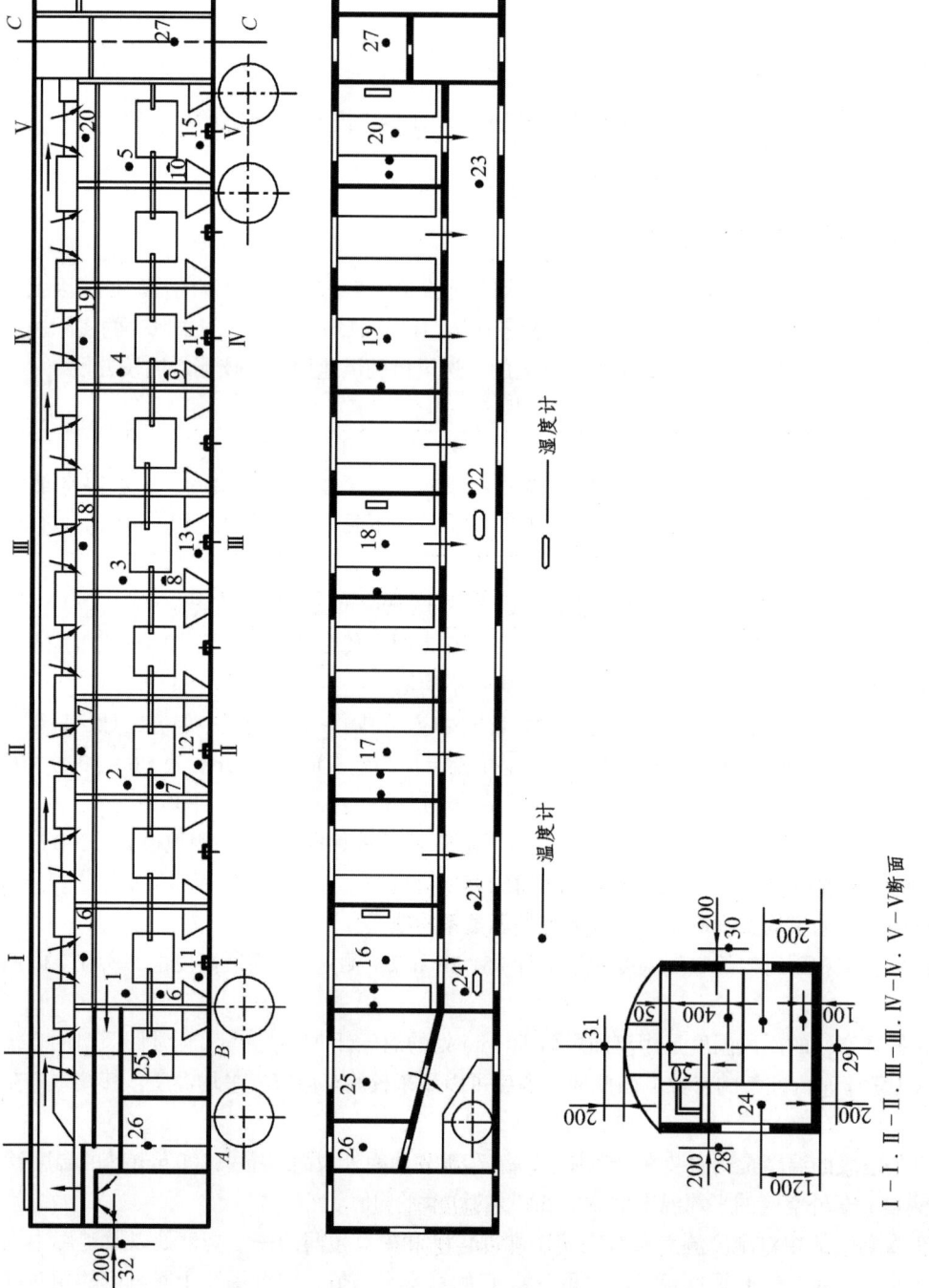

图 9.27 包间式客车的空气温度及相对湿度测点位置方案示意图

空气温湿度的测量时间间隔，可根据试验目的来确定。当要判定车内的温湿度状况能否满足设计要求时，可在 6~8 h 内每隔 30 min 测量一次。如果为了确定制冷系统的制冷量，则应每隔 10~15 min 测量一次。

风道内的空气温度在同一断面上常常不均匀，一般也是布置若干点，取其算术值作为断面空气的温度。

第三节 城轨车辆空调装置的性能试验

一、通风系统性能试验

① 为了确保旅客舒适，通风机在额定电压下运行时，新鲜空气量应不低于表 9.4 和表 9.5 中的规定。

表 9.4 新鲜空气供给量表

通风方式	人均通风量（m³/h）
机械通风	30
空气调节器	10~13

表 9.5 新鲜空气供给量表

外界气温（°C）	人均新鲜空气，最少供给量（m³/h）
<-20	8
≥-20~-5	10
≥-5~26	20
>26	25

② 每 m³ 空气的含尘量不超过 0.5 mg。乘客所处的空间内，为使气流速度不致影响乘客的舒适度，气流速度应符合客室温度与气流速度的关系曲线，如图 9.28 所示。

二、空调设备性能试验

① 装有空调装置的地铁车辆，调节器处于中立位置时，空调设备在指定的环境温度下应能达到预定的温度，如图 9.29 所示。

② 司机室和客室装有空调装置的地铁车辆，调节器处于中立位置时的客室和司机室温度如下：

a. 环境温度低于 30 °C 时，客室和司机室温度应为 18~25 °C。

b. 环境温度高于 30 °C 时，客室和司机室温度应为：

$$T_1 \leq 20\ °C + 0.5(T_2 - 20)\ °C \tag{9.19}$$

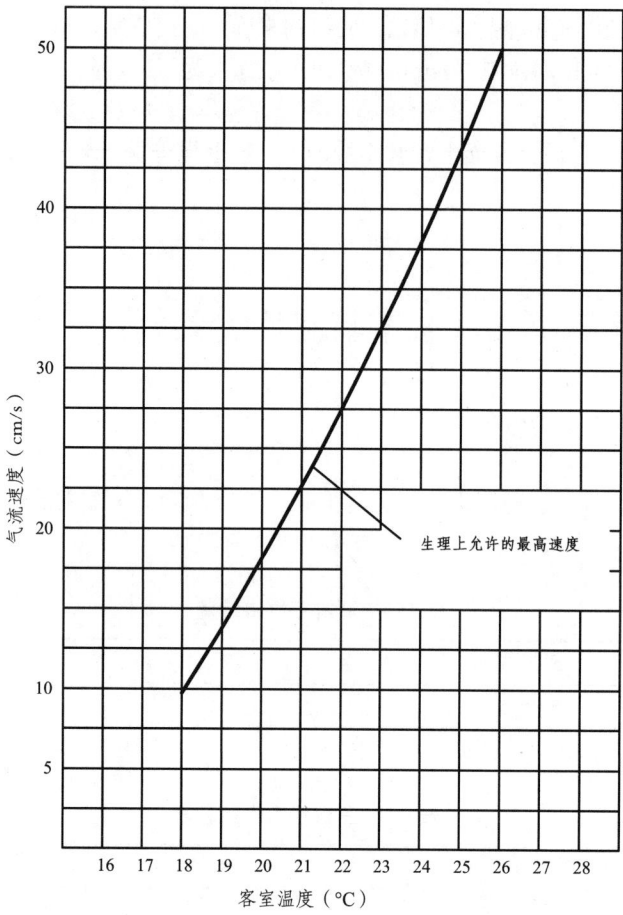

图 9.28　客室温度与气流速度的关系曲线

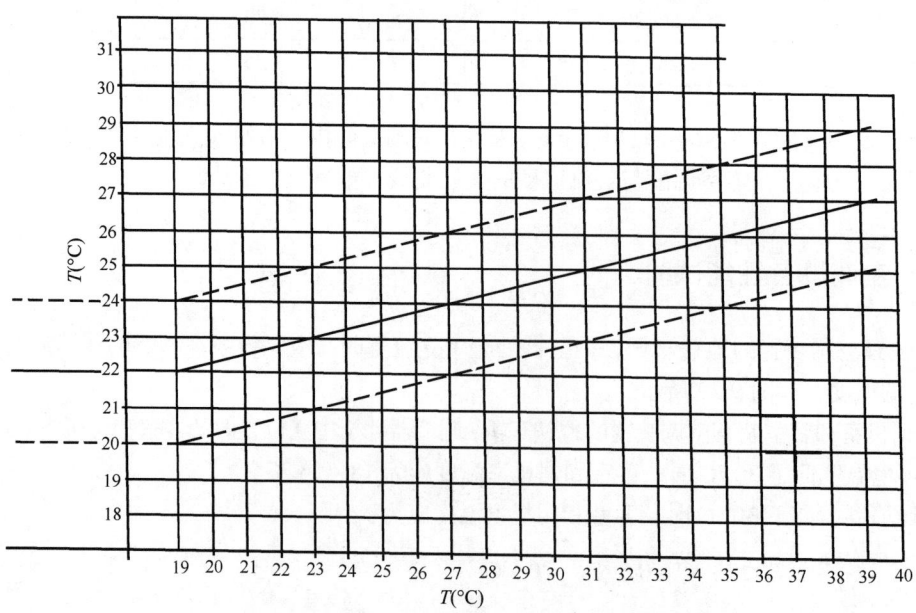

图 9.29　客车温度与空调装置的关系曲线

式中　T_1——客室和司机室的温度；
　　　T_2——环境温度。

③ 在外界气温较低、梅雨季节较多的地区，客室温度与湿度的关系如图 9.30 所示。

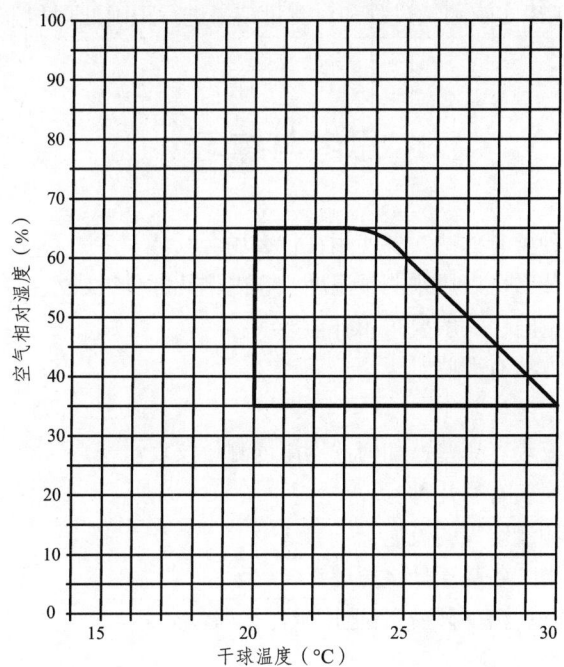

图 9.30　装有除湿装置的地铁车辆，客室温度与湿度的关系曲线

三、车体密封试验

① 车体及安装在车体外部的电气设备的所有开孔、门窗、孔盖、盖板的缝隙都应进行漏雨试验。

② 启动通风机，让车辆驶过喷射水的龙门架，降雨量大于 6 mm/min。在压力为 200 kPa、时间为 15 min（例行试验可缩短到 5 min）条件下，内部应无可见的水滴出现。

四、压缩空气设备气密性检查

① 车辆处于静止状态时，一单元车组压缩空气设备每分钟总的泄漏压力降低不超过 10 kPa。
② 控制风缸充气到 800 kPa，关闭塞门，经 24 h，控制风缸的最低压力不小于 750 kPa。

本章小结

本章需掌握内容有以下几个方面：

客车空调与制冷装置在性能测试及检修中常用的热工仪表的特点、工作原理、结构、使用方法，包括温度、湿度、风速和压力等热工参数的测试方法及常用仪表。
- 空气的温度、相对湿度、风速、风量等参数的测定方法、测定部位及计算公式。
- 客车空调与制冷装置和城轨车辆空调装置的性能试验内容，针对不同热工参数的测量，可正确选用相应的仪表，正确实施测量过程和对测量结果进行正确处理和分析。

思考与练习

1. 温度测量仪表的种类有哪些？各使用在什么场合？
2. 热电偶温度计为什么可以用来测量温度？它由哪几部分组成？各有何作用？
3. 为什么热电偶测量时，一般要采用补偿导线？
4. 常用的湿度测量方法有哪些？
5. 如何使用干湿球温度计？
6. 常用的湿度测量仪表有哪些？如何选用湿度测量仪表？
7. 测量风速的常用仪表有哪几种？
8. 如何利用毕托管测量空气的流速？
9. 测压仪表有哪几类？各基于什么原理？
10. 空调客车的性能试验有哪些？各适用于什么场合？

参 考 文 献

[1] 李树林. 制冷技术[M]. 北京：机械工业出版社，2003.
[2] 岳孝方，陈汝东. 制冷技术与应用[M]. 上海：同济大学出版社，1995.
[3] 詹耀立. 客车空调装置[M]. 北京：中国铁道出版社，1999.
[4] 曾青中，韩增盛. 城市轨道交通车辆[M]. 成都：西南交通大学出版社，2006.
[5] 董天禄. 离心式/螺杆式制冷机组及应用[M]. 北京：机械工业出版社，2001.
[6] 马汉纶. 铁道车辆空调制冷装置[M]. 北京：中国铁道出版社，1997.
[7] 王寒栋. 制冷空调测控技术[M]. 北京：机械工业出版社，2004.
[8] 刘东岭. 客车空调实用基础[M]. 北京：中国铁道出版社，1997.
[9] 戈兴中. 制冷与空调装置安装维修及管理[M]. 北京：化学工业出版社，2002.
[10] 张祉祐. 制冷空调设备使用维修手册[M]. 北京：机械工业出版社，1998.
[11] 姜守忠. 制冷与空调设备[M]. 北京：中国商业出版社，1997.
[12] 邢振禧. 空气调节技术[M]. 北京：中国商业出版社，1997.
[13] 张宝霞. 铁道车辆制冷与空气调节[M]. 北京：中国铁道出版社，2005.
[14] 韦伯林. 制冷空调装置操作安装与维修[M]. 北京：高等教育出版社，2002.
[15] 林钢. 小型制冷与空调装置[M]. 北京：高等教育出版社，2002.
[16] 朱颖. 制冷空调机器设备[M]. 北京：高等教育出版社，2002.
[17] 金苏敏. 制冷技术及其应用[M]. 北京：机械工业出版社，2000.
[18] 陈光明，陈国邦. 制冷与低温原理[M]. 北京：机械工业出版社，2000.
[19] 赵恒侠，李玉云. 热工仪表与自动调节[M]. 北京：中国建筑工业出版社，1995.
[20] 王文平. 我国客车空调装置的发展历程及趋势[J]. 内蒙古科技与经济，2005（11）.
[21] 曹越，邓景山. 国内铁路空调与地铁空调之比较[J]. 制冷，2001（12）.
[22] 王文质. 城市轨道车辆空调国产化[J]. 地铁与轻轨，2002（2）.